中国地质大学(武汉)本科教学工程项目基金资助
资源环境经济与管理系列丛书

项目管理(双语)

Project Management (Bilingual)

主　编　程　欣
副主编　丁丽萍　杨海霞　何晨琛　杨　宁

图书在版编目(CIP)数据

项目管理：汉英对照 / 程欣等主编. —武汉：中国地质大学出版社，2025.6. —（经管学院系列教材）. —ISBN 978-7-5625-6254-2

Ⅰ.F224.5

中国国家版本馆 CIP 数据核字第 20259VL040 号

		程　欣　**主　编**
项目管理(双语)	丁丽萍　杨海霞　何晨琛　杨　宁	**副主编**

责任编辑：王　敏	选题策划：王　敏	责任校对：张咏梅

出版发行：中国地质大学出版社（武汉市洪山区鲁磨路388号）	邮编：430074
电　　话：(027)67883511　　传　　真：(027)67883580	E-mail:cbb@cug.edu.cn
经　　销：全国新华书店	https://cugp.cug.edu.cn

开本：787mm×1092mm　1/16	字数：583千字	印张：22.75
版次：2025年6月第1版	印次：2025年6月第1次印刷	
印刷：湖北睿智印务有限公司		
ISBN 978-7-5625-6254-2		定价：58.00元

如有印装质量问题请与印刷厂联系调换

编写委员会

主　　　任：程　欣

副 主 任：丁丽萍　杨海霞　何晨琛　杨　宁

成　　　员：郭海湘　周会敏

其他参与人：柳彦廷　高警越　戴　妍　喻子仪

　　　　　　游书琪　康婷婷　曾文珑　吴思瑾

　　　　　　周宇扬　付雪洁　张晋语　吴嘉蕙

　　　　　　程灿宁　宁小苡　王　威　王一丹

　　　　　　张佳瑶　陈新玥

前言
PREFACE

在瞬息万变的现代社会,"项目"早已突破传统工程建设的边界,成为个体与组织实现目标的基本单元。无论是策划一次跨国产品发布、协调跨部门科研攻关,还是规划家庭装修、组织朋友聚会,项目管理思维都在无形中支配着资源的调配、风险的把控与价值的创造。当"项目化生存"成为时代特征,掌握项目管理方法,便如同拥有了一套精密的思维工具箱,能够帮助我们将模糊的目标转化为可执行的路径,让复杂事务变得清晰可控。通过设定明确的目标、合理分配时间与资源以及持续跟踪进展,帮助个人和组织提高效率、增强应对能力,在复杂多变的环境中保持竞争力。项目管理已成为连接生活与成功的桥梁,赋予我们在纷繁世界中掌握全局的能力。

项目管理是一门将理论与实践紧密结合的学科,其重要性在现代管理中不言而喻。作为一种科学的管理方法,项目管理通过系统化的规划、组织、协调和控制,帮助个人和组织将复杂的任务转化为可实现的目标。它不仅关注资源的合理分配和进度的有效监控,还强调在多变环境中灵活应对挑战的能力。这种方法论的核心在于将抽象的愿景分解为具体的、可执行的步骤,从而显著提升工作效率和成果质量。在管理学的框架下,项目管理占据着至关重要的地位,它不仅仅是一套工具或技术,更是一种思维方式,贯穿于组织运作的各个层面。通过项目管理,管理者能够更好地应对不确定性,确保有限的资源发挥最大效用,同时促进团队协作和目标一致性。在快速发展的社会背景下,无论是企业战略实施还是创新产品开发,项目管理都已成为不可或缺的支撑。正因如此,它在管理学中的地位愈发凸显,被视为推动组织成功的关键驱动力之一。

当前市面上的项目管理教材多聚焦商业场景,使用单一语言构建知识体系,难以满足全球化背景下复合型人才的培养需求。面对数字化转型浪潮与新一代学习者的认知特点,我们尝试构建兼具理论深度与实践温度的双语教材:既系统呈现项目管理经典理论框架(如PMBOK知识体系),又融入敏捷管理、数智化工具等前沿动态;既保持学术严谨性,又通过中英双语思维训练,培养学习者的跨文化协作能力。

本教材创新性设置"引例—理论—工具—实践"四维学习闭环:每章以真实案例导入认知情境,通过中英对照的核心概念解析构建理论基石,嵌入漫画、思维导图、自测题库等工具包强化理解,最终依托企业真实案例与拓展阅读实现知识迁移。特别设计的"项目管理前沿"章节,动态追踪领域最新发展,确保知识体系与时俱进。我们希望通过这本教材,将国际通用的项目管理知识体系(如PMBOK)与中国本土的项目管理实践相结合,以双语形式呈现,帮助读者跨越语言障碍,更加高效地学习和应用项目管理知识。

全书遵循"基础—核心—拓展"的递进逻辑,共设 12 章。基于认知奠基,首章厘清项目与项目管理的本质特征,构建知识体系框架;基于组织保障,第二章解析项目相关方管理与团队管理;基于流程管控,第三章至第九章系统讲解项目生命周期管理、整合管理、范围管理、进度管理、成本管理和质量管理六大核心模块;基于资源经营,第十章至第十二章深入资源管理、沟通管理、风险管理与采购管理展开;基于前沿探索,终章聚焦敏捷管理、数智化工具等创新实践,并通过《PMBOK®指南》版本对比展现理论演进。全书每章配备本章结构导图、名词概念中英对照表、课后案例习题与本章复习,形成"输入—加工—输出"的完整学习回路。

本教材采用中英双语对照编排,为章节名称、重要术语名词解释及凝练的图表均提供双语注解。这种设计不仅服务于国际化人才培养目标,更通过语言转换训练强化学习者的概念理解深度。我们期待,当读者在双语语境中切换思维视角时,能深刻体悟项目管理"变与不变"的辩证关系——工具方法会迭代升级,但"以终为始""持续交付价值"的核心思想永不过时。同时,本教材遵循案例分析和实践导向原则,每个章节均配备引例、自测题、课后习题和案例分析,帮助读者将理论知识与实际情境相结合。为增强实践性,本教材特别融入了来自中国重大工程项目(例如三峡工程)的真实案例,以及科研项目管理案例,旨在引导学生关注国家战略、行业发展和社会责任,增强思政意识,培养其解决复杂问题的能力。此外,本教材还提供章结构导图、章知识点导图、名词列表及拓展阅读资源,便于读者系统复习和深入探索。目标读者包括工商管理和工程管理专业的学生、希望提升项目管理能力的职场人士,以及对项目管理感兴趣的广大读者。无论你是初学者还是经验丰富的项目管理者,都能从中获得实用知识与启发。我们希望本教材不仅是一本用于学习的指导教材,更能成为您职业发展道路上的良师益友。

作为中国地质大学(武汉)本科教学工程项目的成果,本教材的写作得到了中国地质大学(武汉)和经济管理学院的领导、同事、学生和相关部门的支持,感谢戚安邦教授为本教材目录结构提出的宝贵意见。感谢本教材的责任编辑王敏老师对书稿修改完善提出的细致宝贵意见,为保障本教材的出版质量付出了大量心血。感谢戴妍、喻子仪、高警越、付雪洁、张晋语、吴嘉蕙、程灿宁、宁小苡、王威、王一丹在初稿撰写阶段的贡献。感谢喻子仪、高警越、柳彦廷对文稿整合和修改阶段的贡献。感谢高警越、柳彦廷、游书琪、康婷婷、曾文珑、吴思瑾在出版前校对阶段的贡献。感谢中国地质大学(武汉)艺术与传媒学院 2024 届校友周宇扬对本教材原创漫画插图的绘制。感谢中国地质大学(武汉)经济管理学院 2024 届校友宁小苡为本教材"拓展阅读和学习"板块原创卡通小人物的绘制。本教材能顺利出版,有他们付出的辛勤努力和作出的重要贡献。

项目管理是一门深度融合理论与实践的艺术与科学。本教材致力于在经典的知识体系与鲜活的实践场景之间,搭建一座坚实的桥梁。在构建这座桥梁的过程中,我们力求逻辑的严谨与概念的清晰。但我们深知,任何一本教材都无法穷尽实践的万千变化,其内容必然烙印着编者基于特定经验和视角的理解与判断。同时,项目管理知识体系本身正处在一个高速迭代的动态发展之中。因此,本书在案例遴选的前沿性、工具方法的适配性,以及跨文化语境的解读深度上,难免会留下一些值得商榷与持续优化的空间。为此,我们真诚地期待并欢迎每一位读者——无论是经验丰富的管理者还是充满潜力的未来之星——以你们的智慧和经验,为本教材注入源源不断的生命力。让我们共同努力,使这本双语教材不仅是一张精准的"知识地图",更能成为引领您在复杂项目中乘风破浪的"实践罗盘",真正实现知行合一。

从个人目标的实现到国家战略的落地,从企业产品的研发到人类探索的疆域,我们所处的世界,本质上是由一个个项目构建而成的。项目管理,正是将愿景转化为现实、将思想熔铸为价值的强大引擎。它并非被动地存在于生产生活之中,而是主动地组织资源、驾驭风险、构建未来,是现代社会高效运转不可或缺的核心方法论。在数智化、可持续化、全球化的浪潮中,项目管理的角色与内涵正发生深刻演进:它不再仅仅是战术执行的工具,更升维为组织战略落地的核心枢纽,成为驱动社会变革与发展的关键力量。在中国,它为产业的升级转型注入创新动能,为新质生产力的培育提供实践路径;在全球,它为复杂挑战下的治理体系革新提供协作范式,为构建人类命运共同体贡献中国智慧。这赋予了新时代的的项目管理全新的历史使命与蓬勃生机。

程　欣
2025 年 6 月

目录 CONTENTS

第一章 绪 论 Chapter 1 Introduction …………………………………………… (1)
    引例/Introductory Case ………………………………………………………… (1)
    学习目标/Learning Objectives ………………………………………………… (1)
    本章结构导图/Chapter 1 Structure …………………………………………… (2)
        第一节 项目的定义与特征 Definition and Characteristics of a Project ……… (2)
        第二节 项目管理的概念 Concepts of Project Management ………………… (9)
        第三节 项目管理的知识体系 Project Management Body of Knowledge（PMBOK）
        ………………………………………………………………………………… (14)
        第四节 项目管理的发展历程和前景 Development History of Project Management
        ………………………………………………………………………………… (19)
    本章知识点导图/Mindmap of Key Concepts ………………………………… (24)
    名词列表与重要概念 Key Terms and Important Concept ………………… (25)
    课后习题/After-class Exercises ……………………………………………… (28)
    案例/Case Study ……………………………………………………………… (29)
    本章复习/Chapter Review …………………………………………………… (30)
    拓展阅读和学习/Further Reading and Learning …………………………… (30)

第二章 项目组织与项目经理 Chapter 2 Project Organization & Project Manager ……… (31)
    引例/Introductory Case ………………………………………………………… (31)
    学习目标/Learning Objectives ………………………………………………… (32)
    本章结构导图/Chapter 2 Structure …………………………………………… (32)
        第一节 项目相关方/干系人 Project Stakeholders ………………………… (32)
        第二节 项目实施组织的管理 Management of Implementing Organizations …… (38)
        第三节 项目团队与项目经理 Project Teams and Project Manager ………… (48)
    本章知识点导图/Mindmap of Key Concepts ………………………………… (55)
    名词列表与重要概念 Key Terms and Important Concept ………………… (56)
    课后习题/After-class Exercises ……………………………………………… (60)
    案例/Case Study ……………………………………………………………… (61)
    本章复习/Chapter Review …………………………………………………… (61)
    拓展阅读和学习/Further Reading and Learning …………………………… (62)

第三章 项目管理过程 Chapter 3 Project Management Processes ……(63)

- 引例/Introductory Case ……(63)
- 学习目标/Learning Objectives ……(64)
- 本章结构导图/Chapter 3 Structure ……(64)
  - 第一节 项目的生命周期 Project Life Cycle ……(65)
  - 第二节 项目管理过程和项目阶段 Project Management Processes and Project Stages ……(73)
  - 第三节 项目管理的模式 Project Management Models ……(86)
- 本章知识点导图/Mindmap of Key Concepts ……(91)
- 名词列表与重要概念 Key Terms and Important Concept ……(92)
- 课后习题/After-class Exercises ……(95)
- 案例/Case Study ……(97)
- 本章复习/Chapter Review ……(97)
- 拓展阅读和学习/Further Reading and Learning ……(98)

第四章 项目整合管理 Chapter 4 Project Integration Management ……(99)

- 引例/Introductory Case ……(99)
- 学习目标/Learning Objectives ……(100)
- 本章结构导图/Chapter 4 Structure ……(100)
  - 第一节 项目整合管理概述 Overview of Project Integration Management ……(101)
  - 第二节 项目管理的系统思维 Systems Thinking in Project Management ……(104)
  - 第三节 工程项目的集成化管理 Integrated Management of Construction Projects ……(111)
  - 第四节 项目整合管理过程 Project Integration Management Processes ……(115)
  - 第五节 工程项目整合管理的前沿 Frontiers in Project Integration Management ……(118)
- 本章知识点导图/Mindmap of Key Concepts ……(121)
- 名词列表与重要概念 Key Terms and Important Concept ……(122)
- 课后习题/After-class Exercises ……(124)
- 案例/Case Study ……(126)
- 本章复习/Chapter Review ……(126)
- 拓展阅读和学习/Further Reading and Learning ……(127)

第五章 项目范围管理 Chapter 5 Project Scope Management ……(128)

- 引例/Introductory Case ……(128)
- 学习目标/Learning Objectives ……(129)
- 本章结构导图/Chapter 5 Structure ……(129)
  - 第一节 项目范围管理简介 Overview of Project Scope Management ……(130)
  - 第二节 规划范围管理和收集需求 Plan Scope Management and Collect Requirements ……(133)

第三节　定义范围 Define Scope ······ (136)
   第四节　工作分解结构 Work Breakdown Structure（WBS）······ (139)
 本章知识点导图/Mindmap of Key Concepts ······ (144)
 名词列表与重要概念 Key Terms and Important Concept ······ (145)
 课后习题/After-class Exercises ······ (149)
 案例/Case Study ······ (150)
 本章复习/Chapter Review ······ (151)
 拓展阅读和学习/Further Reading and Learning ······ (152)

第六章　项目进度管理 Chapter 6 Project Schedule Management ······ (153)
 引例/Introductory Case ······ (153)
 学习目标/Learning Objectives ······ (153)
 本章结构导图/Chapter 6 Structure ······ (154)
   第一节　活动概述 Overview of the Activity ······ (154)
   第二节　项目进度计划 Project Schedule ······ (161)
   第三节　项目进度计划控制 Project Schedule Control ······ (171)
 本章知识点导图/Mindmap of Key Concepts ······ (176)
 名词列表与重要概念 Key Terms and Important Concept ······ (177)
 课后习题/After-class Exercises ······ (184)
 案例/Case Study ······ (185)
 本章复习/Chapter Review ······ (186)
 拓展阅读和学习/Further Reading and Learning ······ (187)

第七章　项目成本管理 Chapter 7 Project Cost Management ······ (188)
 引例/Introductory Case ······ (188)
 学习目标/Learning Objectives ······ (189)
 本章结构导图/Chapter 7 Structure ······ (189)
   第一节　项目成本管理相关概念 Concepts of Project Cost Management ······ (189)
   第二节　项目成本估算 Project Cost Estimation ······ (193)
   第三节　项目成本预算 Project Cost Budgeting ······ (199)
   第四节　项目成本控制 Project Cost Control ······ (202)
 本章知识点导图/Mindmap of Key Concepts ······ (211)
 名词列表与重要概念 Key Terms and Important Concept ······ (212)
 课后习题/After-class Exercises ······ (217)
 案例/Case Study ······ (218)
 本章复习/Chapter Review ······ (218)
 拓展阅读和学习/Further Reading and Learning ······ (219)

第八章　项目质量管理 Chapter 8 Project Quality Management ······ (220)
 引例/Introductory Case ······ (220)

学习目标/Learning Objectives ……………………………………………………… (220)
本章结构导图/Chapter 8 Structure ……………………………………………… (221)
 第一节 项目质量管理概述 Overview of Project Quality Management …… (221)
 第二节 项目质量计划 Quality Planning ……………………………………… (223)
 第三节 项目质量控制 Quality Control ……………………………………… (229)
本章知识点导图/Mindmap of Key Concepts …………………………………… (237)
名词列表与重要概念 Key Terms and Important Concept ……………………… (238)
课后习题/After-class Exercises …………………………………………………… (242)
案例/Case Study …………………………………………………………………… (243)
本章复习/Chapter Review ………………………………………………………… (244)
拓展阅读和学习/Further Reading and Learning ………………………………… (245)

第九章 项目沟通管理 Chapter 9 Project Communications Management ……… (246)

引例/Introductory Case …………………………………………………………… (246)
学习目标/Learning Objectives …………………………………………………… (246)
本章结构导图/Chapter 9 Structure ……………………………………………… (247)
 第一节 项目沟通管理的概念及内涵 Concepts and Scope of Project Communication Management …………………………………………………………… (247)
 第二节 项目沟通的过程 Communication Processes ……………………… (249)
 第三节 项目沟通的类型 Types of Project Communication ……………… (253)
 第四节 项目沟通的渠道 Communication Channels ……………………… (253)
 第五节 项目沟通的技巧 Communication Techniques ………………… (256)
本章知识点导图/Mindmap of Key Concepts …………………………………… (259)
名词列表与重要概念 Key Terms and Important Concept ……………………… (260)
课后习题/After-class Exercises …………………………………………………… (261)
案例/Case Study …………………………………………………………………… (262)
本章复习/Chapter Review ………………………………………………………… (263)
拓展阅读和学习/Further Reading and Learning ………………………………… (264)

第十章 项目风险管理 Chapter 10 Project Risk Management ………………… (265)

引例/Introductory Case …………………………………………………………… (265)
学习目标/Learning Objectives …………………………………………………… (265)
本章结构导图/Chapter 10 Structure ……………………………………………… (266)
 第一节 项目风险和项目风险管理 Project Risk and Risk Management …… (266)
 第二节 风险管理计划 Risk Management Plan ……………………………… (269)
 第三节 风险识别 Risk Identification ………………………………………… (272)
 第四节 风险分析 Risk Analysis ……………………………………………… (274)
 第五节 风险应对 Risk Responses ………………………………………… (276)
 第六节 风险监督与控制 Risk Monitoring and Control …………………… (281)

本章知识点导图/Mindmap of Key Concepts …… (283)
名词列表与重要概念 Key Terms and Important Concept …… (284)
课后习题/After-class Exercises …… (287)
案例/Case Study …… (288)
本章复习/Chapter Review …… (289)
拓展阅读和学习/Further Reading and Learning …… (290)

第十一章 项目资源与采购管理 Chapter 11 Project Resource and Procurement Management …… (291)

引例/Introductory Case …… (291)
学习目标/Learning Objectives …… (291)
本章结构导图/Chapter 11 Structure …… (292)
  第一节 项目资源管理概述 Overview of Project Resource Management …… (292)
  第二节 项目资源规划 Project Resource Planning …… (296)
  第三节 项目资源监督与控制 Project Resource Monitoring and Control …… (300)
  第四节 项目采购管理概述 Overview of Project Procurement Management …… (301)
  第五节 项目采购管理方法 Project Procurement Management Methods …… (302)
本章知识点导图/Mindmap of Key Concepts …… (306)
名词列表与重要概念 Key Terms and Important Concept …… (307)
课后习题/After-class Exercises …… (311)
案例/Case Study …… (312)
本章复习/Chapter Review …… (313)
拓展阅读和学习/Further Reading and Learning …… (313)

第十二章 项目管理前沿 Chapter 12 Fronters in Project Management …… (314)

引例/Introductory Case …… (314)
学习目标/Learning Objectives …… (314)
本章结构导图/Chapter 12 Structure …… (315)
  第一节 从中国项目管理大会看前沿 Insights Frontiers from China Project Management Conference …… (315)
  第二节 项目管理前沿会议 Frontier Conference on Project Management …… (327)
  第三节 《PMBOK®指南》新旧版对比 PMBOK®GUIDE 7th ed vs. Previous Editions …… (328)
本章知识点导图/Mindmap of Key Concepts …… (332)
名词列表与重要概念 Key Terms and Important Concept …… (333)
课后习题/After-class Exercises …… (334)
案例/Case Study …… (335)
本章复习/Chapter Review …… (336)
拓展阅读和学习/Further Reading and Learning …… (337)

图像设计说明 …………………………………………………………………（338）
后　记 ……………………………………………………………………（339）
主要参考文献 ……………………………………………………………（341）
图目录 ……………………………………………………………………（343）
表目录 ……………………………………………………………………（348）

绪 论
Chapter 1 Introduction

 引例 / Introductory Case

现实世界中的项目管理：海滨城镇的清洁工程

阿维拉海滩，位于洛杉矶和旧金山之间，是当地最受欢迎的休闲胜地。然而，由于历史原因，海滩及其周边地区遭受了石油污染。为了修复这一环境损害，启动了一个大型修复项目。项目包括挖掘和移走被污染的土地，同时修复被破坏的基础设施。在此过程中，部分市政码头、海堤及市中心设施需被暂时拆除。为确保公共服务不受干扰，对下水道、自来水等设施进行了适当调整。两座具有历史意义的建筑被完整迁移并保存，待修复完成后迁回原地。

通过项目管理技术的有效应用，所有修复工作在预定工期前 5 个月完成，重建工作也在随后的一年内顺利结束。阿维拉海滩的修复项目成功恢复了环境、基础设施和历史建筑，为居民和游客提供了更清洁、美丽的海滩。

启示：
- 明确目标和详细规划是项目成功的关键。
- 风险管理至关重要，需评估和管理潜在风险。
- 合理配置资源，包括人员、材料和设备。
- 严格的时间管理有助于项目提前完成。
- 应对变更需灵活调整计划。
- 持续监控与反馈，及时作出调整。
- 项目需具备适应环境变化的能力。

学习目标 / Learning Objectives

（1）列出项目管理的发展历程，讲述项目管理在不同历史阶段的演变和重要里程碑。
（2）解释项目管理与日常运营管理的区别和联系，比较两者在组织中的角色和功能。
（3）能够运用项目管理的知识体系，包括相关概念、方法和工具解决实际问题。
（4）描述项目的定义、特征和基本属性，界定项目的范围和目标。
（5）总结项目管理的定义、特征、核心概念和原则，尝试应用项目管理的基本流程和方法。

本章结构导图 / Chapter 1 Structure

本章结构导图见图 1-1。

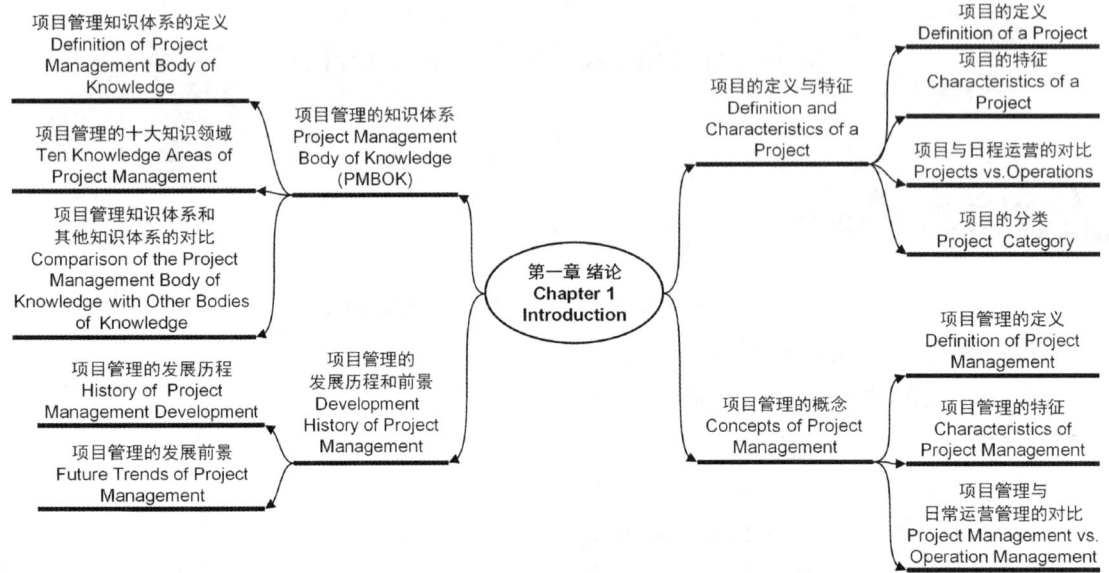

图 1-1　本章结构导图 Structure map of this chapter

第一节　项目的定义与特征
Definition and Characteristics of a Project

一、项目的定义 Definition of a Project

（一）什么是项目？——项目举例 What Is a Project? —Examples

1. 古代的项目 Ancient Projects

长城(The Great Wall)，又名万里长城，是中国古代一项杰出的军事防御工程。它以其高大、坚固且连绵不绝的姿态，有效地限制了敌人的行动。长城并非仅仅是一道孤立的城墙，而是以城墙为核心，辅以众多的城堡、障碍、亭台、标记，构成了一个完整而复杂的防御体系。长城的修建历史可追溯到西周时期，著名的"烽火戏诸侯"典故就发生在西周的首都镐京，即现今的陕西西安。到了春秋战国时期，各国争霸频繁，为了相互防御，长城的修建达到了第一个高潮，但此时的长城长度相对较短。秦统一六国后，秦始皇将各国的长城连接并修缮，这才有了后来的"万里长城"。明朝是长城最后一次大规模修建的朝代，我们现在所看到的大部分长城都是明朝修建的。1961年3月4日，长城被国务院列为第一批全国重点文物保护单位，其重要性不言而喻。1987年12月,长城被联合国教科文组织列入世界文化遗产,成为全人类共同的宝贵遗产。

2. 工程项目 Construction Projects

三峡水电站,亦称长江三峡水利枢纽工程,或简称三峡工程,坐落于中国湖北省宜昌市境内的长江西陵峡段,与下游的葛洲坝水电站共同构建成梯级电站格局。此水电站规模宏大,堪称世界之最,同时亦是中国历史上建设最为庞大的工程。三峡水电站功能多元,涵盖航运、发电、种植等十余个领域。其建设历程长达多年,于1992年获得中国全国人民代表大会的批准,1994年正式开工,2003年6月1日下午开始蓄水发电,最终在2009年全面竣工。

3. 太空探索项目 Space Exploration Projects

国际空间站(ISS)是目前在轨运行最大的空间平台,是一个拥有现代化科研设备,可开展大规模、多学科基础和应用科学研究的空间实验室,为在微重力环境下开展科学实验研究提供了大量实验载荷和资源,支持人在地球轨道长期驻留。国际空间站计划的最大成就既是一项人类成就,也是一项技术成就——如何最好地规划、协调和监控该计划的许多组织的各种活动。航天机构的国际合作伙伴关系是提供并运营国际空间站的要素。负责人是美国、俄罗斯、欧洲、日本和加拿大的航天机构。每个合作伙伴都负有管理和运行其提供的硬件的主要责任。国际空间站的建造、组装和运营需要地球上所有参与该计划的国际伙伴机构和国家管理的设施的支持。

4. 科研项目 Research Projects

科研项目是指一系列独特且复杂的科学技术研究活动,它们相互关联,拥有明确的目标或目的,并需在限定的时间、预算和资源范围内,按照规范进行。项目参数涵盖了项目范围、质量、成本、时间、资源等多个方面。科研项目大致可分为3类:一是由国家及各级政府基金支持的纵向科研项目;二是企事业单位委托的横向科研合作开发项目;三是学院自筹资金的科研项目。

对于高校而言,科研项目可以划分为校外和校内两大类别。校外科研项目再进一步细分为纵向和横向2种。以广东省为例,纵向科研项目指的是由科学技术部、国家自然科学基金委员会、国家社科规划办、教育部、广东省科技厅等政府科研主管部门批准立项的各类研究项目。而横向科研项目则是由其他政府部门、企事业单位、公司、团体或个人委托高校或教师进行的各类研究或协作项目,包括国际间的企业合作项目。校内科研项目则主要依赖于校内资金进行。

5. 其他项目 Other Projects

开发一个新的产品或服务,建造一条新的高速公路(或机场、大厦等),组织选举活动等。

(二)项目的定义 Definition of a Project

一般认为,项目是一个组织为实现自己既定的目标,在一定的时间、人员和资源约束条件下,所开展的一种具有一定独特性的一次性工作。它是为了实现特定目标而进行的组织活动,通常涉及多个相关方、跨部门合作和专门的管理(图 1-2)。美国项目管理协会(Project Management Institute,PMI)在其编写的《项目管理知识体系指南》(PMBOK®指南)中为项目所作的定义是:项目是为创造独特的产品、服务或成果而进行的体系化的工作。

图 1-2　项目管理的定义 The definition of project management

由此可知,项目的定义主要包含以下 3 个关键点。

(1)独特的产品、服务或成果。开展项目是为了通过可交付成果达成目标。目标指的是工作所指向的结果,要达到的战略地位,要达到的目的,要取得的成果,要生产的产品,或者准备提供的服务。可交付成果指的是在某一过程、阶段或项目完成时,必须产出的任何独特并可核实的产品、成果或服务能力。可交付成果可能是有形的,也可能是无形的。

(2)临时性工作。项目的"临时性"是指项目有明确的起点和终点。"临时性"并不一定意味着项目的持续时间短。虽然项目是临时性的,但其可交付成果可能会在项目终止后依然存在。项目可能产生与社会、经济或环境相关的可交付成果。例如,国家纪念碑建设项目就是要创造一个流传百世的可交付成果。

(3)逐步完善。项目全过程通过不断的变更、更新、改进才能真正完成。

二、项目的特征 Characteristics of a Project

项目的特征可以有很多方面,以下是一些常见的特征。

(一)明确的目标 Clearly Defined Objectives

任何项目的开展,其核心目的在于实现组织既定的目标。一个清晰的目标不仅为项目指明了方向,还为其设定了明确的终点,即所期望达成的结果或产出的产品。在实际操作中,项目的目标往往通过工作范围、进度安排和成本预算等多个维度来界定。以某个项目为例,它的目标可能是:在不超过 10 个月的时间内,且在 50 万美元的预算范围内,将一种符合预设性能规格的新款炊具推向市场,并力求以高品质完成,从而赢得客户的满意与认可。当一个项目的目标和目的实现时,它就完成了。正是这些目标驱动了项目,以及为实现这些目标而进行的所有计划和实施工作。有时,当确定目标和目的无法完成时,或者当不再需要项目的产品或服务时,项目即终止。

(二)独特性 Uniqueness

每个项目都产出独特的产品、服务或成果。项目的存在是为了带来一种以前不存在的产品或服务。从这个意义上说,一个项目是独一无二的。独特性意味着是新的、前所未有的。也许以前也有人用类似的方式做过,但从来没有这样做过。例如,福特汽车公司从事设计和组装汽车的业务,福特设计和生产的每一款车型都可以被视为一个项目。这些型号的特点各不相同,针对的是有不同需求的人。与豪华轿车相比,SUV 有着不同的用途和客户群,这两款车型的设计和营销都是独特的项目。

(三)临时性 Temporary

每个项目都有明确的起点和终点。项目本质上是临时性的。它们不是日常业务流程,具有明确的开始日期和结束日期。这个特性很重要,因为项目的大部分工作都致力于确保项目在指定的时间内完成。要做到这一点,需要创建时间表,显示任务何时开始和结束。项目可以持续几分钟、几小时、几天、几周、几个月甚至几年。

(四)约束和限制性 Restraint

每个项目都受到不同程度的限制,这主要源于资源的有限性。无论是项目的客观环境还是各类资源,都会对项目的进展产生制约。这些资源涵盖了人力、财力、物力、时间、技术以及信息等多个方面。项目的客观环境和资源限制可能涉及项目的各个层面,比如人员配备的多少、预算的额度、物资的数量、时间的长短、技术的成熟度和信息的获取等。由于每个项目都面临着时间、预算、人员、技术、信息以及设备等方面的限制,这些限制和项目所处的环境条件共同构成了项目的制约性。而项目的制约性正是决定项目成功与否的关键因素,因此,项目管理必须紧密关注这一特性,以确保项目的顺利推进和最终成功。

(五)其他特性 Other Characteristics

除了明确的目标、独特性、临时性、约束和限制性之外,项目还具有其他一些特性。

(1)不确定性:项目通常面临不确定性,包括技术、市场、竞争、环境等方面的不确定性。不确定性意味着项目团队需要在不确定的环境中做出决策和规划,并及时应对变化。

(2)交叉功能性:项目通常需要不同职能领域的专业知识和技能的跨领域合作。项目团队成员可能来自不同的专业背景和领域,需要协调和整合不同的专业能力。

(3)完整性:指的是项目从开始到结束的全过程,包括项目的所有阶段和相关的活动、任务、交付物等的完整性。

(4)风险性:指的是项目面临各种风险和不确定性的程度。风险性取决于项目的性质、规模、复杂性以及所处的环境和行业等因素。

(5)可持续性考虑:项目应该考虑环境和社会可持续性因素,采取措施最大限度地减少对环境的负面影响,并促进可持续发展。

这些特性综合影响项目的规划、执行和交付过程,项目管理者需要综合考虑这些特性,并采取相应的策略和方法来管理项目,以实现预期的结果和价值。

三、项目与日常运营的对比 Projects vs. Operations

在组织中,我们通常将组织的日常工作分为3种类型:①战略规划类工作,主要是给企业定发展方向和长期目标的;②日常运营类工作,帮助企业维持稳定和创造收入;③项目类工作,帮助企业建立新的竞争优势或更科学的机制(图1-3)。

管理对象将人类活动划分为两大类别:项目和日常运营。项目是一种为实现特定目标而设立的一次性工作。日常运营,作为组织的常规性工作,致力于维持和保障组织的日常业务运转。它涵盖了各种例行性、重复性的活动及任务,从销售、生产到客户服务、财务管理和人力资源管理,确保组织能够遵循既定的运营流程和程序进行运作。日常运营的特点在于其持续性和稳定性,它没有明确的起始和结束日期,旨在使组织的业务运行顺畅、高效且稳定。与日常运营相比,项目在许多方面呈现出明显的差异。这些差异主要体现在以下几个方面。

(1)项目投入与日常运营的顺序和目的迥异:在人类社会活动中,通常项目投入先于日常运营,且项目活动的成果为后续的日常运营提供基础。简而言之,项目活动在前,日常运营利用项目成果在后。

(2)项目与日常运营的结果和收益模式区别明显:项目工作往往产出创新性成果,这些成果可能是一次性使用,也可能为日常运营所持续利用。而日常运营则通过不断重复的活动获得稳定收益,旨在回收项目与运营投入,甚至创造额外收入。

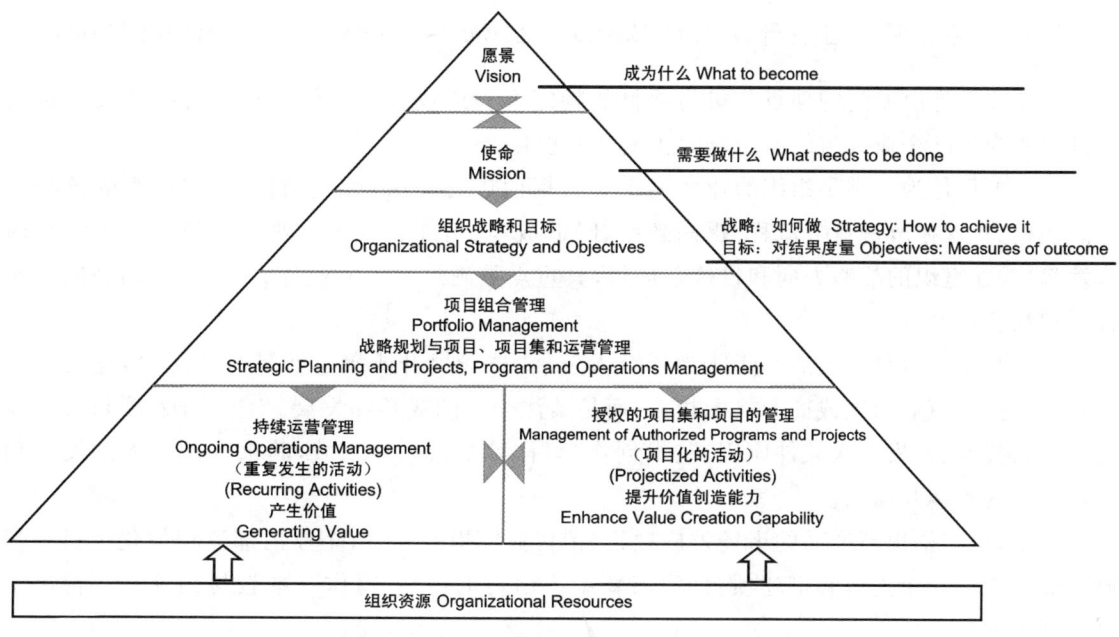

图 1-3 组织的工作框架和项目类工作的角色

The working framework of the organization and the role of project-based work

资料来源:1. 项目管理协会,2008. 项目组合管理标准[M]. 许江林,刘景梅,译. 北京:电子工业出版社.

2. 郭致星,2020. 极简项目管理[M]. 北京:机械工业出版社.

Source:1. Project Management Association,2008. Project Portfolio Management Standards [M]. Translated by Xu Jianglin and Liu Jingmei. Beijing:Press of Electronics Industry.

2. GUO Z X,2020. Minimalist Project Management[M]. Beingjing:Machinery Industry Press.

(3)工作性质和内容在项目与日常运营中有所不同:日常运营工作多为确定、程序化、常规且重复的,而项目工作则更具创新性、一次性、非程序化,并伴随一定程度的不确定性。

(4)项目与日常运营的工作环境和方式大相径庭:日常运营通常在封闭且确定的环境中进行,主要工作局限于组织内部。相比之下,项目环境开放且多变,多在组织外部或开放环境中展开。

(5)项目与日常运营在组织和管理上存在显著差异:日常运营的重复性和确定性使其组织结构相对固定,多采用基于分工的直线职能制。而项目的一次性和不确定性要求组织结构更为开放与临时,多采用基于合作的团队形式。同时,日常运营的管理模式强调分工和直线指挥,而项目则更注重基于专长的工作授权和团队合作。因此,必须避免将日常运营的组织和管理方法错误地应用于项目管理中。

四、项目的分类 Project Category

为了更好地认识项目的特性和内涵,就需要对项目进行分类。根据现代项目管理理论,人们对项目的分类主要有以下几种。

(一)业务项目和自我开发项目 Business Projects and Self-development Projects

业务项目是由专门的项目公司为项目的特定客户或业主完成的项目。自我开发项目是项目团队为自己企业或组织所完成的各类开发项目。

业务项目是为了满足组织的业务需求和目标而进行的项目。它们通常与组织的核心业务活动相关,旨在改进业务流程、提高效率、降低成本、增加收入等。业务项目通常由组织内部发起,并在组织的战略方向和目标下进行,其重点是满足组织的业务需求,具有明确的商业目标和利益相关方。

自我开发项目是个人或小团队为了个人发展、技能提升或兴趣而进行的项目,这类项目通常不直接与商业组织或商业目标相关,而是关注个人的成长和发展。自我开发项目可能涉及学习新技术、开发个人软件应用、艺术创作、写作等个人兴趣领域,其重点是个人的发展和满足个人的兴趣与需求。

例如,公司推出新产品的市场推广项目、销售业绩提升项目、企业内部流程优化项目等都属于业务项目。个人博客搭建项目、学习新编程语言的项目、写作一本教材的项目等都属于自我开发项目。

(二)企业项目、政府项目和非盈利机构项目 Corporate, Government, and Non-profit Projects

企业项目、政府项目和非盈利机构项目是根据项目所属组织类型进行分类的常见项目类型。

例如,ERP系统的实施项目、全球供应链优化项目、企业数字化转型项目等都属于企业项目。建设新的城市基础设施项目、社会福利改善项目、国防系统升级项目等都属于政府项目。教育援助项目、医疗服务改善项目、社区发展计划项目等都属于非盈利机构项目。

(三)公共项目和私营项目 Public and Private Projects

公共项目或者非盈利项目是指以增加社会的福利和公益为目的的项目;私营项目指以获得利润为目的的项目。例如,城市公共交通系统改善项目、环保倡导项目、公共图书馆建设项目等都属于公共项目。私人企业的新产品研发项目、市场扩张计划项目、公司内部培训项目等都属于私营项目。

(四)项目组合、项目群、项目和子项目 Project Portfolios, Programs, Projects and Subprojects

在项目管理中,存在着不同的概念和层级,包括项目组合、项目群、项目和子项目。它们之间存在层级关系和相互关联。中国工程项目管理中的相关叫法是工程(项目组合)、单项工程(项目群)、单位工程(项目)、分部分项工程(子项目)。

例如,一系列公司内部IT系统更新、市场推广项目集合、新产品开发组合等都属于项目组合。大规模IT系统升级项目群、新产品系列的研发和推广项目群都属于项目群。市场推广项目和其下的广告系列子项目、企业数字化转型项目和其下的各个模块子项目等都属于项目与子项目。

自测题 Self-assessment Questions

什么是现代意义上的项目?

第二节 项目管理的概念
Concepts of Project Management

一、项目管理的定义 Definition of Project Management

在学习项目管理的定义以前,我们先来回顾管理学中的相关概念。

根据罗宾斯(Stephen P. Robins)的管理学原理,管理是"协调工作活动的过程,以便通过他人以高效和有效的方式完成"。当一个活动涉及大于或等于两个人,且他们有相同目标时,就有了管理的需要。这是因为人的需求的无限性与资源的有限性之间出现矛盾,从而需要协调。管理首先是一个过程,这个过程通过计划、组织、协调和控制四大职能来表现。管理的本质是协调。最后,管理一定是有效率和有效果地去实现组织目标的过程。管理的四大职能包括计划、组织、领导和控制,这些职能被认为是管理者在组织中执行的核心活动。

计划(Planning):计划是管理的第一个职能,它涉及制定组织的目标、确定实现目标的策略和制订行动计划。在这一职能中,管理者预测未来的需求和变化,制定适当的目标和计划来实现这些目标。计划帮助管理者明确方向,指导资源分配和决策。

组织(Organizing):组织是管理的第二个职能,它涉及分配和配置组织内部资源,如人力、资金、设备和信息。在组织职能中,管理者确定工作的分工和协调,建立适当的组织结构,确保有效的沟通和协作,以实现组织的目标。

领导(Leading):领导是管理的第三个职能,它涉及激发和影响员工,以实现组织的目标。领导职能包括激励员工、提供指导和支持、建立团队合作、解决冲突等。管理者需要展现领导力,促使员工积极参与、发挥潜力,并达成组织的共同目标。

控制(Controlling):控制是管理的第四个职能,它涉及监督和评估组织的绩效,以确保实现预期的结果。控制职能包括设定标准和指标,监测绩效,进行比较分析,采取纠正措施,以确保组织在实施过程中达到预期的目标和标准。

基于以上管理学的知识点,我们认为项目管理是通过适当应用和集成来确定项目管理流程(启动、规划、执行、监督和控制以及结束)。项目管理使组织能够有效且高效地执行项目。在《PMBOK®指南》中对项目管理的定义为:将有关知识、技能、工具和技术应用于项目活动,以满足项目的需求。项目管理通过合理运用与整合特定项目所需的项目管理过程得以实现。项目管理使组织能够有效且高效地开展项目(表1-1)。

表 1-1　项目管理的重要性对比 Comparison of importance of project management

有效的项目管理能够帮助个人、群体以及公共和私人组织 Effective project management can help individuals, groups, and public and private organizations to	项目管理不善或缺乏项目管理可能会导致 Poor or lack of project management can lead to
• 达成业务目标 • Achieve business objectives • 满足相关方的期望 • Meet the expectations of interested parties • 提高可预测性 • Increased predictability • 提高成功的概率 • Increase the probability of success • 在适当的时间交付正确的产品 • Deliver the right product at the right time • 解决问题和争议 • Resolve problems and disputes • 及时应对风险 • Respond to risks in a timely manner • 优化组织资源的使用 • Optimize the use of organizational resources • 识别、挽救或终止失败项目 • Identify, salvage or terminate failed projects • 管理制约因素（例如，范围、质量、进度、成本、资源） • Manage constraints (e.g., scope, quality, schedule, cost, resources) • 平衡制约因素对项目的影响（例如，范围扩大可能会增加成本或延长进度） • Balance the impact of constraints on the project (e.g., scope expansion may increase the cost or extend the schedule) • 以更好的方式管理变更 • Manage change in a better way	• 超过时限 • Exceeding the time limit • 成本超支 • Cost overruns • 质量低劣 • Poor quality • 返工 • Rework • 项目范围扩大失控 • Uncontrolled expansion of the project model • 组织声誉受损 • Damage to the reputation of the organization • 相关方不满意 • The interested party is not satisfied • 正在实施的项目无法达成目标 • Ongoing projects fail to achieve their goals

项目是组织创造价值和效益的主要方式。在当今商业环境下，组织领导者需要应对预算缩紧、时间缩短、资源稀缺以及技术快速变化的情况。商业环境动荡不定，变化越来越快。为了在全球经济中保持竞争力，公司日益广泛利用项目管理来持续创造商业价值。

二、项目管理的特征 Characteristics of Project Management

现代项目管理理论认为,项目管理的基本特征有如下几个方面。

(一)普遍性 Universality

项目管理具有普遍性,这是因为无论是大型企业还是小型组织,在各个行业中,几乎所有的工作都可以视作项目来执行。项目管理为我们提供了一种系统化的方法,用于规划、组织、领导以及控制项目,确保目标的达成与预期成果的交付。无论是建筑工程、信息技术应用、市场推广活动还是新产品的开发,项目管理的原则和实践都能发挥关键作用,确保项目能够按照预定的时间、预算和质量要求顺利完成。项目管理在资源分配、团队协调、风险管理、沟通维持以及进度监控等方面为管理者提供了有效帮助,从而确保项目的成功实施。通过项目管理,组织可以显著提升工作效率、降低运营成本、提高产品质量,并更好地满足客户需求。在竞争激烈的市场环境中,项目管理使得项目更有可能取得卓越成果。因此,项目管理的普遍性使其成为各行各业不可或缺的重要管理手段,为组织提供了一种卓越的方法来管理和推进项目。

(二)目的性 Purposefulness

项目管理活动均致力于满足或超越项目利益相关者的需求与期待,其核心目的即确保项目能够成功交付。项目管理通过科学规划和有序组织,有效领导与精准控制项目活动,保障项目能够按时、按预算、按质量标准顺利完成。同时,项目管理还旨在确保项目目标与利益相关方的期望得以实现,优化资源配置,并妥善处理项目生命周期内的风险与变化。借助高效的项目管理,我们不仅能够提升项目的成功率,降低项目失败的风险,更能增强组织的整体实力与市场竞争力。

(三)独特性 Uniqueness

项目管理拥有其独树一帜的管理对象、管理活动以及管理方法和工具,这与常规的运营管理或行政管理存在显著的区别。项目管理之所以独特,在于它聚焦于一次性且独具特色的工作任务,这与日常运营的重复性特征截然不同。项目管理涵盖了规划、组织、领导与控制等核心活动,旨在达成既定的项目目标并交付预期成果。这一过程中,项目管理需要在有限的时间、资源和预算框架内运行,并灵活应对项目范围、进度、成本和质量等方面的变动与风险。此外,项目管理还强调有效协调与沟通,确保项目团队、利益相关方及相关部门之间的顺畅合作。这一领域的实践需要专业的知识、技能和方法论支撑,以便根据项目的独特性质进行精准管理,确保项目从启动到收尾的整个过程都能顺利推进。通过实施项目管理,组织能够更有效地推动创新、变革及目标的实现,从而更好地应对外部环境与需求的不断变化。

(四)整体性 Integrity

项目管理注重集成管理,包括项目时间、成本、质量等多方面的集成,同时也关注项目与子项目之间的协调统一。它是一种全面性的管理手段和实践,其核心目标在于整合并协调项目的各个活动,进而达成项目设定的目标。项目管理贯穿项目的整个生命周期,从最初的规划启动,到执行实施,再到最后的收尾工作,无不涉及。同时,它还需考虑与项目紧密相关的范围、时间、成本、质量、风险、沟通以及利益相关方等多个核心要素。项目管理涉及设定明确的项目目标、合理分配资源、领导并协调项目团队、制定明智的决策、有效管理风险以及严格把控项目进度等关键环节,以确保项目能够按照预定计划高效完成,并达到预期成果。这种全面性的项目管理方法,能够辅助管理者在复杂的项目环境中做出明智决策,解决棘手问题,并在多种约束条件下找到平衡点,从而最大限度地实现项目的成功与价值输出。

(五)创新性 Innovation

项目的创新性体现在多个方面:首先,由于项目本身孕育着丰富的创新理念,因此项目管理过程同样充满了创新元素。这意味着,对于每个项目,我们都无法依赖一套固定的管理模式或方法,而是需要针对项目的特点,灵活采用创新的管理实践来确保项目的有效推进。作为一种管理方法,项目管理不仅关注目标的达成和成果的交付,更重视在面临不确定性、变化和挑战时能够展现出创造性的应对能力。这种创新性具体表现在以下几个方面:①项目管理提供了一种结构化的框架,用以推动创新活动。通过精心规划的阶段性任务、有效的风险管理以及合理的资源分配,我们能够更加有序地组织和管理创新过程,从而显著提升创新的成功概率。②项目管理也积极鼓励并支持跨功能和跨部门的协作与合作。通过组建多样化的项目团队,促进不同领域知识和思维的碰撞与融合,我们不仅能够激发创新的火花,还能够为项目带来更为全面和深入的解决方案。

此外,项目管理还强调学习与持续改进的重要性。通过项目的回顾和评估,我们可以从中汲取宝贵的经验教训,并将其应用于未来的项目中,以实现创新能力的提升和绩效的不断优化。综上所述,项目管理的创新性在于它提供了一种既结构化又协同的工作方式,能够有力地推动组织的创新能力和创新成果的产出,从而为组织的可持续发展注入源源不断的动力。

三、项目管理与日常运营管理的对比 Project Management vs. Operation Management

如前所述,项目与日常运营之间本身就存在许多不同之处,因此项目管理与日常运营管理也有很大的不同:

(1)项目和运营的主要区别在于项目是临时性和独特的,运营是持续性和重复性的。

(2)项目管理和运营管理的目标不同。项目管理的目的是实现其目标然后终止;相反,运营管理的目标是维持业务。

项目管理与企业日常运营管理在多个方面存在的差异如表1-2所示。

表 1-2 项目管理和日常运营管理的区别
Differences between project management and daily operation management

差异 Differences	项目管理 Project Management	日常运营管理 Daily Operation Management
管理对象 Managed object	具体的项目 Specific project	企业的目标和企业的人员 The objectives of the business and the people of the business
管理目标 Management objective	以最小的成本生成项目产出,实现项目的目标和交付成果 Generate project outputs at minimum cost to achieve project objectives and deliverables	维持业务的正常运转,保持运营的效率和质量 Maintain the normal operation of the business, maintain the efficiency and quality of the operation
管理内容 Management content	单个领域 Individual domain	通常比项目管理的内容更复杂 Often more complex than project management
管理原理 Management principle	基于活动和过程,注重项目目标的实现 Focus on the achievement of project objectives based on activities and processes	基于分工和职能,强调各部门和职能的协调和运作 Based on division of labor and functions, emphasis is placed on the coordination and operation of various departments and functions
管理方法 Management method	非结构化、非程序化的 Unstructured, unprogrammed	更加程序化、结构化,有稳定的运作流程和规范 More procedural and structured, with stable operation processes and norms
管理周期 Management cycle	涉及一个项目的生命周期,从启动到结束 Refers to the life cycle of a project, from inception to completion	持续性的,没有明确的结束日期 Continuous, with no definite end date
管理责任 Management responsibility	保证项目高质量地完成 Ensure that the project is completed with high quality	保持企业长久高效地运转 Keep the business running efficiently and consistently

除了不同之处,项目管理与运营管理在许多方面也存在相似之处。它们都是为了实现组织的目标而进行的工作。不论是项目还是运营,都是为了推动组织的发展、提供价值和满足客户需求而进行的努力。首先,无论是项目管理还是运营管理,都需要人的参与和执行。无论是项目团队成员还是运营人员,都是关键的资源,他们的专业知识和技能对于工作的顺利进行至关重要。此外,项目管理和运营管理都受限于有限的资源,包括资金、时间、人力和设备等。有效地管理这些资源,合理分配和利用它们,是项目和运营成功的关键因素。最后,项目管理和运营管理都需要进行计划、执行和控制。无论是制订项目计划还是制定运营策略,都需要一系列的活动来确保工作按计划进行,并进行必要的调整和控制。

自测题 Self-assessment Questions

(1)什么是现代意义上的项目管理?

(2)项目管理与一般日常运营管理有哪些不同?为什么会有这些不同?

第三节　项目管理的知识体系
Project Management Body of Knowledge (PMBOK)

一、项目管理知识体系的定义 Definition of Project Management Body of Knowledge

现代项目管理(MPM)的知识领域是指各种项目管理活动中使用的所有理论、方法和工具。

项目管理知识体系(PMBOK)由 PMI 从 1984 年开始制定。《PMBOK®指南》于 1996 年出版,经过 2000 年的修订(第 2 版),成为国际标准(ISO 10006)。《PMBOK®指南》于 2004 年再次修订,称为《PMBOK®指南》(第 3 版),并于 2008 年、2012 年和 2017 年再次修订,即第 6 版(本教材以此为基础)。知识体系按所需知识内容来定义项目管理领域,并用其所含过程、实践、输入、输出、工具和技术进行描述。虽然知识领域相互联系,但从项目管理的角度来看,它们是分别定义的。《PMBOK®指南》(第 6 版)确定了大多数情况下大部分项目通常使用的十大知识领域。

二、项目管理的十大知识领域 Ten Knowledge Areas of Project Management

根据《PMBOK®指南》(第 6 版),项目管理知识体系包括以下十大领域:项目整合管理、项目范围管理、项目进度管理、项目成本管理、项目质量管理、项目资源管理、项目沟通管理、项目风险管理、项目采购管理、项目相关方管理(表 1-3,图 1-4)。

表 1-3　项目管理过程组和知识领域 Project management process groups and knowledge areas

知识领域 Knowledge Areas	项目管理过程组 Project Management Process Groups				
	启动过程组 Initiating Process Group	规划过程组 Planning Process Group	执行过程组 Executing Process Group	监控过程组 Monitoring and Controlling Process Group	收尾过程组 Closing Process Group
4. 项目整合管理 Project Integration Management	4.1 制定项目章程 4.1 Develop Project Charter	4.2 制定项目管理计划 4.2 Develop Project Management Plan	4.3 指导与管理项目工作 4.3 Direct and Manage Project Work 4.4 管理项目知识 4.4 Manage Project Knowledge	4.5 监控项目工作 4.5 Monitor and Control Project Work 4.6 实施整体变更控制 4.6 Perform Integrated Change Control	4.7 结束项目或阶段 4.7 Close Project or Phase
5. 项目范围管理 Project Scope Management		5.1 规划范围管理 5.1 Plan Scope Management 5.2 收集需求 5.2 Collect Requirements 5.3 定义范围 5.3 Define Scope 5.4 创建WBS 5.4 Create WBS		5.5 确认范围 5.5 Validate Scope 5.6 控制范围 5.6 Control Scope	
6. 项目进度管理 Project Schedule Management		6.1 规划进度管理 6.1 Plan Schedule Management 6.2 定义活动 6.2 Define Activities 6.3 排列活动顺序 6.3 Sequence Activities 6.4 估算活动持续时间 6.4 Estimate Activity Durations 6.5 制定进度计划 6.5 Develop Schedule		6.6 控制进度 6.6 Control Schedule	
7. 项目成本管理 Project Cost Management		7.1 规划成本管理 7.1 Plan Cost Management 7.2 估算成本 7.2 Estimate Costs 7.3 制定预算 7.3 Determine Budget		7.4 控制成本 7.4 Control Costs	
8. 项目质量管理 Project Quality Management		8.1 规划质量管理 8.1 Plan Quality Management	8.2 管理质量 8.2 Manage Quality	8.3 控制质量 8.3 Control Quality	
9. 项目资源管理 Project Resource Management		9.1 规划资源管理 9.1 Plan Resource Management 9.2 估算活动资源 9.2 Estimate Activity Resources	9.3 获取资源 9.3 Acquire Resources 9.4 建设团队 9.4 Develop Team 9.5 管理团队 9.5 Manage Team	9.6 控制资源 9.6 Control Resources	
10. 项目沟通管理 Project Communications Management		10.1 规划沟通管理 10.1 Plan Communications Management	10.2 管理沟通 10.2 Manage Communications	10.3 监督沟通 10.3 Monitor Communications	
11. 项目风险管理 Project Risk Management		11.1 规划风险管理 11.1 Plan Risk Management 11.2 识别风险 11.2 Identify Risks 11.3 实施定性风险分析 11.3 Perform Qualitative Risk Analysis 11.4 实施定量风险分析 11.4 Perform Quantitative Risk Analysis 11.5 规划风险应对 11.5 Plan Risk Responses	11.6 实施风险应对 11.6 Implement Risk Responses	11.7 监督风险 11.7 Monitor Risks	
12. 项目采购管理 Project Procurement Management		12.1 规划采购管理 12.1 Plan Procurement Management	12.2 实施采购 12.2 Conduct Procurements	12.3 控制采购 12.3 Control Procurements	
13. 项目相关方管理 Project Stakeholder Management	13.1 识别相关方 13.1 Identify Stakeholders	13.2 规划相关方参与 13.2 Plan Stakeholder Engagement	13.3 管理相关方参与 13.3 Manage Stakeholder Engagement	13.4 监督相关方参与 13.4 Monitor Stakeholder Engagement	

表格来源：Project Management Institute,2018. 项目管理知识体系指南（PMBOK® 指南）（英文版）[M]. 6 版. 北京：电子工业出版社.

Source：Project Management Institute,2018. A Guide to the Project Management Body of Knowledge(PMBOK® GUIDE)[M]. 6th ed. Beijing：Publishing House of Electronics Industry.

项目管理"如来十掌"

确定项目的**工作内容** Determine the work content of the project	**范围管理** Scope Management
确定这些工作要**在什么时间完成** Determine when these tasks should be completed	**进度管理** Progress Management
确定这些工作要**花多大代价完成** Determine how much it will cost to complete these tasks	**成本管理** Cost Management
确定这些工作**做到什么程度**才可以接受 Determine to what extent these tasks can be accepted	**质量管理** Quality Management
弄清**需要谁、使用哪些资源**来完成项目 Figure out who is needed and which resources will be used to complete the project	**资源管理** Resource Management
如果没有足够的资源，需要**外包一些工作**给其他公司或个人 If there are not enough resources, some work needs to be outsourced to other companies or individuals	**采购管理** Procurement Management
项目所涉及的内外部人员之间需要进行有效沟通，才能**较好地相互协调** Effective communication is needed among the internal and external personnel involved in the project in order to coordinate with each other better	**沟通管理** Communication Management
如何实现各相关人员**有效参与和期望控制**并获得其对项目的**满意** How can we achieve effective participation and expectation control of all relevant personnel and obtain their satisfaction with the project	**相关方管理** Stakeholder Management
识别哪些**不确定性因素**会促进或妨碍项目成功，并积极加以管理 Identify which uncertain factors will promote or hinder the success of the project and manage them actively	**风险管理** Risk Management
在上述9个相互竞争的目标下，**如何实现最优** Under the above 9 competing goals, how can the best be achieved	**整合管理** Integrated Management

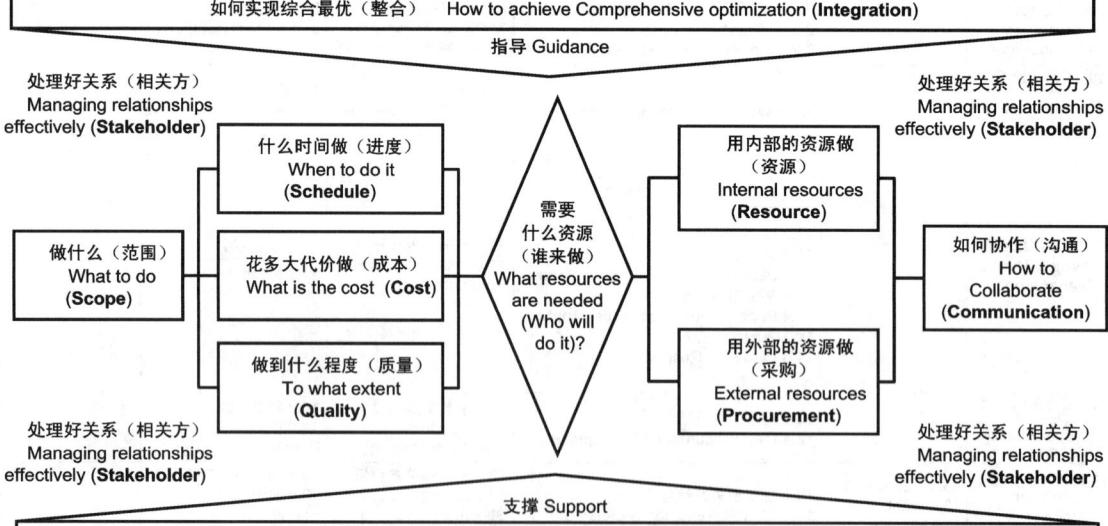

图 1-4 极简项目管理的"如来十掌"The "Ten Palms of the Buddha" for minimalist Project Management

资料来源：1. 汪小金,2013. 汪博士解读 PMP 考试[M]. 3 版. 北京：电子工业出版社.
2. 郭致星,2020. 极简项目管理[M]. 北京：机械工业出版社.
Source：1. WANG X J,2013. Dr. Wang interprets the PMP Exam [M]. 3th ed. Beijing：Press of Electronics Industry.
2. GUO Z X,2020. Minimalist Project Management[M]. Beijing：Machinery Industry Press.

三、项目管理知识体系和其他知识体系的对比 Comparison of the Project Management Body of Knowledge with Other Bodies of Knowledge

现代项目管理涵盖了一系列的知识体系,这些知识在各种项目管理实践中都不可或缺。除了项目管理专用的原理、技术和方法外,还广泛运用了通用的管理理论、知识和技巧。例如,在项目初期决策和后续跟踪决策中,我们需要借助管理决策的基本原理和知识;在项目组织和人力资源管理环节,则需要运用人员激励的相关原理和技巧;而在项目沟通管理中,数据和信息处理的原理及方法则发挥着关键作用。这些都是项目管理中通用管理知识的重要组成部分。

一般的管理包括规划、组织、领导和控制。这4个过程分别在项目管理中应用举例为:
- 计划工作、进度和预算。
- 组织和配备一个团队来实施工作。
- 领导人员和资源,使计划得以可能平稳地调整和实施。
- 通过跟踪和监控项目进度来控制项目。

同时,每个具体项目都有其独特性和专业性,因此现代项目管理还需要掌握与项目相关的特定知识。由于每个项目所涉及的专业领域和实际情况各不相同,项目管理所需的具体知识和方法也会有所差异。这些专业知识可能与项目的专业特性紧密相连,例如,建设项目的管理就需要运用大量建筑行业的专门知识和原理。当然,除了这些专业知识,一般管理中所需的计划、组织、领导、控制等方面的原理和方法也同样重要。表1-4清晰地展示了具体项目所需知识的构成及其相互之间的联系。

IPMA 依据国际项目管理专业资质标准(IPMA Competence Baseline,ICB),针对项目管理人员专业水平的不同将项目管理专业人员资质认证划分为 4 个等级,即 A 级、B 级、C 级、D 级,每个等级分别授予不同级别的证书:A 级(Level A)证书是认证的高级项目经理。B 级(Level B)证书是认证的项目经理。C 级(Level C)证书是认证的项目管理专家。D 级(Level D)证书是认证的项目管理专业人员。IPMA 允许并要求各国项目管理专业学会参照 ICB 且与 ICB 及本地文化相一致地建立自己的国家能力标准(National Competence Baseline,NCB)。

中国项目管理研究委员会(PMRC)根据 ICB、IPMA 的要求及中国的国情,制定了项目管理中国国家能力标准(Chinese-National Competence Baseline,C-NCB)。

英国商务部(OGC)1996 年开始推广世界三大项目管理体系之一的 PRINCE,是 PRoject in Controlled Environment(受控环境下的项目管理)的简称,国际项目管理师认证,在国际上被称为王者认证。PRINCE2 描述了如何以一种逻辑性的、有组织的方法,按照明确的步骤对项目进行管理。它不是一种工具也不是一种技巧,而是结构化的项目管理流程。PRINCE2 在全球许多公共部门与私营企业中运用广泛,在交付项目时采用的基于过程的高效方法使其在全球 200 多个国家赢得了广泛的赞誉。自 1996 年以来,全球已有 120 万人参加了 PRINCE2 考试,而在英国,它已成为组织、管理和控制所有类型项目的实际标准。

PRINCE2 和 IPMP、PMP 的区别包含以下几点(表1-4)。

表1-4 不同项目管理机构和知识体系 Different project management bodies and knowledge systems

项目管理机构 Project management agency	英文简称 Abbreviation	知识体系 Knowledge system	认证体系 Certification system
国际项目管理协会 International Project Management Association	IPMA	ICB	IPMP
美国项目管理协会 Project Management Institution of America	PMI	PMBOK	PMP
中国项目管理研究委员会 Project Management Research Committee of China	PMRC	C-PMBOK	C-NCB
英国商务部 The Office of Government Commerce	OGC	三七四二架构 Triple Seven System	PRINCE2

注:"三七四二架构"指的是7个原则、7个主题、7个流程、4层组织结构、2个管理技术。
Note:"Triple Seven System" means a system with 7 principles,7 themes,7 processes,4 layers of organizational structure and 2 management techniques.

(一)设立机构不同 Institutional Frameworks

PRINCE2 是国际项目管理师认证,由英国商务办公室(OGC)设立,于1996年开始推广。

IPMP 由国际项目管理协会(IPMA)设立。

PMP 是由美国项目管理协会(PMI)设立并严格评估项目管理人士知识技能是否具有高品质的资格认证考试。

(二)认证等级不同 Certification Levels

PRINCE2 的认证分为基础级别(Foundation)和实践者级(Practitioner)。

IPMP 有4层认证体系,分别为:A 级,高级项目经理(Certificated Projects Director);B 级,项目经理(Certified Senior Project Manager);C 级,国际项目经理(Certified Project Manager);D 级,国际助理项目经理(Certified Project Management Associate)。

PMP 是单一证书制,但 PMI 同时提供多种类型的认证,包括助理项目管理专业人士(CAPM)认证、进度管理专业人士(PMI-SP)认证、风险管理专业人士(PMI-RMP)认证、项目管理专业人士(PMP)认证、项目集管理专业人士(PgMP)认证、敏捷管理专业人士(PMI-ACP)认证、PMI 商业分析专业人士(PMI-PBA)认证。

(三)侧重不同 Focus Shifts

PRINCE2 强调项目在具体的环境中如何应对,分为7个主题、7个原则、7个流程和4层组织,侧重于操作方法,关注怎么做;PMP 强调项目管理的知识体系,分为五大过程、十大知识领域、47个子过程,侧重项目管理知识层面,关注做哪些事;IPMP强调项目经理人应该具备的知识与技能,分4个阶段,7类资质,共计60项评价要素,侧重学院派,能力评估,关注岗位胜任能力。

自测题 Self-assessment Questions

项目管理的十大知识领域是什么?

第四节 项目管理的发展历程和前景
Development History of Project Management

一、项目管理的发展历程 History of Project Management Development

现代项目管理(Modern Project Management,MPM)是管理科学的一个新领域,在过去几十年中发展迅速。项目管理正在成为人类创造物质和精神财富的主要手段。项目管理经历了2个发展阶段。

1980年代之前:传统项目管理阶段。

1980年代之后:现代项目管理阶段(新工具、技术、信息技术、知识经济时代)。

在1940年代到1960年代期间,项目管理主要应用于国防建设和土木工程项目。传统的项目管理方法包括项目预算、计划和一些从运营管理中学到的操作方法,管理范围相对较窄。在20世纪60年代,建立了2个国际项目管理机构:①国际项目管理协会(International Project Management Association,IPMA,总部位于欧洲,成立于1965年);②项目管理协会(Project Management Institute,PMI,总部位于美国,成立于1969年)。随后,各国相继建立了项目管理机构,共同推动了全球项目管理科学的发展。

进入20世纪80年代后,项目管理迎来了现代项目管理的新阶段。全球竞争愈演愈烈,项目活动规模日益扩大且复杂性增加,项目数量激增,项目团队规模不断扩大,相关利益者的冲突日益加剧,项目成本降低的压力持续上升。这一系列挑战促使政府部门和企业等作为项目业主或客户的机构,以及作为项目实施者的政府机构和企业,投入大量人力、物力去深入研究和理解项目管理的基本原理,积极开发和应用项目管理的具体方法(表1-5)。

特别是进入20世纪90年代,随着信息系统工程、网络工程、软件工程、大型建设工程以及高科技项目的研究与开发等新领域的崛起,项目管理在理论和方法上得到了不断的发展和现代化,实现了快速的发展和长足的进步。同时,项目管理的应用领域也迅速扩展至社会生产和生活的各个领域。项目管理在企业战略发展和例外管理中的作用愈发凸显,成为高层管理者不可或缺的管理工作。

如今,项目已经成为我们社会创造精神财富、物质财富和社会福利的主要生产方式,取代了过去的运营和生产方式。因此,现代项目管理也迅速崛起为发展最快和使用最为关键的管理领域之一。项目管理已经广泛应用于人类生产和生活的各个领域,并在企业战略和业务运营中发挥着举足轻重的作用。现代项目管理阶段将项目管理提升至新高度,更加强调项目的战略性和组织的学习能力。这些变革使得项目管理能够更好地适应快速变化的商业环境和技术进步,满足组织和利益相关方不断变化的需求。项目管理如今已成为创造社会精神和物质财富以及社会福利的主要形式。作为管理科学的新兴学科,项目管理发展迅猛,应用广泛,已成为管理科学的重要分支之一,在管理科学与工程这一学科领域中占有举足轻重的地位(管理科学与工程有6个主要学科领域)。

表1-5 项目管理不同阶段的对比 Comparison of different phases of project management

	发展阶段 Development stage	特点 Characteristics	应用领域 Application field
传统 Tradition	20世纪60年代以前 Before the 1960s	关注工期和项目的成本,提倡做什么事情都要有计划 Focus on deadlines and project costs, and advocate planning for everything you do	主要应用于航空航天领域 Mainly used in aerospace field
	20世纪60年代中期—80年代 Mid-1960s-1980s	出现了大量优化技术的应用 There are a lot of applications of optimization techniques	应用于一些大型项目,像航天项目、建筑项目和一些军事项目等 It is used in some large-scale projects, such as aerospace projects, construction projects and some military projects
现代 Modern	20世纪80年代中期—90年代 Mid-1980s-1990s	突破了人们传统概念上对项目的理解,并开始普及,具有各种不同的模式 Breaking through people's traditional conceptual understanding of the project, and began to popularize, with a variety of different models	制造业、信息产业、IT行业等 Manufacturing industry, information industry, IT industry, etc
	20世纪90年代后 After the 1990s	项目管理在一些非传统的项目环境下应用,如政府部门、学校、金融部门等开始采用 Project management is applied in some non-traditional project environments, such as government departments, schools, financial departments, etc	应用于各个领域 Used in various fields

二、项目管理的发展前景 Future Trends of Project Management

项目管理一直在根据更大的经济、商业和社会背景的需求和机遇而不断发展和转变。项目专业人士迅速学习新技能，开辟新路径，并承担更多责任，以推动创新并取得成果。是什么推动了这个行业的演变以及项目从业者在 2023 年及以后的需求？根据美国项目管理协会（PMI）官网上 5 位项目领导人的预测，项目管理的未来发展前景可归纳为以下 5 个方面。

（一）强大的人际技能将继续引领发展 Strong interpersonal skills will continue to lead the way

未来，沟通技能及在团队中有效领导和工作的能力将继续是成功与失败之间的最大区别。研究显示，注重人际技能，尤其是沟通和协作领导等方面的公司，实现了更好的项目管理成熟度和项目效益。

"项目管理关乎人"，加拿大多伦多 Interthink Consulting 公司总裁兼首席组织治疗师 Mark Mullaly 博士（PMP）表示，"我们谈论工具、流程、实践、风险计划和工作分解结构，但这一切都关乎人。这并不是新鲜事，但我们一直忽视了它。"Mullaly 认为，沟通技能以及在团队中领导和有效工作的能力将始终是成功与失败之间最大的区别。这一观点在 PMI 2023 年职业脉搏调查中得到印证，该报告表示高度重视能力技能（包括沟通和协作领导）的公司会取得更好的结果。高度重视能力技能的组织中，57% 展示出了高度的项目效益管理成熟度，64% 展示出高度的项目管理成熟度。

美国明尼苏达州罗切斯特市梅奥诊所战略管理总监 Wale Elegbede（PMP）同意这一观点，并补充说："我认为人际技能将非常关键，因为无论你是在处理数十亿美元的项目还是几亿美元的项目，你都在与人打交道。"

（二）数据素养将成为必备技能 Data literacy will become a must-have skill

随着组织对数据的投资不断增加，数据科学技能，如数据管理、分析和大数据，将成为项目经理必备的技能之一。数据素养将是未来项目经理必须具备的专业知识之一，因为组织需要能够管理和从中获取见解的数据，以便分析和产生有意义的洞察。

在 PMI 报告《超越敏捷》中，31% 的组织表示数据科学技能，如数据管理、分析和大数据，是人才发展的最高优先级。随着组织继续增加对数据的投资，这种需求只会变得更加紧迫。根据 Mullaly 的说法，数据素养是更多项目经理需要掌握的一项专业技能。

"我们生活在一个数据角色和数据使用方式，或者简单来说，在数据和信息量不断增长的世界中，组织需要真正能够管理这些数据并从中获得洞察——分析它并提供和产生有意义的见解。"

（三）项目领导者需要拥抱文化敏感型领导 Project leaders need to embrace culturally sensitive leadership

在多元化、平等和包容的时代，项目领导者需要具备与不同背景和文化的人有效合作的能力。这不仅仅是一种"好事",而是一种"必需"。项目领导者需要学习这些技能,不仅能够与来自不同背景和文化的人合作,还需要能够招聘、培训和发展这些多元化背景的人才。

"当你考虑到多样性、公平和包容以及我们当前的世界时,这不仅仅是一种美好的选择,而是必不可少的。"明尼苏达州罗切斯特市梅奥诊所战略管理总监兼 NAACP 罗切斯特明尼苏达分部主席 Wale Elegbede 说:"世界变得更加多元化。项目领导者也需要学习这些技能。看看参与项目的人,他们是多元化的,你的利益相关方也是多元化的。"

Elegbede 认为,项目领导者不仅需要能够与不同背景和文化的人合作,而且还需要能够雇佣、培训和培养这些不同背景的人。他建议项目领导者和项目管理办公室(Project Management Office,PMO)领导者与团队互动并倾听他们,寻找培训和教育团队的机会,如公平面试和偏见认知等主题。"你不会成为这方面的专家,但你需要理解它,你需要重视它"。

(四)人工智能将持续增长,但不会取代项目经理的基本工作 AI will continue to grow, but it won't replace the basic job of a project manager

人工智能将继续是许多组织的投资重点,尤其在不同环境中,AI 和机器学习对产品、能力、系统和解决方案的构建与交付产生显著影响。尽管 AI 在某些方面可能提供一些洞见,但并不会取代项目经理的角色。项目管理和项目本身是独特的,人类在处理复杂性、洞察模式和导航的能力上远远超过 AI。

"在不同的环境中,我们看到人工智能和机器学习在产品、能力、系统和解决方案的构建与交付方面产生了重大影响。"Mulally 说:"这只会继续成倍地放大。"加拿大多伦多 Artic Wolf 公司网络安全分析师 Rajam Nair(PMP)表示同意。"AI 正在跨越人类大脑所具有的所有障碍和限制,为复杂情况提供有效解决方案。"她说,"我觉得 AI 将在网络安全项目中取得重大进展——这是数字世界面临的最大问题——并消除数据隐私问题和对新兴量子计算的恐惧。"对于对 AI 感兴趣并在这些项目中建立职业道路的项目经理,Elegbede 的建议是"分阶段进行",他说:"在 AI 上做很多不同的培训,但归根结底,它将是特定于你行业的。无论有什么机会,我都鼓励我的项目经理参与其中,只是为了学习这个领域。"但即使在 AI 持续增长的情况下,Mulally 并不认为它会取代项目经理的角色。

(五)项目管理和 ESG 将紧密相连 ESG Integration with Project Management

根据 PMI 的报告《ESG 迫在眉睫:言之有物》,对环境、社会和治理(ESG)倡议的投资不断增长,尤其是自新型冠状病毒感染以来,未来需要更多的标准化和成熟度,而项目经理具有正确的思维方式和语言来推动 ESG 团队取得成功。项目经理需要参与 ESG 努力,因为他们有正确的思维方式和语言,可以推动 ESG 团队前进并产生结果。

FactSet 投资数据公司的 ESG 和框架专家 Aman Mourya(PMP)在报告中说:"疫情改变了对 ESG 的看法。在封锁和迫在眉睫的气候危机中,人们对公司的运营方式变得更加好奇。"但随着对 ESG 倡议的投资不断增长,将需要加强标准化和成熟度。土耳其的 ESG 和可持续性顾问 Ardalan Memarzia(PMP)认为,项目经理需要领导这些努力,因为他们拥有推动 ESG 团队前进并取得成果的正确心态和正确语言。

"项目经理需要参与 ESG 工作,就像任何项目一样,如果我们没有项目管理或程序,就不会有输出。无论是能源行业、医疗保健行业、农业行业还是其他任何行业,每家公司都需要了解项目的主要系统。否则,对于他们来说是没有意义的,无论他们是否了解 ESG。"项目管理的未来充满了机遇。尽管企业目前面临着挑战和扰动,但 Elegbede 表示,项目管理未来最令人兴奋的事情仍然是可能性。"从太空到医疗保健再到制造业,这些行业中充满了令人振奋、具有深远影响的大型项目。我真的很兴奋我们是真正帮助塑造这一切的人。"

总的来说,尽管业务面临挑战和变革,但项目管理的未来充满着机遇。项目管理专业人士可以通过不断发展人际技能、数据素养、文化敏感度、领导能力、对人工智能的理解和参与 ESG 努力,为未来的项目管理做好准备。

自测题 Self-assessment Questions

项目管理经历了几个发展历程?这些发展历程具备什么特征?

本章知识点导图 / Mindmap of Key Concepts

本章知识点导图见图 1-5。

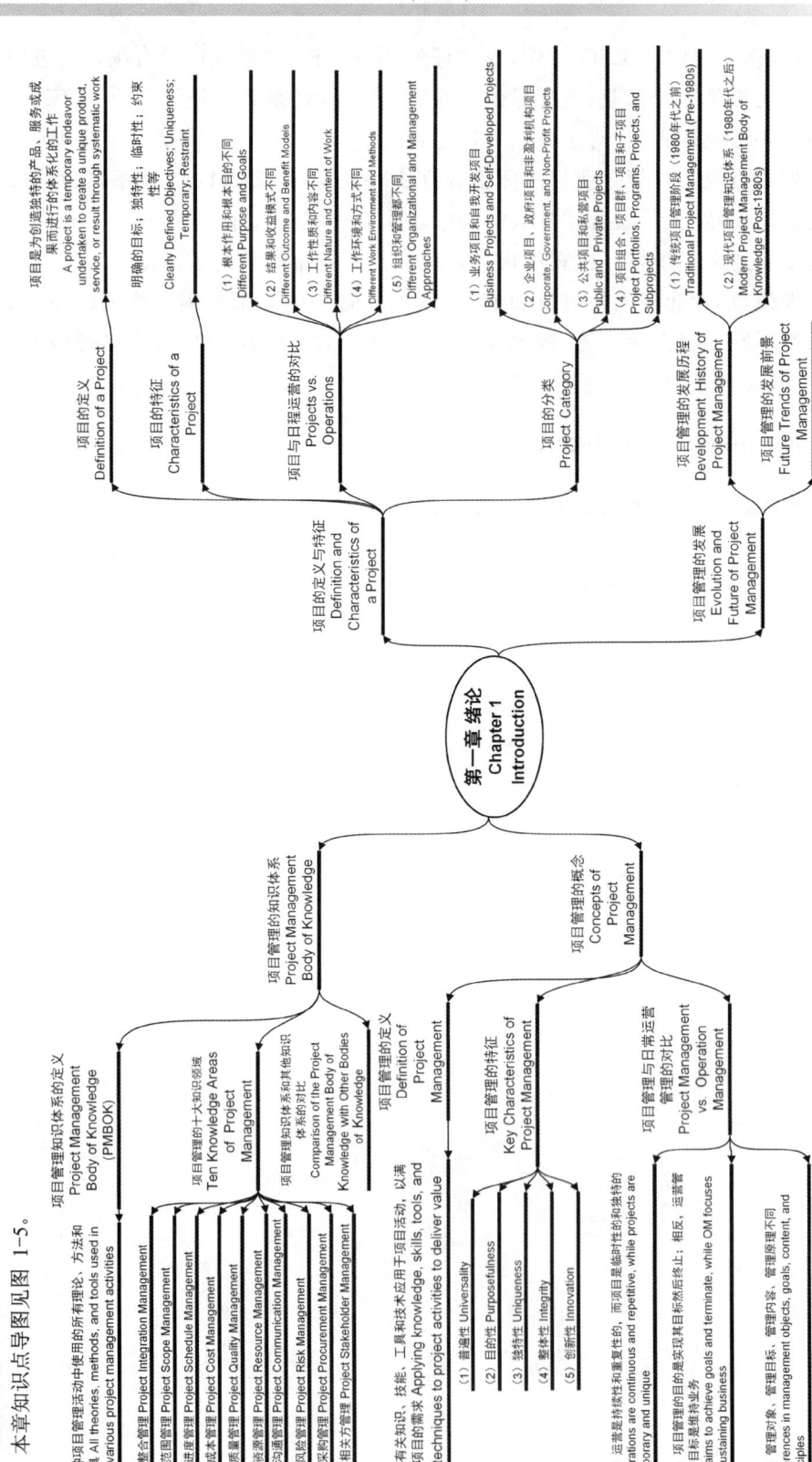

图 1-5　本章知识点导图 Mindmap of key concepts of chapter 1

第一章 绪 论 Chapter 1 Introduction

名词列表与重要概念 Key Terms and Important Concept

英文名词 English noun	中文名词 Chinese noun	重要概念 Important concept
Project	项目	项目是为创造独特的产品、服务或成果而进行的临时性工作 A project is a temporary endeavor undertaken to create a unique product, service, or result
Project Management	项目管理	将有关知识、技能、工具和技术应用于项目活动,以满足项目的需求 Project management is the application of knowledge, skills, tools, and techniques to project activities to meet the project requirements
Engineering Project Management	工程项目管理	运用系统管理方法对工程项目各要素进行规划与控制,确保按时、按预算、高质量完成,以满足相关方需求 Utilizing systematic management methods to plan and control project elements, ensuring timely, on-budget, and high-quality completion to meet stakeholder needs
Project Management Body of Knowledge (PMBOK)	项目管理知识体系	已被验证并广泛应用的传统做法,以及本专业新近涌现的创新做法 It includes the traditional practices that have been verified and widely used, as well as the newly emerging innovative practices in this major
Engineering Management	工程管理	工程管理是指为实现预期目标,有效地利用资源,对工程所进行的决策、计划、组织、指挥、协调与控制 Project management refers to the decision-making, planning, organization, command, coordination and control of projects in order to achieve the desired goals and effectively utilize resources
10 Knowledge Areas	十大知识领域	项目管理十大知识领域是由项目管理知识体系(PMBOK)指南定义的,用于系统地管理项目的重要方面 The ten knowledge areas of project management are defined by the Project Management Body of Knowledge (PMBOK® Guide) and encompass critical aspects for systematically managing a project

续表

英文名词 English noun	中文名词 Chinese noun	重要概念 Important concept
Project Management Knowledge Area	项目管理知识领域	按所需知识内容来定义的项目管理领域，并用其所含过程、做法、输入、输出、工具和技术进行描述 An identified area of project management defined by its knowledge requirements and described in terms of its component processes, practices, inputs, outputs, tools, and techniques
Project Integration Management	项目整合管理	用于识别、定义、组合、统一和协调各项目管理过程组的各个过程和活动 It is used to identify, define, combine, unify, and coordinate the various processes and activities within the Project Management Process Groups
Portfolio Management	项目组合管理	为了实现战略目标而对一个或多个项目组合进行的集中管理 Concentrated management of one or more project combinations to achieve strategic goals
Project Scope Management	项目范围管理	包括确保项目做且只做所需的全部工作以成功完成项目的各个过程 Includes the processes required to ensure that the project includes all the work required, and only the work required, to complete the project successfully
Project Schedule Management	项目进度管理	包括为管理项目按时完成所需的各个过程 Includes the processes required to manage the timely completion of the project
Project Cost Management	项目成本管理	包括为使项目在批准的预算内完成而对成本进行规划、估算、预算、融资、筹资、管理和控制的各个过程 Includes the processes involved in planning, estimating, budgeting, financing, funding, managing, and controlling costs so the project can be completed within the approved budget
Project Quality Management	项目质量管理	包括把组织的质量政策应用于规划、管理、控制项目和产品质量要求，以满足相关方期望的各个过程 Includes the processes for incorporating the organization's quality policy regarding planning, managing, and controlling project and product quality requirements, in order to meet stakeholders' expectations

续表

英文名词 English noun	中文名词 Chinese noun	重要概念 Important concept
Project Resource Management	项目资源管理	包括识别、获取和管理所需资源以成功完成项目的各个过程 Includes the processes to identify, acquire, and manage the resources needed for the successful completion of the project
Project Communications Management	项目沟通管理	包括为确保项目信息及时且恰当地规划、收集、生成、发布、存储、检索、管理、控制、监督和最终处置所需的各个过程 Includes the processes required to ensure timely and appropriate planning, collection, creation, distribution, storage, retrieval, management, control, monitoring, and ultimate disposition of project information
Project Risk Management	项目风险管理	包括规划风险管理、识别风险、开展风险分析、规划风险应对、实施风险应对和监督风险的各个过程 Includes the processes of conducting risk management planning, identification, analysis, response planning, response implementation, and monitoring risk on a project
Project Procurement Management	项目采购管理	包括从项目团队外部采购或获取所需产品、服务或成果的各个过程 Includes the processes necessary to purchase or acquire products, services, or results needed from outside the project team
Project Stakeholder Management	项目相关方管理	项目相关方管理是识别、分析并有效沟通和协调所有影响或受项目影响的相关方,以确保项目目标的实现和相关方需求的满足 Project stakeholder management involves identifying, analyzing, and effectively communicating with and coordinating all stakeholders who influence or are affected by the project to ensure project objectives are achieved and stakeholder needs are met

课后习题 / After-class Exercises

一、选择题 Multiple Choice Questions

(1) 下面（　　）不是项目定义的一部分。
　　A. 重复性的活动　　B. 制约因素　　C. 资源的消费　　D. 一个定义好的目标

(2) 下面（　　）不是使用项目管理获得的好处。
　　A. 项目结束日期的适应性（弹性）　　B. 更好的风险管理
　　C. 估算精确度的提高　　D. 对项目的跟踪

(3) 项目传统的3个竞争性制约因素是（　　）。
　　A. 时间、成本、收益率　　B. 资源需求、包含的任务、资金
　　C. 时间、成本、质量或范围　　D. 日程表、可用的设备、资金

(4) 负责分配项目资源的人往往是（　　）。
　　A. 项目经理　　B. 人力资源部门
　　C. 职能经理　　D. 行政主管

(5) 项目经理与职能经理之间的冲突通常由（　　）来解决。
　　A. 负责冲突管理的助理项目经理　　B. 项目发起人
　　C. 高层指导委员会　　D. 人力资源部门

(6) 项目管理是以（　　）为中心的管理。
　　A. 业主　　B. 项目经理　　C. 承包商　　D. 施工单位

(7) 项目管理是（　　）。
　　A. 关键路径法和挣值管理法的整合
　　B. 把各种知识、技能、方法和工具应用于项目活动，来达到项目的要求
　　C. 把各种知识、技能、智慧、科学和艺术应用于组织活动来达到优质运作
　　D. 大多数工程与其他技术学科的一个子学科

(8) 项目管理就是（　　）管理。
　　A. 进度　　B. 质量　　C. 目标　　D. 安全

(9) 项目管理是以（　　）为对象，按项目内在客观规律组织项目活动的科学方法是。
　　A. 合同　　B. 项目目标　　C. 组织　　D. 项目

(10) 下面哪项最符合对项目相关方的描述（　　）。
　　A. 团队成员　　B. 项目经理
　　C. 项目会影响到其工作领域的人　　D. 以上都是

(11) 以下不属于项目定义所包含的内容的选项是（　　）。
　　A. 项目受到时间约束　　B. 项目是独特的
　　C. 项目由彼此不相关的活动组成　　D. 项目是为了达成一定的目的

二、判断题 True/False Questions

(1)项目管理是一种系统化的管理方法。(　　)

(2)项目成本管理、项目进度管理和项目质量管理被称为项目管理的"三大管理"。(　　)

(3)项目计划管理是项目管理的主要职能。(　　)

(4)项目管理的灵魂是项目质量管理。(　　)

(5)项目管理是按照基于分工和职能的程序化和结构化的管理原理展开的,它更加强调专项管理和职能管理。(　　)

(6)项目管理的中心任务是项目时间管理。(　　)

三、思考题 Critical Thinking Questions

(1)你认为随着知识经济和社会的发展,项目管理会有哪些大的变化?

(2)举例说明在某个项目中会用到的一些不确定性。

(3)项目可能会包含哪些方面的不确定性?为什么?

(4)使用项目管理的优缺点是什么?

(5)举例说明在某个项目中会用到的一些资源。

(6)所有项目共有的关键特点是什么?

案例 / Case Study

非营利组织筹集资金项目的目标管理

当地一家非营利组织的董事会成员正在举行2月份的董事会会议。这一组织负责筹集和购买食品,然后分发给生活困难的人们。会议室里在座的有董事会主席贝斯·史密斯(Beth Smith),以及董事罗斯玛丽·奥尔森(Rosemary Olsen)和史蒂夫·安德鲁(Steve Andrews)。贝斯首先发言:"我们的资金几乎用光了,而食品储备和施粥场的需求却一直在增加。我们需要弄清楚怎样才能得到更多的资金。"

"我们必须建立一个资金筹集项目。"罗斯玛丽响应道。

史蒂夫建议:"难道我们不能向地区政府要求一下,看他们能否增加我们的分配额?"

"他们也紧张,明年他们甚至会削减我们的分配额。"贝斯回答。

"我们需要多少钱才能把今年对付过去?"罗斯玛丽问道。

"大约10 000美元。"贝斯回答,"我们在两个月后就会急需这部分钱了。"

"我们除了钱还需要很多东西。我们需要更多的志愿者、更多的储存空间和一台厨房用冰箱。"史蒂夫说。

"哦,我想我们完全可以自己做这个筹集资金的项目,这将是很有趣的!"罗斯玛丽兴奋地说。

"这个项目一直在扩大,我们永远也不可能把它做完。"贝斯说道。

罗斯玛丽回答说:"我们筹划一下并且做好它,我们一向能做到的。"

"项目是我们真正需要的吗?我们明年又要怎么办?再做一个项目?"史蒂夫问道,"此外,我们正在经历一个困难时期,很难找到志愿者。或许我们应当考虑一下,我们怎样用这较少的资金来运作一切。例如,我们怎样能定期得到更多的食品捐献,这样我们就不必买这么多食品了。"

罗斯玛丽插话说:"多妙的主意。当我们试着去筹集资金时,你又能继续工作。我们要想尽一切办法。"

"好了。"贝斯说,"这些都是好主意,但是我们只有有限的资金和志愿者,而需求一直在增长。我们现在要做一些事情,以确保我们在2个月后不必关门停业。我想,我们都同意必须采取一些行动,但不能确定我们的目标是否一致。"

案例问题:

(1)已识别的需求是什么?

(2)项目目标是什么?

(3)对要从事的项目应做一些什么假定?

(4)项目牵涉到的风险是什么?

本章复习 / Chapter Review

1.项目的特征是什么?

(1)明确的目标;(2)独特性;(3)临时性;(4)约束和限制性;(5)其他特性。

2.项目有哪些分类?

(1)业务项目和自我开发项目;(2)企业项目、政府项目和非盈利机构项目;(3)公共项目和私营项目;(4)项目组合、项目群、项目和子项目。

3.项目管理的特征有哪些?

(1)普遍性;(2)目的性;(3)独特性;(4)整体性;(5)创新性。

拓展阅读和学习 / Further Reading and Learning

- 《凤凰项目:一个IT运维的传奇故事》,作者:[美]基恩·金、[美]凯文·贝尔、[美]乔治·斯帕福德。《凤凰项目》是一部以故事形式揭示IT运维与DevOps实践的经典之作,通过一个濒临崩溃的企业转型历程,生动展现了如何提升团队协作、优化流程并加速业务交付,强烈推荐给IT管理者、开发者和运维人员。
- The Goal:A Process of Ongoing Improvement,作者:Eliyahu M. Goldrat。这本小说通过一个制造业工厂的故事,向读者介绍了"约束理论"和"TOC"(Theory of Constraints)的概念。

第二章 项目组织与项目经理
Chapter 2 Project Organization & Project Manager

引例 / Introductory Case

港珠澳大桥，连接了广东、澳门与香港，为世界上最长的跨海大桥之一。其建设过程中，项目组织与项目经理角色关键。

项目启动前，需识别所有相关利益主体，如政府、施工单位、交通部门、环保组织及民众等，各方需求各异，需协调以确保项目顺利推进。项目采用复合型组织结构，由中国内地、香港和澳门政府合作设立主要组织，负责整体规划、决策，施工单位构成独立子项目组织，负责具体设计与建造。

项目经理为项目领导者与决策者，需领导团队，确保工程按时按质完成，协调各方需求，解决冲突。面对技术与管理挑战，以及自然灾害与环保风险，项目经理需具备高超的技能，善于沟通协调。

项目团队由国内外优秀工程人员与专家组成，需适应多元文化的碰撞与多方利益的合作。因此，项目经理需培养团队精神，激励成员发挥最佳水平。

港珠澳大桥建设复杂庞大，项目组织与项目经理发挥关键作用，通过管理相关方、采用合适的组织结构、领导项目团队，成功实现三地连接。

港珠澳大桥建设案例提供以下启示。
- 重要性意识：认识到项目的重要性，激励项目组织与项目经理专注目标，保持责任心。
- 相关方管理：充分了解各相关方需求，协调利益，建立和谐合作关系，减少冲突，增加成功机会。
- 灵活组织结构：采用适应项目特点的组织结构，平衡各方利益。
- 团队精神与绩效：团队紧密合作，克服困难，团队凝聚力与合作能力对项目成功至关重要。
- 技术与管理能力：项目经理需具备高超技能，应对复杂问题与风险。
- 项目可持续性：考虑项目对环境与社会的影响，寻求长期稳定发展。

综上，港珠澳大桥建设案例展示了项目组织与项目经理的关键作用。本章将讨论项目组织管理的定义、内容、理论与方法，以及项目经理的角色、职能、技能等。

学习目标 / Learning Objectives

(1)概括项目相关方的构成及关系。

(2)描述项目经理的角色、职能,以及必备的技能、知识和素质,体会项目团队的精神内涵。

(3)能够说明项目团队的特点、项目团队的创建和发展阶段,以及影响团队绩效的因素。

(4)辨识项目实施组织的结构类型及其特点,总结不同类型组织结构的差异及优缺点。

本章结构导图 / Chapter 2 Structure

本章结构导图见图 2-1。

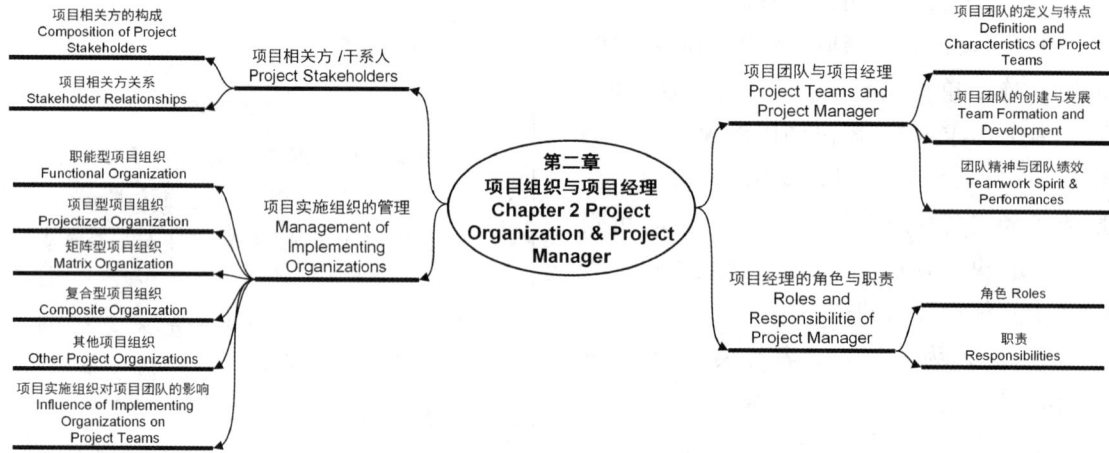

图 2-1　本章结构导图 Structure guide of this chapter

第一节　项目相关方/干系人
Project Stakeholders

相关方是指可能影响项目决策、活动或结果的个人、群体或组织,以及会受或自认为会受项目决策、活动或结果影响的个人、群体或组织;项目相关方可能来自项目内部或外部,可能主动或被动参与项目,甚至完全不了解项目;此外,项目相关方可能对项目施加积极或消极影响,也可能受项目的积极或消极影响。图 2-2 列举了项目主要相关方及其责任。

一、项目相关方的构成 Composition of Project Stakeholders

在任何项目中,都存在着众多相关利益主体(图 2-2)。将这些相关利益主体找出并有效

第二章 项目组织与项目经理 Chapter 2 Project Organization & Project Manager

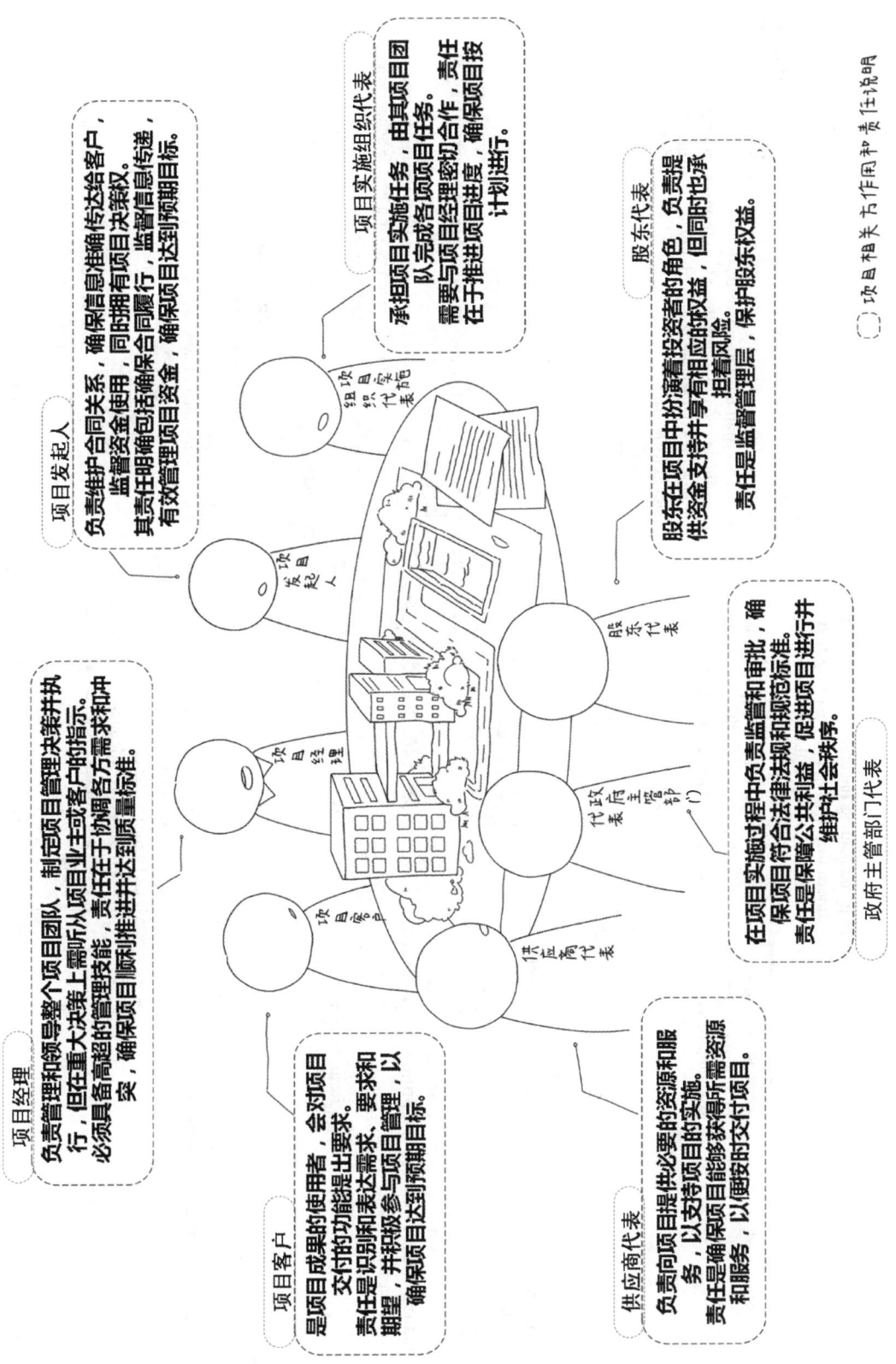

Contractor/Project Owner
Manages contractual relationships, ensures accurate information dissemination to clients, monitors fund utilization, and holds project decision-making authority.
Coordinates contract fulfillment, supervises information flow, manages project finances effectively, and ensures the project achieves its goals.

Execution Team
Implements project tasks, with the project team responsible for completing all assigned activities.
Works closely with the project manager to drive progress and ensure adherence to the project schedule.

Shareholders
Act as investors, providing financial support while enjoying corresponding rights and assuming risks. Their responsibility is to oversee management and protect shareholder interests.

Project Manager
Responsible for managing and leading the entire project team, making project management decisions, and ensuring their execution. However, major decisions must follow the directives of the project owner or client.
Must possess strong management skills, with the responsibility of aligning stakeholder needs and resolving conflicts to ensure smooth project progress and adherence to quality standards.

Client/End User
The ultimate user of the project deliverables, who defines functional requirements for the project outcomes.
Responsibilities include identifying and articulating needs, requirements, and expectations, as well as actively participating in project management to ensure the project meets its objectives.

Resource Suppliers
Provide necessary resources and services to support project implementation.
Their responsibility is to ensure the project obtains required resources and services for on-time delivery.

Regulatory Authorities
Oversee and approve project execution to ensure compliance with laws, regulations, and industry standards.
Their duty is to safeguard public interests, facilitate project progress, and maintain social order.

◯ Explanation of the roles and situations of project stakeholders

图 2-2 项目主要利益相关方及其责任 Key stakeholders of the project and their responsibilities

管理是项目组织管理工作中的首要任务。当一个项目涉及多个组织、群体或个人的利益或责任时，这些组织、群体或个人就成为项目的相关利益主体。然而，由于项目的复杂性和多样性，识别出所有项目相关利益主体并管理他们常常是一个复杂而具有挑战性的任务。

（一）项目业主或项目发起人 Project Owner/Sponsor

项目业主或发起人通常来自高级管理层，负责维护高层管理者与客户间的合同关系，确保承包商信息准确传递给客户，并监管客户资金不被滥用。他们拥有项目范围、时间、成本、价值、质量、资源及风险等方面的最高决策权。项目发起人指出资者，不一定是项目最终所有者，如房地产开发商。项目业主或发起人可能是最终用户，也可能不是，如开发商并非房屋的最终业主，而是为盈利而卖房。他们也可能是实施者，或委托承包商实施，如房地产商会委托建筑商盖房。但有时，业主（或发起人）、用户和实施者是同一组织或个人，如企业技术攻关项目。因此，需具体分析每个项目，明确业主或发起人、最终用户及实施者的身份。

（二）项目客户或最终用户 Project Client/End User

项目客户或最终用户是指使用项目成果的个人或组织。无论是项目开发还是实施，都是为项目客户或最终用户提供服务。因此，在项目管理中，必须认真识别和分析项目客户或最终用户的需要、要求和期望，并且要认真管理好项目客户或最终用户的期望和要求。由于客户或用户可能会有不同的需求和期望，人们需要特别留意潜在的需求冲突，避免项目实施过程中出现问题。

用户可能是企业内部的员工，他们对项目交付的功能和易用性有直接影响。如果项目没有充分考虑用户的需求，可能导致产品无法满足实际使用场景，从而降低用户满意度。

（三）项目经理 Project Manager

项目经理是管理整个项目的人，他既是项目的领导者、组织者、管理者和项目管理决策的制定者，也是项目重大决策的执行者。项目经理需要领导和组织好自己的项目团队和做好项目的计划、组织、实施和控制等一系列项目管理工作。但是在有关项目工期、质量和成本等方面的重大决策上，项目经理就需要听命于项目业主或客户。项目经理对于一个项目的成败是至关重要的，所以他必须具有很高的管理技能和素质，必须能积极地与他人合作，并能激励和影响他人的行为，为实现项目目标服务。例如，一个建筑项目的项目经理需要与建设公司、设计团队、监理机构、政府部门和业主进行协调，处理各方的需求和冲突，以确保项目按计划推进并满足质量标准。

（四）项目团队 Project Teams

项目团队是从事项目实施工作的组织或群体，它由一组个体成员组成，是为实现项目的一个或多个目标而协同工作的群体。项目团队的成功与否直接影响着项目的进展和成果。因此，项目经理需要确保项目团队具备必要的技能和资源，并促进团队之间的协作，以实现项目的目标。例如，一个市政基础设施建设项目的团队需要包含工程师、建筑师、技术专家等，他们共同协作完成项目任务,确保项目按时交付。

(五)项目实施组织 Project Implementing Organization

项目实施组织是承担实施责任并由其项目团队完成项目实施的企业或组织。不同的项目可能涉及多个实施组织,也可能只有一个实施组织。项目实施组织可能是项目业主委托的独立业务组织,也可能是项目业主内部的单位或机构。在项目实施过程中,项目经理需要与实施组织密切合作,确保项目按计划进行。

(六)项目其他相关利益主体 Other Stakeholders

除了上述各种项目相关利益主体之外,通常还有其他相关利益主体,如供应商、贷款银行、政府主管部门,以及项目所涉及的市民、社区、公共社团等。这些相关利益主体的需求、期望、要求和行为都会直接或间接地影响项目的成败。因此,在项目管理中,人们需要密切关注和理解这些相关利益主体的利益诉求,积极与他们沟通和合作,以确保项目的顺利实施和成功达成目标。

此外,按照相关方的内、外部进行分类,可将其分为内部相关方和外部相关方两类。内部相关方包括发起人、资源经理、项目管理办公室(PMO)、项目组合指导委员会、项目集经理、其他项目的项目经理、团队成员等;外部相关方包括客户、最终用户、供应商、股东、监管机构、竞争者等。

有些相关方只是偶尔参与项目调查或焦点小组活动,有些则为项目提供全方位资助,包括资金支持、政治支持或其他类型的支持。在整个项目生命周期内,他们参与项目的方式和程度可能差别很大,因此,在整个项目生命周期中,有效识别和分析相关方,引导他们合理参与,并有效管理他们对项目的期望和参与,对项目成功至关重要。

二、相关方关系 Stakeholder Relationships

项目相关利益主体之间的关系既有利益一致的一面,也有利益冲突的一面,所以项目相关利益主体的要求和期望有时是不统一的。在实际项目中,常常出现不同利益主体拥有不同目标,甚至目标相互冲突的情况。通常,项目相关利益主体之间的关系有以下几个方面。

(一)项目业主与实施组织或项目团队之间的关系 Relationship Between Project Owner and Implementing Organization/Project Team

在项目全团队管理中,项目业主与项目实施组织或项目团队之间的关系尤为重要。通常他们之间的关系首先有利益一致的一面,这使项目业主与项目实施组织(或项目团队)最终形成了一种委托与受托或委托与代理的合同关系。如果项目业主与实施组织之间没有利益一致的一面,就无法形成项目业主与实施组织之间的合作关系。其次,他们之间的关系也有相互冲突的一面,因为双方各自都有独立的利益、期望和目标,这些会影响到项目的成功实施。因此在项目管理中,项目业主与项目实施组织或项目团队之间都需要通过签署各种合同来保障双方的利益和调整双方利益的关系。

(二)项目业主与项目其他相关利益主体之间的关系 Relationship Between Project Owner and Other Stakeholders

项目业主与项目其他相关利益主体之间的关系同样存在着利益一致的一面和利益冲突的一面。通常,项目业主与项目其他相关利益主体之间利益一致的一面使得项目得以成立,而利益冲突的一面使得项目出现问题或失败。对于项目业主与其他项目相关利益主体之间可能发生的利益冲突,项目的管理者必须在项目管理中予以充分的重视,设法做好事前的预测和控制,努力合理地协调这些利益关系和解决这些利益冲突,以保障项目的成功。

(三)项目实施组织或项目团队与项目其他相关利益主体之间的关系 Relationship Between Implementing Organization/Project Team and Other Stakeholders

项目实施组织或项目团队与项目其他相关利益主体之间也会发生各种利益关系,也包括利益一致和利益冲突2个方面。虽然项目实施组织或项目团队与项目其他相关利益主体之间的利益关系没有项目业主与其他相关利益主体之间的利益关系那么直接和紧密,但是同样会有许多利益冲突的地方,也存在着利益冲突导致项目失败的危险。项目实施组织或项目团队与项目其他相关利益主体之间的利益关系和冲突,也需要项目管理者采取各种方法进行合理的协调,努力地消除利益冲突,从而使项目获得成功。

自测题 Self-assessment Questions

案例背景:去年,小李所在的公司接到了一个智慧执法的建设项目,项目业主单位是执法处,旨在通过"信息化、智能化、流程化、人性化"提高执法工作效率、规范执法行为。于是客户基于此提出了很多功能要求。

小李跟前期的商务同事去了解客户的情况。但是,在执行中仍然出现了以下几个问题。

第一个问题:在系统开发到一大半的时候,法规处的处长,也就是其他部门的领导,就对客户的项目负责人提出,执法的结果必须要经过法规处确定后才能发布,系统的流程必须给他们法规处预留一个审核的口子。这个流程本来是不在需求范围内的,但是突然冒出来一个关键人物提出了新的需求,小李只能带着项目组成员,加班加点把这个事情处理了,对项目多多少少产生了一些影响。

第二个问题:由于政策要求部门权力下放,实际进行执法的是区局的工作人员。在项目推广的时候,反馈问题多,不是这个不行就是那个不满意,当时小李根据大家的反馈不断调整修改,但是一线用户仍然不愿意使用。

最后一个问题:验收的时候,小李需要给局领导做一个内部汇报,局领导提出了一个特别有趣的问题:"就说这个系统,智慧在哪里,我怎么没感觉到智慧。"

当然,最终这个项目经过了反复的修改、测试、演示,客户还是验收了,交付结果也满足了用户的期望,但是小李总觉得整个过程都是磕磕绊绊的。在将来,很多做项目的同学也会多多少少遇到一些类似的问题,比如说:想法不一致,沟通不对称,还有经常发生的"这个事我不组织中,每个项目都被视为一个独立的实体,拥有自己的项目团队和专属资源,以确保能够专注地服务于该项目。专职的项目经理在项目型组织中拥有完全的项目权力和行政权力,相比之下,在传统职能型组织中,项目经理可以行使项目权力,但职能经理仍保留对分配到项目中的下属的行政和技术权力。项目型组织之所以设立,正是为了迅速、有效地对项目目标和客户需求做出反应。

项目型组织结构常见于一些涉及大型项目的公司。这类大型项目价值高(数百万美元),期限长(几年)。项目型组织结构主要应用于建筑业及航空航天业。这种结构也能应用到非营利机构,如自愿组织的募捐活动、小镇百年庆典、班级聚会以及各种演出等。

(二)项目型组织中的项目团队 Project Teams in Projectized Organizations

在这种组织结构中的项目团队是一个从事具体项目工作的独立单位,项目活动的协调就在项目团队内部进行(图 2-4)。在这种组织中,项目团队的项目经理不再是兼职,而是专职,并且具有较大的权力和较高的权威性。这种组织的项目团队还有专职的项目管理人员和项目工作人员以及少量的临时项目工作人员。

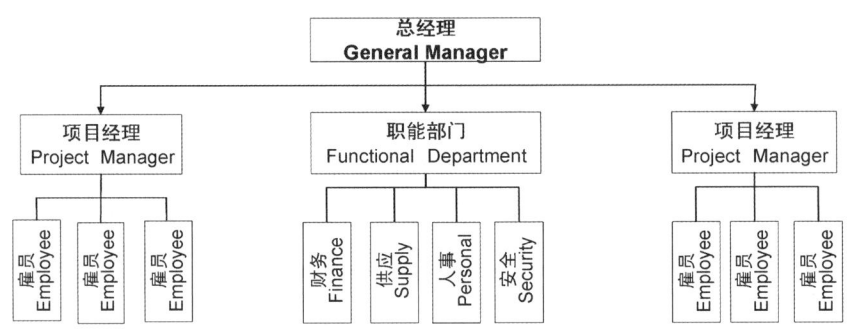

图 2-4 项目型组织的组织结构及其项目团队示意图
Organizational structure of a project-based organization and its project team

(三)优缺点 Advantages and Disadvantages

针对项目型组织的优点,该组织形式确保了项目拥有完整的直线职权,项目参与者直接向项目经理汇报工作,沟通渠道十分通畅。参谋人员作为特定项目的专家存在,无需共享关键人员,反应速度快。职员对项目忠诚度高,对产品形象有更强的信念。此外,该组织有一个专门处理客户关系的中心,时间和成本权衡绩效的执行具有弹性。缺点是,由于工作、设备和人员的重复配置及低效使用,对于产品多元化的公司而言,维持这种组织形式需要花费很高的成本。职员在完成相关任务后可能仍被束缚在项目里,上层主管需要在项目开始和结束时权衡工作量。同时,缺乏强大的职能群体和技术支持,这阻碍了公司在新项目中的能力提高。此外,对各部门专家的管控需要高层管理人员的协调,不同项目之间缺乏技术交流的机会,项目人员的工作稳定性和机会也不固定。

三、矩阵型项目组织 Matrix Organization

（一）定义 Definition

矩阵型组织是为兼顾日常运营和项目开发这2种不同的组织活动而创立的一种组织结构形式。

矩阵型组织是一种混合体，是职能型组织结构和项目型组织结构的混合。它既有项目型组织结构注重项目和客户的特点，也保留了职能型组织结构的职能特点。矩阵型组织结构中的每个项目和职能部门各司其职，共同为公司和每个项目的成功贡献力量。项目经理对项目的结果负责，而职能经理则负责为项目的成功提供所需资源。

（二）矩阵型组织中的项目团队 Project Teams in Matrix Organizations

矩阵型组织是一种特殊的组织结构，其主要特点是从不同职能部门抽调专业人员，组成独立的项目团队，以开展特定的项目工作。在项目团队完成任务后，这些项目人员会回到各自原来所属的专业职能部门。这种矩阵型组织结构因其在项目执行中的高度灵活性而备受青睐。

（三）矩阵型组织的3种不同类型 Three Types of Matrix Organization

矩阵型组织结构大致可以分为强矩阵、弱矩阵及平衡矩阵3类。矩阵的强度取决于项目经理和部门经理谁对工作人员的日常表现有更大的影响。如果项目经理的影响大，那么组织结构在项目经理眼中就是强矩阵结构；如果部门经理的影响大，那么组织结构在项目经理眼中就是弱矩阵结构。

1. 弱矩阵型组织

这种矩阵型组织具有较多的直线职能型组织的色彩，它正式设立的项目团队成员多数是临时性的，团队中大部分人只是临时从事项目工作。所以在这种组织环境中的项目团队、项目经理和项目管理人员的权力也十分有限，而且他们多数是兼职的。

2. 均衡矩阵型组织

这是直线职能型和项目型2种组织结构与体制相对均衡的矩阵型组织形式，它有正式设立的项目团队，且其团队中较多人员是专职从事项目工作的（图2-5）。这种项目团队的授权介于直线职能型组织和项目型组织之间，故被称为均衡矩阵型组织。

3. 强矩阵型组织

这种矩阵型组织结构与项目型组织非常相似，所以在许多方面它与项目型组织十分相近。这种组织结构中的直线部门只是一些相对不重要的生产部门，它们所获得的资源和所具有的权力相对都比较弱，而项目团队的权力则较强。

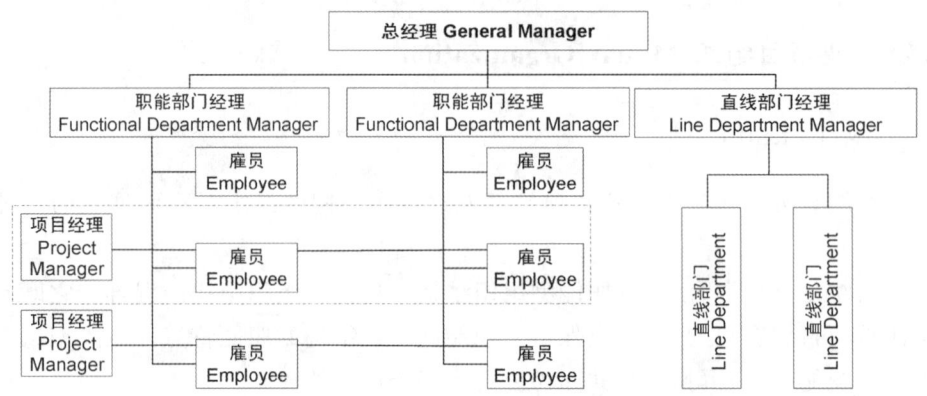

图 2-5 均衡矩阵型组织的组织结构及其项目团队示意图

Organizational structure of a balanced matrix organization and its project team

（四）优缺点 Advantages and Disadvantages

在纯矩阵型组织中，项目经理通过直线经理拥有对项目资源的最大控制权，包括成本和工作人员。这种结构允许为每个项目单独制定政策和程序，前提是不与公司整体政策和程序冲突。项目经理有权调用公司资源，只要时间安排上不妨碍其他项目。该组织结构的优点在于能够迅速应对项目中的变化、冲突和需求，职能组织主要起支持作用。项目结束后，个人能找到自己的"归宿"，且由于技术骨干共享，项目成本最小化，人员得以从事多种工作，实现更好的控制。冲突最少且问题解决容易，时间、成本和任务协调更佳。此外，这种结构能培养专家和经理人员，权力与责任共担，压力分散在团队内部。

然而，纯矩阵型组织也存在信息流和工作流多维化、双重领导、不断变更项目优先顺序等问题。管理目标与项目目标可能不同，需要不断解决项目冲突，监督与控制变得困难，且可能缺少成本效率，特别是行政人员过多。虽然时间、成本和任务协调较好，但项目独立进行易导致重复工作，制定政策和程序需更多时间和精力。职能经理可能因优先顺序不同而存在偏见，需注意与项目组织间的权力平衡，还需监督时间、成本和绩效的平衡。虽然个人问题可快速解决，但反应时间可能变慢，职员和经理可能难以明确自己的角色，冲突不断发生，且多向经理报告时，员工可能感到缺乏控制感。

四、复合型项目组织 Composite Organization

（一）定义 Definition

复合型组织结构是一种集成了直线职能型组织、矩阵型组织和项目型组织优点的组合性组织形式（图 2-6）。在这种结构中，既存在直线职能部门，也设立了专门的矩阵型组织和项目型组织来应对各类项目需求。复合型组织允许项目团队拥有独立的管理机制和报告与权力体系，确保项目执行的高效性。同时，职能部门在完成特定项目时，可以派出人员组成项目团队，而在项目结束后，这些项目团队的成员则会回归原有职能部门。此外，复合型组织也支持职能部门组织自己的项目团队来完成本部门承担的项目工作。

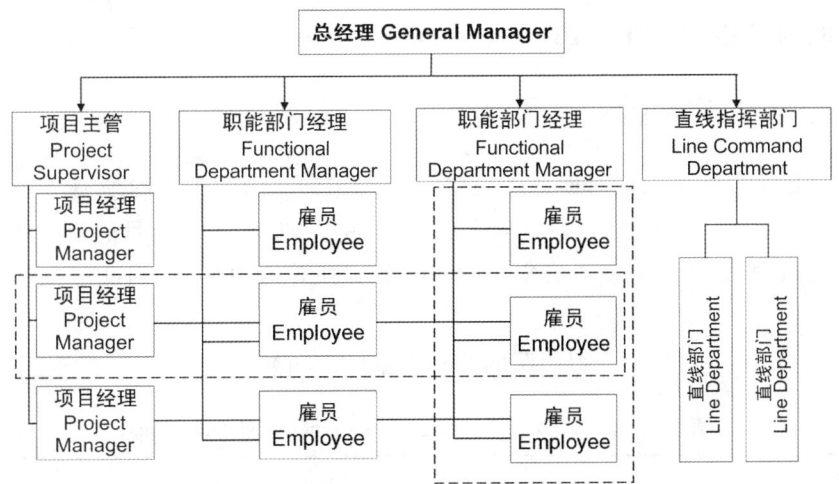

图 2-6　复合型组织的组织结构及其项目团队示意图

Organizational structure of a composite organization and its project team

（二）复合型组织中的项目团队 Project Teams in Composite Organizations

上述复合型组织中的项目团队有 3 种：其一是由某个职能部门内部人员构成的项目团队；其二是由多个职能部门的雇员构成的项目团队；其三是由项目管理办公室统一管理的永久性项目团队。这 3 种不同的项目团队用于开展不同的项目和实现不同的组织目标。

（三）优缺点 Advantages and Disadvantages

复合型组织结构能够根据不同的项目、产品或市场需求进行快速调整。它不像传统的刚性结构那样僵化，能够更好地适应不断变化的外部环境和市场趋势。因为不同部门和团队之间的联系紧密，当市场发生变化时，可以更快地进行资源重新配置和决策调整，保持企业的竞争力。复合型组织结构的主要优点在于其灵活性，能够根据项目或业务需求进行调整，从而更好地适应外部环境的变化和市场需求的波动。此外，通过整合不同部门和团队的资源，复合型组织能更有效地利用人力、财务和物质资源，提升资源整合效率。该结构还促进了各部门间的紧密合作和信息共享，有助于提高问题解决的效率和创新能力。部门间的交流与合作增强了组织内部的知识传递和技能转移，有利于员工共同成长。同时，复合型组织结构在绩效考核方面能够综合评估跨部门的绩效，避免单一绩效指标导致整体绩效失衡的问题。

然而，复合型组织也存在一些缺点。由于涉及多个部门和团队，管理难度较大，需要高效的沟通和协调机制，否则容易导致决策滞后和信息不畅。不同部门间职责边界的不明确可能导致责任不清、互相推诿和资源竞争等问题。此外，多元化的观点和利益诉求容易引发意见分歧，影响决策效率和准确性。信息共享不畅可能形成信息孤岛，导致决策缺乏全面性。最后，在文化背景和团队融合方面，复合型组织结构可能面临文化冲突和适应问题，需要更多努力来实现协同合作。

五、其他项目组织 Other Project Organizations

(一)虚拟项目组织 Virtual Project Organization

传统的项目管理是一种面对面的环境,团队会议召开、团队工作时所有涉及人员都会集中在一个固定的空间里。团队成员甚至可能同处一室。如今,随着项目的规模越来越大和复杂程度越来越高,所有的团队成员聚集在同一个地点工作难以实现,因此虚拟项目组织得以出现。

Duarte 和 Snyder 定义了虚拟团队的 7 种类型(表 2-1)。

表 2-1 虚拟团队的 7 种类型 Seven types of virtual teams

团队类型 Team type	描述 Description
网络 Network	成员关系是分散和流动的,成员按需要进出;在组织内,团队缺乏明确的边界,团队有明确的边界和不同的隶属关系。团队只是短期一起工作,为改进程序或系统提出建议 Membership is decentralized and fluid, and members enter and exit as needed; Within organizations, teams lack clear boundaries Teams have clear boundaries and different affiliations. Teams only work together for a short period of time to make suggestions for improving procedures or systems
平行 Parallel	团队有着流动的隶属关系、明确的边界及给定的客户基础、技术要求和产出。长期的团队任务是非常规的,而且团队有决策权 Teams have fluid affiliations, clear boundaries, and a given customer base, technical requirements, and outputs. Long-term team tasks are unconventional, and the team has decision-making power
服务 Service	团队有着不同的隶属关系,并支持不断进行中的客户网络活动 Teams have different affiliations and support ongoing customer networking activities
管理 Manage	团队有着不同的隶属关系,并且在一个常规的基础上开展公司活动 Teams have different affiliations and carry out corporate activities on a regular basis
行动 Act	团队常常在紧急情况下立刻行动。隶属关系可能是流动的或者不同的 Teams often jump into action in an emergency. The affiliations may be fluid or different
项目或产品开发 Project or product development	团队有着流动的隶属关系、明确的边界及给定的客户基础、技术要求和产出。长期的团队任务是非常规的,而且团队有决策权 Teams have fluid affiliations, clear boundaries, and a given customer base, technical requirements, and outputs. Long-term team tasks are unconventional, and the team has decision-making power

第二章 项目组织与项目经理 Chapter 2 Project Organization & Project Manager

本章知识点导图 / Mindmap of Key Concepts

本章知识点导图见图 2-10。

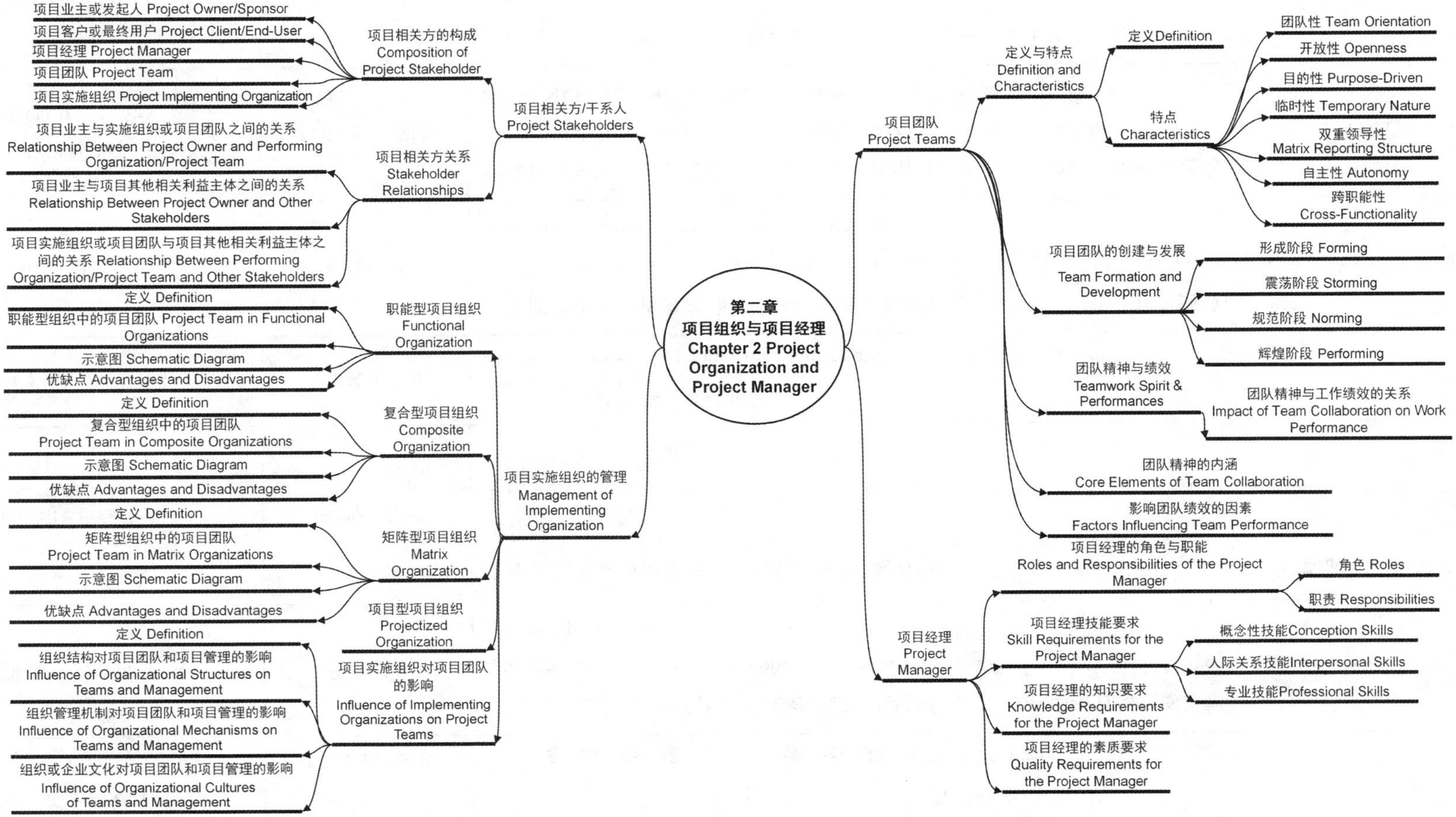

图 2-10 本章知识点导图 Mindmap of key concepts of chapter 2

名词列表与重要概念 Key Terms and Important Concept

英文名词 English noun	中文名词 Chinese noun	重要概念 Important concept
Develop Team	建设团队	提高工作能力,促进团队成员互动,改善团队整体氛围,以提高项目绩效的过程 The process of improving competences, team member interaction, and overall team environment to enhance project performance
Identify Stakeholders	识别相关方	定期识别项目相关方,分析和记录他们的利益、参与度、相互依赖性、影响力和对项目成功的潜在影响的过程 The process of identifying project stakeholders regularly and analyzing and documenting relevant information regarding
Interpersonal Skills	人际关系技能	与他人建立并保持关系的技能 Skills used to establish and maintain relationships with other people
Manage Team	管理团队	跟踪团队成员工作表现,提供反馈,解决问题并管理团队变更,以优化项目绩效的过程 The process of tracking team member performance, providing feedback, resolving issues, and managing team changes to optimize project performance
Organizational Breakdown Structure (OBS)	组织分解结构	对项目组织的一种层级描述,展示了项目活动与执行这些活动的组织单元之间的关系 A hierarchical description of the project organization shows the relationship between the organization unit of the project activities and the implementation of these activities
Functional Organization	职能型组织	把员工按专业领域分组的一种组织架构,项目经理分配工作和使用资源的职权有限 An organizational structure in which staff is grouped by areas of specialization and the project manager has limited authority to assign work and apply resources

（二）项目投资 Project Investment

指企业对项目的累计投资额。项目寿命越长，所累积的投资额越大。

（三）项目变更成本 Cost of Project Changes

指项目组织在项目运行过程中，为了适应项目相关的各种因素的变化，保证项目目标实现而对项目计划进行部分或全部变更时所需要付出的代价。因为随着项目进展，项目的可变性逐渐降低，因此做出变更和纠正错误的成本会随着项目接近完成而显著增加。

在项目初期，由于尚未开展太多项目活动，项目变更成本相对较低。大多数更改（甚至是重大更改）都可以在不花费太多成本的情况下进行。但是，随着项目的进展，项目的变更将会对已经完成的工作产生越来越大的影响。影响越大，成本就越高。

（四）项目资源投入水平（项目成本与人力投入）Resource Commitment (Cost and Workforce)

指在项目生命周期内某个时段投入的财力、人力和技术资源。在项目初期阶段，资源的投入水平很低，而在项目的实施与控制阶段对资源的需求水平很高，到项目完工与交付阶段，资源的需求水平又会急剧下降。

项目成本通常在开始时最低，随着项目的推进而逐渐增加。这是因为团队招聘、设备购买/租赁、采购付款以及缺陷维修成本等将随项目进展而增加。最高支出通常发生在执行项目工作（即项目实施与控制阶段）时。

（五）创造力 Creativity

指项目所要求的创新和创造程度，其在某些开发阶段十分重要。创造力通常被视为创新思维或独特视角的运用，在项目初期，当团队和项目客户开始对项目达成共同愿景时，创造力是很高的。随着项目的推进，高水平的创造力仍然是一个关键特征。事实上，在项目目标明确并进入执行阶段之前，创造力依然扮演着重要角色。

（六）项目不确定性程度与项目风险 Uncertainty and Risk Levels

指与项目相关的风险程度。因为项目初期的不确定性最大，所以相应的风险也最高。因此，在项目初期阶段，项目的不确定性和风险性都十分突出。然而，在整个项目生命周期中，随着决策的制定和可交付成果的验收，项目的不确定性和风险性将逐渐降低，直至最终的项目变得完全确定。

（七）项目相关方改变项目的能力（项目相关方影响力）Ability of project stakeholders to change the project (stakeholder influence)

指项目相关方在不显著影响成本和进度的前提下，能够改变项目产品最终特性的能力（即项目的可变程度）。这种能力在项目开始时达到最高点，并随着项目的推进而逐渐减弱。

换言之,在项目的早期阶段,利益相关方具有改变项目产出和工作的能力,但项目实施后其可变性不断降低,到最后项目就会变得无法变更。

四、项目和开发生命周期 Project and Development Life Cycles

项目生命周期可以被划分为预测型和适应型。在项目生命周期中,通常会包含一个或多个与产品、服务或成果开发相关的阶段,这些阶段称为开发生命周期(开发方法)。

预测型生命周期(瀑布型)在项目早期确定范围、时间和成本,并严格管理变更,每个阶段只进行一次,适合项目成熟、规模大、可交付成果清晰、团队经验丰富且整批交付有利于干系人的情况。迭代型生命周期在早期确定项目范围,时间和成本随团队对产品理解的深入而调整,通过重复循环开发产品,每次迭代产生"可用"的可交付成果,适用于大型或复杂、风险较高的项目。增量型生命周期通过一系列迭代,在预定时间内渐进增加产品功能,只有在最后一次迭代后可交付成果才完整,适合需求持续变化的项目,如新产品研发。适应型生命周期(敏捷型)在迭代开始前定义详细范围,通过短期迭代逐步完善产品,客户在每次迭代后审查并反馈,适用于需求不明确或易变的项目,如研发和 IT 开发(图 3-5)。

混合型生命周期是预测型生命周期和适应型生命周期的组合。对于已充分了解或已确定的项目要素,采用预测型开发生命周期;而对于仍在发展中的要素,则采用适应型开发生命周期。在实践中,由于开发生命周期的选择受到多个变量的影响,因此通常会在项目中采用上述列表中多种开发生命周期的混合体。

(一)项目生命周期的连续区间 Continuum of Life Cycles

根据采用的生命周期类型,说明处理需求和计划的各种方式、如何管理风险和成本、进度考虑因素,以及如何处理关键相关方的参与(图 3-5)。

	预测型 Predictive	迭代型 Iterative	增量型 Incremental	敏捷型 Agile
需求 Requirement	需求在开发前预先确定 defined up-front before development begins	需求在交付期间定期细化 elaborated at periodic intervals during delivery		需求在交付期间频繁细化 elaborated frequently during delivery
交付 Delivery	在项目终了时一次交付最终产品 deliver only a single final product at end of project timeline	分次交付产品各种子集 delivery can be divided into subsets of the overall product		频繁交付对客户有价值的子集(隶属于整体产品) delivery occurs frequently with customer-valued subsets of the overall product
变更 Change	尽量限制变更 change is constrained as much as possible	定期将变更融入项目 change is incorporated at periodic intervals		在交付期间实时把变更融入项目 change is incorporated in real-time during delivery
关键相关方 Key interested party	在特定里程碑时点参与 involved at specific milestones	定期参与 regularly involved		持续参与 continuously involved
风险和成本控制 Risk and cost control	通过对基本可知情况编制详细计划 controlled by detailed planning of mostly knowable considerations	基于新信息逐渐细化计划 controlled by progressively elaborating the plans with new information		基于需求和制约因素的显现 controlled as requirements and constraints emerge

图 3-5 不同项目生命周期的区别 Life cycle differences of different projects

预测型项目生命周期强调在项目启动阶段明确需求并进行详细规划。通过制定基于已知需求和约束因素的详细计划，可以降低项目的风险和成本。同时，计划中还规定了需要关键利益相关方参与的里程碑时点。随着项目按照详细计划逐步推进，监控过程将重点放在限制可能对范围、进度或预算产生影响的变更上。高适应型或敏捷型项目生命周期强调基于短期迭代规划和实施周期逐步明细的需求。随着对初始计划的渐进明细，项目的风险和成本也逐渐降低。关键利益相关方持续参与并频繁提供反馈，有利于项目更快地应对变化并获得更高质量。

以下两点适用于处于连续区间中间位置的项目生命周期：

(1)风险和成本随着对初始计划的迭代演进而逐渐降低。

(2)在增量型、迭代型和敏捷型（适应型）周期中，相关方的参与机会更多。

处于连续区间中间位置的项目生命周期，可以更倾向于预测型或适应型（敏捷型）。这取决于需求的确定方式、风险与成本的管理方式，以及关键相关方的参与性质。处于连续区间中间位置的项目可以采用混合型项目方法（图 3-6）。

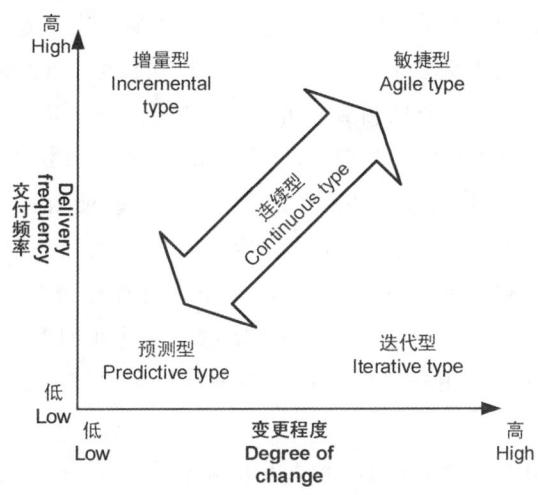

图 3-6 项目生命周期的连续区间 The continuum of project life cycle

需要强调的是，开发生命周期具有复杂性和多维性。特定项目的不同阶段往往采用不同的生命周期，就像特定项目集内的每个项目都可以采用不同的方法执行一样。

(二)开发方法和生命周期绩效域 Development Approach and Life Cycle Performance Domain

开发方法和生命周期绩效域涉及与项目的开发方法、节奏和生命周期阶段相关的活动和功能。

开发方法和生命周期绩效域相关定义有：可交付物为完成某一过程、阶段或项目而必须产出的任何独特并可核实的产品、结果或服务能力。开发方法是在项目生命周期内用于创建并改进产品、服务或结果的方法，例如预测型、迭代型、增量型、敏捷型或混合型方法。节奏，在整个项目期间所开展活动的节律。项目阶段是一组具有逻辑关系的项目活动的集合，通常以一个或多个可交付物的完成为结束。项目生命周期是项目从开始到结束所经历的一系列阶段。

有效执行此绩效域产生的预期成果：与项目可交付物相符的开发方法；由从项目开始到结束各个阶段组成的项目生命周期，这些阶段将业务交付与干系人价值联系起来；由促进生成项目可交付物所需的交付节奏和开发方法的阶段组成的项目生命周期。

（三）开发、节奏和生命周期之间的关系 Relationship Between Development, Cadence, and Life Cycle

项目交付物的类型决定了开发的方式。不同类型的交付物和开发方法会影响项目交付的频率和节奏。交付物的开发方式和预期的交付节奏将决定项目生命周期及其各个阶段的长短。

1. 交付节奏

交付节奏是指项目可交付物的时间安排和交付频率。项目可以一次性交付、多次交付或定期交付。一次性交付的项目只在项目结束时交付。例如，对于流程再造项目，在项目接近收尾、新过程推出之前，可能不会进行任何交付。有些项目会进行多次交付。一个项目可能包含多个组件，这些组件会在整个项目期间的不同时间交付。有些项目交付是按顺序进行的，例如，新药开发项目可能会进行多次交付，例如，临床前提交、第 1 阶段临床试验结果、第 2 阶段临床试验结果、第 3 阶段临床试验结果、注册和上市；有些项目的交付是独立而非顺序的，比如更新建筑安全措施的项目。交付物可能包括进入建筑的物理屏障、新工作证、新密码门禁盘等。每个交付物都是独立交付的，无需特定顺序。所有交付物都在项目被视为完成之前交付完毕。定期交付类似于多次交付，但按照固定的交付进度计划进行，例如，每月或每 2 个月进行一次交付。新的软件应用程序可能每 2 周进行一次内部交付，然后按计划定期发布到市场。

除上述提到的交付节奏之外，还有一种交付方案被称为持续交付。即将特性增量立即交付给客户（通常是使用小批量的工作和自动化技术）的实践。持续交付可用于数字化产品。从产品管理的角度看，持续交付强调在整个产品生命周期内产生收益和价值。与项目类似，持续交付的各个方面都是以开发为导向的。然而，与项目集类似，持续交付中可能存在许多开发周期和维护活动。这种交付类型更适合于稳定且保持原班人马的项目团队。

2. 开发方法

开发方法是在项目生命周期内创建和演变产品、服务或结果的方法。开发方法各不相同，不同的行业可能会使用不同的术语来指代各种开发方法。

3 种常用方法是预测型方法、混合型方法和适应型（敏捷）方法，3 种方法的迭代性和增量性由低到高呈现。

（1）预测型方法。在项目开始阶段就能够明确定义、收集和分析项目和产品需求时，预测型方法非常有用。这种方法也可称为瀑布型方法。当涉及重大投资和高风险，可能需要频繁审查、改变控制机制以及在开发阶段之间重新规划时，也可以使用这种方法。范围、进度、成本、资源需求和风险可以在项目生命周期的早期阶段就得到明确定义,并且相对稳定。通过这种开发方法,项目团队能够在项目早期降低不确定性水平,并提前完成大部分规划工作。预测型方法可以通过概念验证来探索各种选项,大多数项目工作都遵循最初制订的计划。许多采用这种方法的项目还可以借鉴以前类似项目的模板。

(2)混合型方法。混合型开发方法是适应型方法和预测型方法的结合体。预测型方法和适应型方法中的某些要素都会被融合使用。当需求存在不确定性或风险时,这种开发方法非常实用。另外,在可交付物具有模块化特性或需要由不同项目团队开发时,混合型方法也十分适用。混合型方法相对于预测型方法更具有灵活性,但并不如纯粹的适应型方法那样完全灵活。

混合型方法通常使用迭代型开发方法或增量型开发方法。迭代型方法在澄清需求和探索各种选项方面非常有用。在最后一个迭代之前,迭代方法能够生成足够可接受的功能。增量型方法则适用于通过一系列迭代过程生成可交付成果。每个迭代都会在预先确定的时间框架内增加功能。这些可交付成果包含的功能只有在最后一个迭代结束后才被认为是完成的。

(3)适应型方法。当需求面临高度的不确定性和易变性的影响,并且可能在整个项目期间发生变化时,适应型方法非常有用。在项目启动阶段确立明确的愿景以后,最初的已知需求会根据用户反馈、环境或意外事件得以完善、详细说明、修改或替换。适应型方法包括迭代和增量。然而,相较处于远端的适应型方法,迭代通常会更为紧凑,产品也更有可能根据利益相关者的反馈而演进。

总的来说,生命周期方法是现代项目管理中的重要工具。在应用项目生命周期方法进行项目管理时,需要根据项目所属专业领域的特点、具体情况和限制条件来划分项目阶段,以便按照过程管理的方式逐步完成项目管理工作。项目管理的主要目标是生成或产出项目的产出物(项目成果),并由此实现项目目标。为了生成项目的产出物,必须按照项目阶段展开一系列项目工作。

自测题 Self-assessment Questions

(1)在 PMBOK 里面一般将通用的项目生命周期结构(狭义的生命周期)分为哪 4 个阶段?
(2)请绘制出项目生命周期的特征演变图。

第二节 项目管理过程和项目阶段
Project Management Processes and Project Stages

一、项目过程与项目阶段 Project Processes and stages

一个项目是一个完整的过程,该过程可以划分为许多互相依赖的子过程(即阶段)。项目需要按一种有序和循序渐进的方法去实施,在完成项目全过程中需要将项目的全过程划分为一系列项目阶段(图 3-7)。

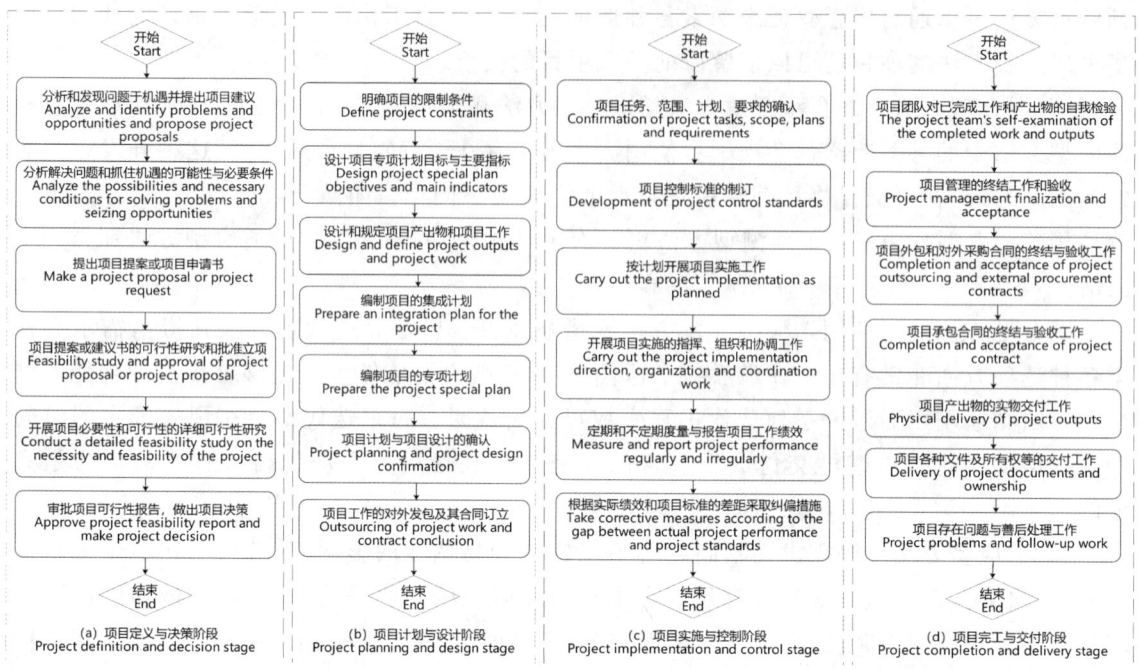

图 3-7　项目各阶段的工作内容 Work content in each project phase

对于负责项目实施的组织来说,划分项目阶段提供了一种监控项目目标实施绩效和评定项目相关风险的办法。项目的过程可以被划分为两类:①项目管理过程,②项目的业务过程(仅与项目产出物的设计、生产和验证等活动有关的过程)。

现代项目管理理论认为,任何项目的过程都应该划分成一系列的项目阶段来进行管理,人们划分项目阶段的第一个标志是整个项目阶段工作在时间上的一致性和在内容上的相似性,即在时间和内容上具有一致性和相似性的项目工作应该划分到一个项目阶段中。人们划分项目阶段的第二个标志是项目阶段性成果的整体性,即一个项目阶段的全部工作应能产生一个完整的标志性成果。

具体项目可根据所属专业领域的特殊性、项目具体内容和要求等因素划分自己的项目阶段,但通常大多数项目可以划分为以下 4 个项目阶段:
- 项目定义与决策(启动阶段)。
- 项目计划与设计(组织与准备阶段)。
- 项目实施与控制(执行阶段)。
- 项目完工与交付(结束阶段)。

(一)项目定义与决策阶段(启动阶段)Definition and Decision stage (Initiation)

在遇到问题或机遇时,为了解决问题或抓住机遇,人们需要启动一个项目。在项目定义与决策阶段,人们提出项目提案并进行必要的机会分析,然后进一步确定项目。这个阶段始于具体项目建议书或提案的提出,随后在获得批准后进行项目可行性分析。在此过程中,人们分析并探讨各种可行的供选方案(alternatives),然后分析评价这些供选方案的损益与风险情况,最终做出项目方案的抉择和项目决策。由于这一项目阶段最终做出了项目决策,所以它是项目的首要阶段,这一阶段的工作能够决定项目成败。这一阶段的主要工作内容包括以下几个方面。

1. 分析和识别项目的机遇与需求

项目是人们将自己的想法变为现实的手段。在社会生产和生活中,人类会遇到各种各样的问题和机遇,从而产生出各种各样的设想、主意、建议和计划。要抓住机遇或解决问题,首先要识别所面临的问题、机遇以及由此产生的需求。因此,在项目定义与决策阶段,首要任务是分析和识别项目的机遇与需求。这方面的主要工作包括以下3点。

1)发现问题并提出设想

首先需要明确开展项目的目的是解决什么问题或抓住什么机遇。在这里,"问题"指的是阻碍或限制生存与发展的关键因素或瓶颈,这是启动项目的前提和必要条件。因此,现代项目管理将"发现问题和机遇"视为项目的起点。在确定问题和机遇后,还需要分析其具体特征,以找出解决问题和抓住机遇的方法,并据此提出项目的基本设想。

2)分析解决问题和抓住机遇的条件

进一步,人们需要分析和确认解决问题或抓住机遇所需的各种条件和资源,在这方面需要进行组织内部条件分析以及研究组织外部环境条件与机遇。许多项目设想可能很好,但由于"生不逢时",即缺乏相应的实现条件和资源,因此根本无法实现。因此,针对任何一个项目,都需要分析具体的条件和资源情况,以确保能够解决问题和抓住机遇。

3)分析并提出项目建议

在分析了项目机遇和条件以后,人们还需要进一步分析项目能够满足组织方面的主要需求和项目的主要目标,然后制定出具体项目的建议书。例如,一个企业在做管理信息系统开发项目的时候,先要分析这一系统在哪些方面能满足企业的信息需求,然后根据项目所能满足组织的信息需求提出这一管理信息系统开发项目的建议书。

2. 提出和评价项目提案并做出项目立项决策

在项目定义与决策阶段的第二项任务是评估项目建议书,并根据初步的项目可行性分析结果决定是否立项。通常情况下,若项目提案经过设计和评估经过审批,则项目可立项。然而,这仅是项目的初步决策,随后需要进行详细的可行性研究并获得批准,方可最终做出项目实施决策。提出和评价项目提案并做出项目立项决策是一种"是"或"否"(0/1)的决策,即确定是否需进一步进行可行性研究。相关工作包括以下5点。

1)项目目标的分析

对项目提案或建议书进行评价时,首先要分析项目所需实现的目标。这些目标涵盖了项目产出物应达到的目标和要求(如质量和数量),以及项目工作应达到的目标和要求(如项目范围和成本)。项目目标分析需要满足科学、具体、可行、易于审查和简洁表达等要求。只有这样,项目提案或建议书才能通过评审。

2) 项目产出物的分析

在项目提案或建议书的评审中还需要以项目目标为依据,分析项目产出物及其具体要求是否合理,这包括对项目产出物的数量、质量、经济效益、科技水平等方面的具体指标进行分析和评估。例如,对于一个信息系统开发项目,需要分析系统功能、信息处理速度、可扩展性等指标。项目提案或建议书必须根据充分必要的原则进行分析,即所有为实现项目目标所必需的项目产出物都不可或缺,而并非服务于项目目标的产出物则应予以排除。

3) 项目工作范围的分析

在完成项目目标和产出物的分析后,根据项目目标和特定产出物,需要分析项目工作范围。这包括评估根据项目目标和产出物所规定的项目工作范围是否能够解决问题或抓住机遇,以及是否能够满足实现项目目标和生成项目产出物的要求。项目工作范围的分析也应符合充分必要且切实可行的标准。

4) 项目的初步可行性分析

这一工作的主要内容是分析和研究项目的必要性、合理性、风险性和初步可行性从而为项目是否立项的决策提供决策支持数据。因此,有时项目的初步可行性分析是与项目提案或项目建议书的工作同时进行的。其核心内容包括对项目技术、经济、运营、环境、综合可行性等方面的初步分析和评估。

5) 项目立项的决策

这一工作的主要内容是根据项目的初步可行性分析和评价结果,做出是否进一步开展项目详细可行性分析的管理决策。

3. 开展项目可行性研究并做出项目决策

任何项目的最终决策都是在可行性研究基础上做出的,只是不同项目的可行性研究深度、内容和复杂程度不同而已,这方面工作的主要内容包括以下 3 点。

1) 项目备选方案的设计和制定

项目详细可行性分析的首要任务是寻找和制定可替代的项目备选方案,即能够实现既定项目目标的多个可替代项目方案。这种项目备选方案的要求有 2 个方面:①各备选方案必须都能够实现既定的项目目标;②各备选方案之间需具有较大的差异或独特性,以便项目决策者在项目可行性分析结果的基础上,凭借自身判断和直觉选择最符合需求的项目方案。

2) 详细可行性研究

这是在经过初步可行性研究并确定项目立项后进行的详细可行性分析,涉及项目技术、经济、运营环境以及风险等方面。在这个阶段,对各方面的可行性、项目对环境的影响以及各个备选方案的优劣进行分析和确定。详细可行性分析通常比初步可行性分析更为详尽和复杂,是一种优选评估方法,为最终项目决策提供依据。

3) 项目可行性研究报告的审批

项目可行性研究报告一般由项目提出者或业主委托项目管理专家或项目管理咨询单位完成,但是项目可行性研究报告的审批是由项目提出者或业主自行完成的。这种审批工作实际上是项目上马和项目备选方案择优的一种决策,所以至关重要,对于影响国计民生的项目

第三章 项目管理过程 Chapter 3 Project Management Processes

或重大项目一般须报国家或地方政府主管部门对项目可行性研究报告做进一步审批。

以上项目定义与决策阶段的所有工作都属于项目决策和决策支持工作。无论项目可行性研究报告最终是否通过审批,该阶段的结束标志着项目决策的完成。如果项目可行性研究报告未能获得批准,项目将被中止或终止。反之,若项目可行性研究报告获得批准,该文件将成为未来项目各项计划、设计和实施的依据。

(二)项目计划与设计阶段(组织与准备阶段)Planning and Design stage (Organizing and Preparing)

在决策要开展一个项目以后,人们就需要开展项目的计划与设计工作,此时人们先要为项目设计项目产出物的方案和项目的实施组织方案,并编制出项目集成计划和项目专项计划,包括项目时间、成本、质量和资源等专项计划。在这一阶段中,项目设计和计划工作可以交叉进行,并且需要逐步深化和展开。例如,一个建设项目要按照初步设计和计划-扩初设计(或称技术设计)和计划-详细设计(或称施工图设计)和计划的顺序进行计划与设计,这样才能保证根据获得的信息逐步设计和计划好项目。这一阶段工作的主要内容包括以下几个方面。

1. 项目产出物的设计工作

这一阶段涉及项目产出物的技术设计、实施方案设计和技术规范设计等工作,对项目产出物在技术、质量、数量、经济等方面提出全面的要求和规定。同时,对项目各阶段和各方面的工作也进行相应的设计规定。一旦确定了项目产出物的设计,就需要分析并确定生成项目产出物的工作任务,因此项目产出物设计是项目工作计划安排的前提和先决条件。

2. 项目集成计划的制订

项目集成计划的制订是对项目各项业务工作和管理工作的一种集成性计划和安排,是对项目各专项计划的一种集成和配置。项目集成计划制订的结果是给出一份指导整个项目实施、控制、协调和指挥的计划文件,这是根据项目设计和项目专项管理要求制订的一种综合性的计划。项目集成计划的主要作用是:作为项目可实施计划指导项目实施和控制,作为依据协调项目各方面和各专项计划与工作,作为基础协调和促进项目利益相关者之间的沟通,以及提供项目绩效度量和项目控制的标准与基线等。

3. 项目专项计划的制订

项目专项计划的制订是对项目各方面和项目各专项具体工作的一种计划安排,它是根据项目各专项管理要求或目标制订的有关项目各专业工作和专项管理工作的计划,所以项目专项计划的制订必须在项目集成计划的指导下进行。项目专项计划的作用是指导项目各专业或专项管理工作,为各专业或专项管理工作的绩效度量提供基准线,以及促进各方面的沟通等。

4. 项目对外发包与合同订立

在项目计划与设计阶段,还有一项工作就是将项目部分或全部工作委托给外部承包商和

77

供应商实施,此时就需要做好项目对外发包和合同订立工作。因为实际上项目的实施方案和计划安排是以招投标方式由承包商根据要求计划和安排的,所以这项工作属于项目计划与设计阶段的工作。这一工作的主要内容有承发包标书的制定、发标、招标、评标、中标和签订承包合同等,以便投标者给出他们的计划安排和实施方案。

(三)项目实施与控制阶段(执行阶段)Implementation and Control stage (Execution)

在完成了项目的计划与设计以后,人们就可以开始项目实施与控制阶段了。项目实施与控制阶段的工作既有面向产品(product oriented)的项目业务工作,也有基于活动(activity based)的项目管理工作,以保证项目顺利实施且实施结果和项目设计与计划目标一致。这一阶段的项目业务工作包括一系列的具体专业技术和业务工作,而这一阶段的项目管理工作则包括项目集成、时间、成本、质量、范围和风险等管理工作。这一阶段是项目定义与决策以及项目计划与设计实现的阶段,其最终成果是全面生成项目的产出物。项目实施与控制阶段的主要工作内容如下。

1. 项目控制标准的制定

在项目实施与控制阶段,首要任务是制定整个阶段管理的依据和基准。其不仅包括对项目时间、成本、质量等项目成功的关键要素控制标准的制定,还包括项目专业控制标准的制定,如建筑项目安全控制标准、科研项目成果控制标准等。

2. 项目实施工作的开展

这是项目实施与控制阶段最主要的工作,是项目产出物生产或形成的工作。每个项目的实施内容各有不同。例如,建设一座教学楼与研发一种新产品的项目,在实施过程中会有完全不同的工作内容;即使是按相同设计和要求建造2座楼房,由于不同的施工地点、施工时间和施工团队,它们的实施工作也会存在差异。

3. 项目实施的指挥调度

在项目实施与控制阶段的项目产出物生成活动中,项目管理者必须通过指挥、调度和协调等管理工作,使整个实施作业与活动处于一种有序的状态,并且使整个项目的实施在资源合理配置的状态下开展。项目实施中的指挥、调度和协调工作既涉及对项目实施任务的指挥调度,又涉及对项目团队关系的协调和对项目资源的调配。

4. 项目实施的绩效报告

在项目实施中必须定期对项目实施工作的绩效进行度量与报告,这是将项目实施工作的实际结果与项目控制标准进行对照和比较的工作。这项工作要对照项目控制标准,统计、分析和报告项目实施的实际情况,分析和给出项目实施情况与项目标准之间的偏差、造成偏差的原因以及可能的纠偏措施等。

5. 项目实施中的纠偏行动

在项目实施与控制阶段,重要的管理工作之一是采取纠正措施,即针对项目实施中出现

第三章　项目管理过程 Chapter 3 Project Management Processes

的偏差采取行动,以确保项目实施处于有序和受控状态。这些纠正措施涉及对人员组织与管理、资源配置与管理,以及过程和方法的改进与提高。在项目实施与控制阶段,实施纠偏措施是具体的管理行动,旨在制止偏差、消除问题。

(四)项目完工与交付阶段(结束阶段)Completion and Delivery stage (Closing)

在项目实施与控制阶段完成以后,项目还需要经过一个完工与交付的阶段,只有完成了这个阶段的工作,项目才能够最终结束。在这一阶段中,人们需要根据和对照项目定义与决策阶段提出的项目目标以及项目计划与设计阶段提出的项目计划和项目产出物设计要求,做好项目的管理终结和项目的合同终结两方面的工作。先是由项目团队全面检验项目工作和项目产出物,然后再由项目团队按照合同或规定向项目业主或顾客进行项目验收和移交,直至项目业主或顾客最终接受项目的结果并办理相应手续后项目才能最终结束。项目完工与交付阶段的主要工作包括以下几个方面。

1. 项目的管理终结工作

项目管理的终结工作和验收项目的管理终结(administration closeout)工作主要包括由项目团队或项目实施者从项目管理的角度对项目各项工作进行完工和总结。不管是由项目业主自行完成的项目实施工作,还是由承包商完成的项目实施工作,项目的实施者都需要对已经完成的全部项目实施工作进行全面的检查和总结,并最终完成各种文件的归档和办理管理终结手续。对于在项目实施中分包出去的项目工作,首先按照分包合同进行完工和验收工作,最终由项目团队或项目实施组织将负责管理的分包工作进行管理终结,以全面完成项目的管理终结工作。

2. 项目的合同终结工作

项目的合同终结(contract closeout)工作涉及项目总包、直接分包或供货等合同的终结工作,包括项目产出物的验收与交付工作以及项目产出物的产权或所有权的交付和终结工作。项目产出物的验收与交付工作包括对项目产出物的全面验收检查、对出现的问题的整改以及最终项目产出物的交割。不同的项目因项目产出物不同而有不同的项目合同终结工作,例如,住宅建设项目的合同终结工作与软件开发项目的合同终结工作的内容就完全不同。对于项目产出物的产权或所有权的交付工作会涉及不同所有权和使用权的交付,在此之后人们才能最终完成合同终结文件和手续的办理工作。例如,针对委托开发的信息系统项目,所有权交付通常只涉及该系统的专用权,往往不包括软件知识产权和源代码的交付。

管理过程(process)必要时可以反复和循环,这是项目过程(process)与阶段(phase)的一个主要区别。每个基本管理过程由一个或多个子过程组成。不同的子过程处理项目不同方面的事务。

其中,项目过程组与项目阶段不同。如果将项目划分为若干阶段,则各过程组中的过程会在每个阶段内相互作用。在一个阶段内可能需要使用所有的过程组。当项目被分为不同的阶段(例如概念开发、可行性研究、设计、原型、构建或测试等)时,各过程组中的过程根据需要在每个阶段中重复,直到达到该阶段的完工标准。

二、项目管理过程与过程组 Project Management Process Groups

每个项目的生命周期都包含两类过程：一类是项目的业务过程；另一类是项目的管理过程。

所以现代项目管理理论认为，项目是一个完整的过程，项目管理也是一个完整的过程。事实上，不但在每个项目的全过程中都包含完整的管理过程，而且在每个项目阶段中也都包含完整的管理过程。此处所谓的"过程"是指能够生成具体结果的一系列活动的组合，生成项目产出物的业务活动构成项目的业务过程，而生成项目管理成果的管理活动构成项目的管理过程。人们在开展项目业务过程的同时还必须开展项目计划、决策、组织、协调、沟通、激励、控制等管理活动和过程，如图3-8所示。

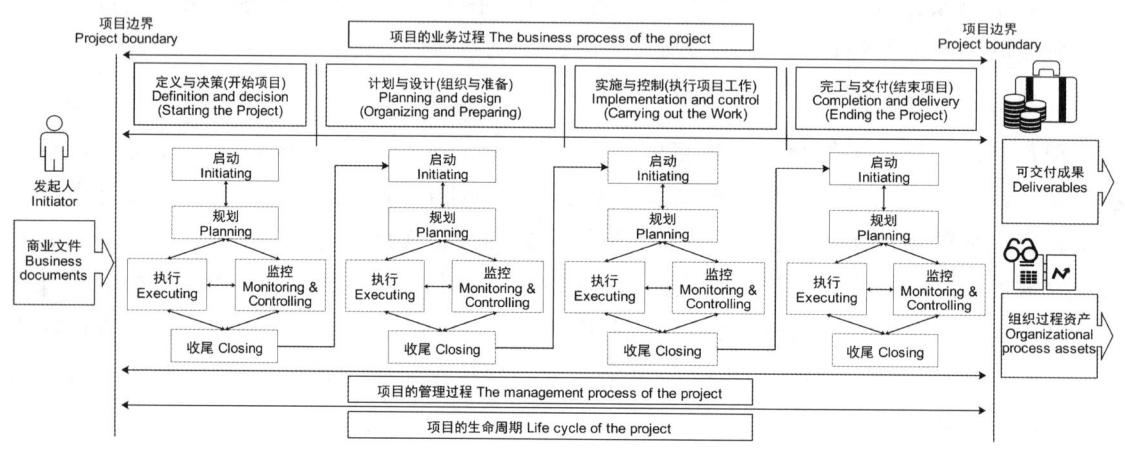

图3-8 项目业务过程和项目管理过程的示意图
Schematic diagram of the project business process and project management process

由图3-8可知，虽然不同项目的业务过程有所不同，但是每个项目和项目阶段都需要一个完整的项目管理过程。这种项目管理过程是由一系列的项目管理子过程所构成的过程组，在每一个项目管理的子过程中包含一系列相互关联的项目管理活动。例如，项目管理过程中的"起始过程"这一管理子过程就包含一系列分析与决策的管理活动。另外，整个项目管理过程实际上就是由各个项目阶段的管理过程构成的，而每个项目阶段的管理过程都是由"启动""规划""执行""监控"和"收尾"5个项目管理子过程共同构成的。

项目管理过程是由一系列项目管理子过程构成的，而每个项目管理子过程又是由一系列项目管理具体活动构成的。实际上，一个项目的全过程一定伴随着一个完整的项目管理过程。同样，一个项目阶段也必然伴随着一个项目管理过程，这种项目管理过程由5种不同的项目管理子过程构成。每个项目管理过程通过合适的项目管理工具和技术将一个或多个输入转化成一个或多个输出。输出可以是可交付成果或结果。结果是过程的最终成果，各项目管理过程通过它们所产生的输出建立逻辑联系。过程可能包含在整个项目期间相互重叠的活动。

的主要工作包括：组织和协调各种资源实施项目；组织和协调各项项目任务与工作；激励项目团队按照既定的项目工作计划完成任务，最终产生符合标准的项目成果。这是由一系列项目组织和执行活动构成的管理子过程，它同时还要为计划子过程和控制子过程提供各种反馈信息。

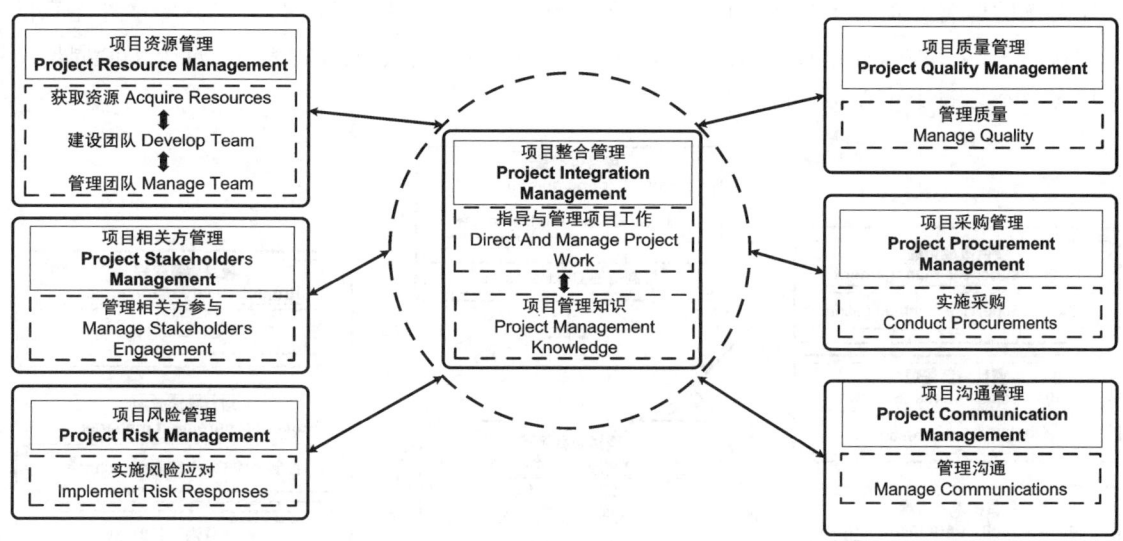

图 3-10　执行过程组 Executing process group

本过程组需要按照项目管理计划来协调资源，管理相关方参与，以及整合并实施项目活动。本过程组的主要作用是，根据计划执行为满足项目要求、实现项目目标所需的项目工作。

执行过程组的活动通常需要大量的项目预算、资源和时间。进行执行过程组的活动时，可能会导致变更请求。一旦变更请求得到批准，可能会触发一个或多个规划过程，来修改管理计划、完善项目文件，甚至建立新的基准。

这是使整个项目的实施工作处于受控状态的管理子过程。这一过程所包含的管理活动包括：制定控制标准，监督和度量项目工作的实际情况，分析项目和项目工作的差异与问题，提出并采取纠偏措施等。这一项目管理子过程也要为规划子过程和执行子过程提供各种反馈信息，是跟踪、审查和调整项目进展与绩效，识别必要的计划变更并启动相应变更的一组过程。其中，监督是收集项目绩效数据，计算绩效指标，并报告和发布绩效信息的过程。控制是比较实际绩效与计划绩效，分析偏差，评估趋势以改进过程，评价可选方案，并建立必要的纠正措施。本过程组

> 监控过程组还涉及：
> - 评价变更请求并制定适当的响应行动；
> - 提出纠正措施，或者对可能出现的问题建立预防措施；
> - 对照项目管理计划和项目基准，监督正在进行中的项目活动；
> - 影响可能导致规避变更控制过程的因素，确保只有经批准的变更才能付诸执行。

的主要作用是,按既定时间间隔、在特定事件发生时或在异常情况出现时,对项目绩效进行测量和分析,以识别和纠正与项目管理计划的偏差。

(三)监督过程 Monitoring Processes

持续的监督使项目团队和其他相关方得以洞察项目的健康状况,并识别需要格外注意的方面(图 3-11)。在监控过程组,需要监督和控制每个知识领域、每个过程组、每个生命周期阶段以及整个项目中正在进行的工作。

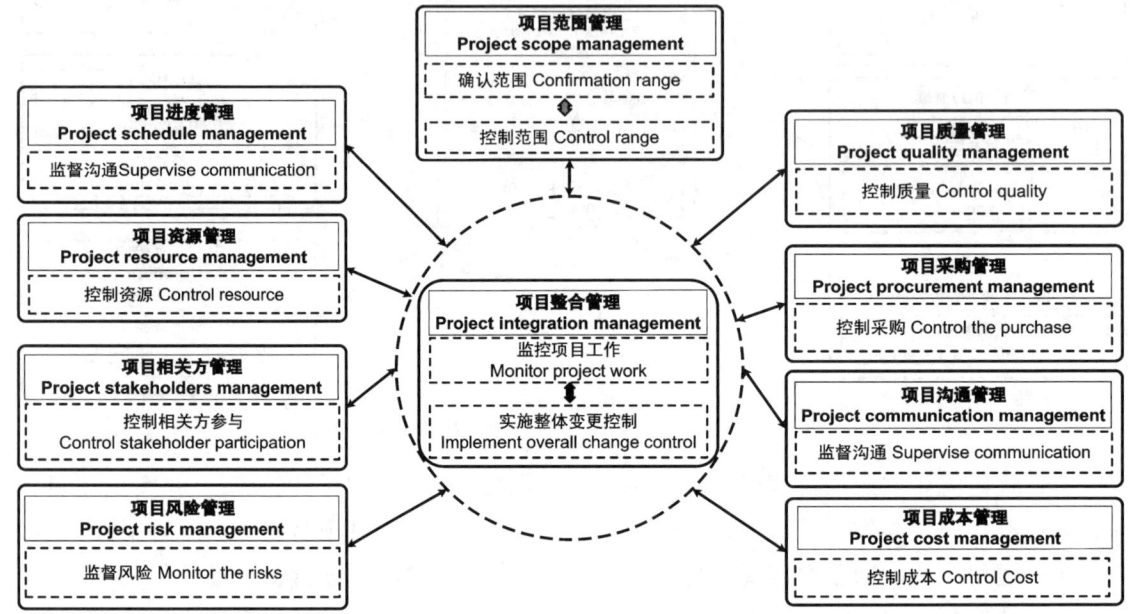

图 3-11　监督过程组 Monitoring a process group

(四)收尾过程 Closing Processes

指正式完成或结束项目、阶段或合同所执行的过程。在项目或项目阶段的收尾子过程中,主要包括以下管理活动:制定项目或项目阶段的终结、移交与接收条件,完成项目或项目阶段成果的管理终结和相关合同的终结以及产出物的移交,从而使项目或项目阶段得以顺利结束。这一过程由一系列项目文件化工作、验收和移交工作组成,同时也为下一阶段的启动提供前期准备工作和信息支持。本过程组旨在核实为完成项目或阶段所需的所有过程组的全部过程均已完成,并正式宣告项目或阶段关闭。本过程组的主要作用是确保恰当地关闭阶段、项目和合同。尽管这个过程组只包含一个过程,但组织可以根据需要为项目、阶段或合同添加相关过程。因此,仍称之为"过程组"。

本过程组也适用于项目的提前关闭,例如项目流产或取消。综上,一个过程的输出通常成为另一个过程的输入,或者成为项目或项目阶段的可交付成果。例如,规划过程组编制的项目管理计划和项目文件(如风险登记册、责任分配矩阵等)及其更新,会作为输入提供给执行过程组。

三、项目管理子过程间的关系 Interrelationships Among Subprocesses

上述项目管理子过程共同构成了一个项目管理过程的循环,在这种项目管理过程循环中,项目管理子过程之间具有信息交换和时间依存的关系。

(一)管理子过程之间的信息传递关系 Information Flow Between Subprocesses

项目管理子过程之间的信息传递关系表现在3个方面。

其一是2个项目管理子过程之间的信息输入与输出的关系。

即前一项目管理子过程的信息输出就是下一个项目管理子过程的信息输入。如起始子过程的信息输出就是计划子过程的信息输入。

其二是2个项目管理子过程之间的信息反馈关系,如计划子过程与控制子过程之间的信息反馈关系;其中,项目管理子过程之间的信息反馈关系主要表现在项目管理过程中的计划、执行和控制子过程之间的信息反馈关系,具体关系是:计划子过程首先为执行子过程和控制子过程提供项目或项目阶段的计划信息,然后又从项目管理的组织子过程和控制子过程中获得各种项目实际情况的反馈信息,从而做出项目计划的变更和修订,最后再反馈给项目管理的执行和控制子过程,直至这个项目阶段的全部计划得以实现。

其三是2个项目阶段的管理过程之间的信息传递关系,如项目计划与设计阶段的结束子过程的信息输出就是项目实施与控制阶段起始子过程的信息输入:①每一个管理过程要为下一个过程提供信息;②每一个完整的管理过程要为下一个项目阶段提供信息。

(二)管理子过程之间的时间关系 Temporal Relationships Between Subprocesses

项目管理过程中各个管理子过程在时间上并不完全是一种前后接续的关系,即并不是一个管理子过程完成以后另一个管理子过程才开始,实际上一个项目管理过程中各个管理子过程在时间上会有不同程度的交叉和重叠。

在项目管理过程中,起始子过程首先启动,但在其尚未完全结束之前,计划子过程已经开始。同样,控制子过程在计划子过程之后启动,但它早于执行过程开始,并几乎与计划子过程同时开始。这主要是因为项目管理的控制子过程中包含大量事前控制的工作,因此必须提前启动,并且与执行子过程同时结束。另外,项目管理的结束子过程在执行子过程尚未完结之前就已经开始了,这意味着项目管理的结束工作中涉及的许多文档准备工作可以提前开始,在执行子过程完成以后所开展的结束子过程的工作主要是一些移交性的工作。

在上述项目管理过程中,起始子过程和结束子过程是2个非常关键的管理子过程。在每个项目或项目阶段的业务过程尚未开始之前,起始子过程必须首先开始,以便正确地做出一个项目或项目阶段是否应该开始的决策。当一个项目或项目阶段的目标已经无法实现(如发生天灾人祸),或人们的需要发生了变化或转移使得项目或项目阶段的目标虽然能够实现却失去意义时,人们此时的起始决策会是终止这个项目或项目阶段。同样,项目管理过程中的结束子过程事关一个项目或项目阶段是否结束的决策,这包括项目阶段工作的结束、契约与合同关系的结束以及管理工作的结束等方面的决策。这种决策是在确认一个项目阶段的任务已经成功完成和项目阶段目标已经实现的基础上做出的。

需要特别注意的是,项目管理与日常运营管理最大的不同就在于项目管理过程中包含起始子过程和结束子过程,而日常运营管理中没有这 2 个管理子过程。因为日常运营是周而复始、不断重复的,所以它不需要专门设立起始和结束子过程。

总之,项目生命周期的阶段和项目管理各子过程之间存在时间上的关系:工作阶段可能有一定的工作时间的划分。但是,管理过程没有严格的阶段划分,而是有交叉关系。只是有工作强度之分,但是没有严格的时间界限。

自测题 Self-assessment Questions

(1)项目策划包含哪 2 个方面的策划?
(2)项目管理各阶段有哪五大过程组?有多少个过程?
(3)简述项目管理子过程之间三方面的信息传递关系。
(4)项目生命周期的阶段和项目管理各子过程之间存在怎样的时间关系?

第三节　项目管理的模式
Project Management Models

一、项目管理模式概述 Overview of Project Management Models

项目管理过程、工具和技术的运用为组织达成目标奠定了坚实的基础。一个项目可以采用 3 种不同的模式进行管理:①作为一个独立项目(不包括在项目组合或项目集中)。②在项目集内:项目集是一组相互关联且被协调管理的项目、子项目集和项目集活动,以便获得分别管理所无法获得的利益。项目集不是大项目。规模特别大的项目称为"大型项目"。一般定义,大型项目通常需 10 亿美元或以上的成本,可影响上百万人,并且将持续数年。③在项目组合内。项目组合是指为实现战略目标(以有效管理在任何特定的时间内同时进行的多个项目集和项目)而组合在一起管理的项目、项目集、子项目组合和运营工作。

如果在项目组合或项目集内管理某个项目,则项目经理需要与项目集和项目组合经理互动合作。例如,为达成组织的一系列目标,可能需要实施多个项目。在这种情况下,项目可能被归入项目集中。

项目组合、项目集和项目的关系是这样的:项目组合是为了实现战略目标而组合在一起管理的一系列项目、项目集、子项目组合及相关运营工作。这些组件间的关系都具备潜力,能通过项目组合管理给组织带来价值。这也是评估和添加组件到项目组合中的标准。

项目集则被组合在项目组合中会包括相关的项目、子项目集和项目集活动,以协调的方式管理来获取单独管理它们所无法获取的收益。具有战略重要性的单个项目,无论是否包括在项目集内,都要被考虑成项目组合的一部分。尽管项目组合内的项目集或项目可能并不直接相关或相互依赖,但它们会通过项目组合的方式与组织的战略计划关联在一起。

组织规划通过项目优先级排序来影响项目。优先级排序基于风险、资金、资源制约因素以及与组织战略目标有关的其他考虑事项。组织规划可以基于风险类别,具体业务线或一般类型的项目指导资源管理并支持项目集组件和项目组件。

组织规划通过以风险、投资、资源制约及与组织战略目标相关的其他考虑事项为基础进行项目优先排序,从而影响各个项目。在风险类别、具体的业务线或项目的常规类型的基础上,组织规划指导着资源的管理并且支持着组件项目集和项目。

二、项目、项目集与项目组合管理 Project, Program and Portfolio Management

(一)项目的分类 Classification of Projects

一旦选择了一组任务,并将其作为一个项目来对待,那么下一步就是定义项目单元的种类。

项目有以下 4 种分类。

个人项目:这是一类短期项目,通常分配给个人,他将同时扮演项目经理和部门经理的角色。

团队项目:这是一类由一个组织单元(或者一个团队)完成的项目。每个相关职能部门派出一个员工或一个任务小组。如果只有一个职能部门参与,那么项目会完成得很出色。

特殊项目:特殊项目经常出现,要求将特定的基本职能或权力临时分配给其他人或单位。这种安排对短期项目很有效,但会导致长期项目的严重冲突。

矩阵或综合项目:这要求动用大量的职能部门,而且常常要控制大量资源。

(二)项目集管理 Program Management

项目集管理指在项目集中应用知识、技能与原则来实现项目集的目标,获得分别管理项目集组成部分所无法实现的利益和控制。它涉及校准多个组件来实现项目集目的,并允许优化或整合成本、进度、努力或其他参数。虽然项目的收益往往在项目结束后才出现,但是某些收益能够在项目集生命周期期间伴随着项目集终点内的单个项目而显现出来。

项目集内的组件通过共同的产物或共同交付一系列收益而相互关联。若项目之间仅涉及共享客户、卖方、技术、资源等内容,则应将其视为多个独立项目的项目组合,而非作为项目集来管理。在项目集中,关键是整合和控制组件之间的相互依赖关系。项目集经理通过 5 个相互关联、相互依赖的项目集管理绩效领域来实现这一目标:项目集战略一致性、项目集收益管理、项目集相关方参与、项目集治理、项目集生命周期管理。通过结构化的治理职能和绩效领域,项目集管理促使适宜的组件间相互依赖成为可能,并有助于确定最佳管理方法。

项目集组成部分指项目集中的项目和其他项目集。项目管理注重项目本身的相互依赖关系,以确定管理项目的最佳方法。项目集管理注重作为组成部分的项目与项目集之间的依赖关系,以确定管理这些项目的最佳方法。

（三）项目组合管理 Portfolio Management

项目组合是指为实现战略目标而组合在一起管理的项目、项目集、子项目组合和运营工作，它应用项目组合的管理原则使项目组合及其组件与组织的战略保持一致。项目组合管理是指为了实现战略目标而对一个或多个项目组合进行的集中管理。项目组合中的项目集或项目不一定彼此依赖或直接相关。

项目组合管理也可以被看作一个动态的活动，组织投入它的资源通过识别、分类、监督、评估、整合、选择、优先排序、优化、平衡、授权、移交、控制及终止项目组合的组件，来实现其战略性目标。此外，项目组合管理还可确定项目组合是否符合组织战略目标。

项目组合管理的目的是：
- 指导组织的投资决策。
- 选择项目集与项目的最佳组合方式，以达成战略目标。
- 提供决策透明度。
- 确定团队和实物资源分配的优先顺序。
- 提高实现预期投资回报的可能性。
- 实现对所有组成部分的综合风险预测的集中式管理。

要实现项目组合价值的最大化，需要仔细检查项目组合的组成部分。确定组成部分的优先顺序，使最有利于组织战略目标的组成部分拥有所需的财力、人力和实物资源。例如，以"投资回报最大化"为战略目标的某基础设施公司，可以把油气、供电、供水、道路、铁路和机场等项目归并成一个项目组合。在这些归并的项目中，组织可以把相互关联的项目作为项目组合来管理。所有供电项目归类成供电项目组合，同理，所有供水项目归类成供水项目组合。然而，如果组织的项目是设计和建造发电站并运营发电站，这些相互关联的项目可以归类成一个项目集。这样的话，供电项目集和类似的供水项目集就是该基础设施公司项目组合中的基本组成部分。

项目组合是由一系列被称为项目组合组件的实体以及它们之间的相互关系构成的整体系统。这些项目组合组件共同致力于实现组织的战略目标。相较于组织的其他系统，项目组合系统作为一个整体被综合管理。

作为一个项目组合系统，项目组合的层次结构使得项目组合和其中的项目组合组件之间形成了"父子"关系，类似于项目集与其项目之间的关系。因此，项目组合组件也需要基于标准进行管理，并且需要对其进行定期评估，以评判其实现目标的可能性。

一个较大的项目组合可能包含多个子项目组合，在这些子项目组合中包含项目集、项目以及运营组件，将它们整合管理以实现战略目标。子项目组合可能存在的原因包括分组管理、可用资金、客户需求、进度、资源、相关方需求、不同的发起人等。

三、组织级项目管理(OPM)和战略 Organizational Project Management (OPM) and Strategy

项目组合、项目集和项目均需符合组织战略，或由组织战略驱动，并以不同的方式服务于战略目标的实现。

（1）项目组合管理通过选择适当的项目集或项目，对工作进行优先排序，以及提供所需资源，来与组织战略保持一致。

（2）项目集管理对其组成部分进行协调，对它们之间的依赖关系进行控制，从而实现既定收益。

（3）项目管理使组织的目的和目标得以实现。

（一）组织项目管理 Organizational Project Management

项目集管理和项目组合管理的生命周期、活动、目标、重点和效益都与项目管理不同。但是，项目组合、项目集、项目和运营通常都涉及相同的相关方，还可能需要使用同样的资源，而这可能会导致组织内出现冲突。这种情况促使组织增强内部协调，通过项目组合、项目集和项目管理达成组织内部的有效平衡。

所有项目组合组件应该具有的特征包括：
- 代表了组织将如何通过项目组合及其组件实现其战略目的和目标。
- 代表了组织实现其战略的投资优先级。
- 需要管理和治理，包括在项目组合组件之间分配和共享资源（如人力、财力、资产和智力）；拥有可被量化的能力，因而可被评估、测量、排序和指定优先级。
- 拥有可被指导或控制的能力，来实现项目组合的价值。

将项目组合组成部分合为一组能够促进这项工作的有效治理和管理，从而有助于实现组织战略和相关优先级。

在开展组织和项目组合规划时，要基于风险、资金和其他考虑因素对项目组合组件排列优先级。项目组合方法有利于组织了解战略目标在项目组合中的实施情况，还能促进适当项目组合、项目集和项目治理的实施和协调。这种协调治理方式可为实现预期绩效和效益而分配人力、财力和实物资源。

（二）价值 Value

价值是项目组合管理的主要焦点，它被定义为组织全部可定量与定性的收益、价值和有用性——全部有形和无形要素的总和。有形要素的例子包括货币资产、相关方的满意度和效用；无形要素的例子包括声誉、品牌认可度、公共利益、传统、专利和商标。商业价值可以被定义为短期的、中期的或长期的。价值则是通过对持续运营的有效管理而生成的。组织级项目管理（OPM）作为项目组合或项目集的组成部分，项目是实现组织战略和目标的一种手段，常常应用于作为项目投资主要引导因素的战略规划之中。为了使项目符合组织的战略业务目标，对项目组合、项目集和项目进行系统化管理，可以应用组织级项目管理。

OPM 指为实现战略目标而整合项目组合、项目集和项目管理与组织驱动因素的框架，以生成更好的实践、结果和商业价值。

OPM 旨在确保组织开展正确的项目并适当地分配关键资源。

OPM 有助于确保组织的各个层级都了解组织的战略愿景、支持愿景的举措、目标以及可交付成果。

（三）项目组合管理和组织战略、战略业务执行和组织级项目管理之间的关系
Relationship Between Portfolio Management, Organizational Strategy, and OPM

项目组合、项目集和项目管理应与组织战略保持一致并受其推动，对实现战略目标作出贡献。项目组合管理与组织战略对齐，通过选择最佳组件、排定工作、提供资源、监督实施等，实现项目组合价值，并管理组件和运营动议间的相互依赖关系。项目管理在详细层面制订和执行计划，以实现由项目组合或项目集目标驱动的预期目标。

组织战略为组织定义明确目的与目标，并围绕各种组织活动，包括运营和变革活动。战略的执行需要行动计划，而变革活动多通过项目组合组件实施。为保持竞争力，组织需一贯地强大执行战略，这需要采取如组织级项目管理（OPM）的原则。

组织战略由目的、政策、计划和行动组成，是项目组合管理的主要输入。项目组合管理是战略方向的一部分，是实现战略目的和目标的工具。将项目组合管理与战略结合，平衡资源使用，最大化交付价值。组织战略和目标转化成受多种因素影响的动议，这些动议构成特定时期内的项目组合。

项目组合管理展示愿景、使命和组织战略与目标，为管理提供方向与关系，旨在提高关键业务绩效指标，如投资回报率，或提高社会价值。它需要不断对战略目标和预见未来结果的能力，以支持战略项目组合的决策制定。

自测题 Self-assessment Questions

价值的定义是什么？

第四章 项目整合管理 Chapter 4 Project Integration Management

第一节 项目整合管理概述
Overview of Project Integration Management

一、项目整合管理的定义和特征 Definition and Characteristics of Project Integration Management

(一)项目整合管理的定义 Definition of Project Integration Management

项目整合管理包括对隶属项目管理过程组的各种过程和项目管理活动进行识别、定义、组合、统一和协调的各个过程。在项目管理中,整合兼具统一、合并、沟通和建立联系的性质,这些行动应该贯穿项目始终。

戚安邦教授在第三版《项目管理学》中将"项目整合管理"称为"项目集成管理",项目集成管理是一系列旨在协调和优化项目各阶段、各项活动以及各专项或知识领域管理的工作,同时兼顾项目全体相关利益主体的需求和期望,实现资源的合理配置。这一过程的目的是确保项目自身客观要求的配置关系得以明确并实现,进而将项目的各项活动、要素及相关方融合为一个有机整体。因此,项目集成管理的核心在于深入分析和揭示项目各方面的配置关系,并基于这些关系进行项目各层面的合成、统一、关联和协调,从而确保项目的成功实施,最大化项目利益,并实现利益分配的合理性。

项目整合管理作为项目管理的核心工作,始终由项目经理全程主导和负责。虽然项目的各个专项领域如成本、进度、风险等可以由相应的专家进行专业管理,但整合这些领域的工作成果、确保项目整体协调与推进的责任,是项目经理独有的,且这一职责无法被授权或转移。项目经理需要全面整合各个知识领域的成果,并时刻把握项目的总体情况,确保项目的顺利进行。

项目管理过程组中的各个过程之间是相互关联、不断迭代的。比如,在项目启动和规划阶段,规划过程组会为执行过程组提供详细的项目管理计划作为行动指南。随着项目的推进,一旦遇到变更或新的情况,规划过程组就需要根据实际情况更新项目管理计划,确保项目始终沿着正确的方向前进。

(二)项目整合管理的特征 Characteristics of Project Integration Management

由于项目整合管理涉及项目各项活动、各个专项(或要素)和项目各个相关利益主体的要求和期望等方面的合成、统一、协调与整合,因此其主要特性有以下几个方面。

1. 为实现项目的合理配置而开展的管理活动 Management Activities for Rational Resource Allocation

项目整合管理的核心特性在于其系统性和全局性。这种管理是基于每个项目特有的合理配置关系来进行的,这种关系体现在项目目标与要求、项目产出与工作、项目资源与价值、项目范围与时间、成本、价值及质量等各个方面的相互匹配。项目整合管理的关键在于发现并利用这种合理的配置关系,以实现项目的成功实施和利益最大化。

2. 为项目全面优化的系统管理 Systematic Management for Holistic Optimization

项目整合管理的第二个特性体现在其系统性上。这种管理遵循项目客观存在的合理配置关系,通过集成项目的各项活动、相关参与者以及各类要素,旨在实现项目的系统性最优化。每个项目都涉及众多的目标、要求、活动、资源和专项管理工作,项目整合管理的作用就在于将这些不同方面全面整合为一个紧密联系的有机系统。考虑到项目中的每一个活动、目标、要求和专项都是构成项目系统的关键要素或元素,如果这些要素不能有效地整合、统一和协调,那么就无法形成一个完整且高效的系统。因此,实现项目的全面优化也是项目整合管理不可或缺的特性之一。

3. 针对项目各方面全面协调的管理 Comprehensive Coordination Management Across Project Aspects

项目整合管理的第三个特性在于其全面协调的能力。它作为一种独特的项目管理工作,从项目的全局视角出发,全面协调和控制项目的各项活动、要求、目标和要素。若项目的各个方面不能得到全面协调,即使局部表现出最优或有利的情况,也可能导致项目全局的不利或受损,甚至最终失败。因此,项目整合管理的重要特性之一,就是要站在全局的高度,统筹安排和协调项目的各个方面,以确保最终实现项目全局的最优化。这也是项目整合管理不可或缺的一个重要特性。

4. 按照统一授权开展的全面管理 Comprehensive Management under a Unified Mandate

项目整合管理的第四个特性体现在其统一授权开展全面管理的原则上。这一特性要求项目的各相关利益主体在某种统一授权的框架下全面管理项目的各个方面。这包括但不限于统一授权管理项目内外的资源,统一授权规划项目各个方面的管理工作,统一授权应对和控制项目实施过程中出现的各种项目自身以及环境和条件的变化,统一授权考虑和协调各相关利益主体提出的要求和变更请求。同时,还需要统一授权进行项目变更的整合管理,因为项目变更往往会改变原有的合理配置关系,因此必须按照新的配置关系进行全面的整合。这一特性确保了项目管理的连贯性和高效性,为项目的顺利实施和成功完成提供了有力的保障。

二、项目整合管理的重要性和作用 Importance and Roles of Project Integration Management

依据美国项目管理协会所构建的项目管理知识体系,项目整合管理在项目管理中扮演着举足轻重的角色。它要求管理者根据实际情况进行资源的合理分配与工作的明智选择,同时预见可能出现的各种问题,并在问题恶化之前采取有效的应对措施。此外,项目整合管理还需协调项目中的各项任务,确保项目的整体效益最大化。在这一过程中,项目整合管理还需全面调和与整合各种相互冲突的目标、方案和利益,确保项目的顺利进行。总的来说,项目整合管理的基本职能在于根据项目的各项配置关系,实现项目的全面而高效的管理。作为项管理过程中的核心环节,项目整合管理发挥着以下重要作用。

(一)在项目生命周期中提供协调与同步 Coordination and Synchronization Throughout the Project Life Cycle

项目整合管理是所有利益相关者之间的合作方法,以确保项目流程在整个项目期间顺畅进行。在项目流程的过渡阶段,项目整合在将所有所需输入转移到项目的下一个阶段方面发挥着至关重要的作用。整合管理对于确保团队合作和信息同步也是非常必要的。

(二)确保项目顺利运行 Ensuring Smooth Project Operation

通过适当的整合管理,项目活动可以在没有任何混淆的情况下完成。在完成所有任务后,项目可以被正式关闭,资源可以用于下一个项目。由于有了适当的协调与同步,项目可以顺利运行。

(三)清晰了解各自的角色和责任 Clarifying Roles and Responsibilities

通过有结构的整合管理,所有利益相关者都将清楚地了解自己的角色和责任。规划和利益相关者之间的协调由项目经理负责。

(四)测量和监控项目的进展 Measuring and Monitoring Project Progress

整合管理确保项目的进展信息传递给所有利益相关者,以便他们清楚了解各个阶段和过渡。利益相关者会采取必要的步骤做出明确的决策,以达到目标。

(五)做出更明确的决策 Facilitating Informed Decision-Making

关于为确保项目流程顺畅所需的关键变更的决策是通过与所有利益相关者进行会议来制定的。利益相关者之间的有序协调会使得决策更加明确。

(六)便于项目团队保持一致 Aligning Project Teams Efforts

确保截止日期、结果、项目生命周期和效益管理计划保持一致。通过适当协调,项目交付成果将按计划及时交付。

自测题 Self-assessment Questions

(1)项目整合管理有哪些特征?
(2)项目整合管理有哪些作用?

第二节 项目管理的系统思维
Systems Thinking in Project Management

一、系统的定义和特性 Definition and Characteristics of Systems

著名科学家钱学森将系统定义为"由相互作用和相互依赖的若干组成部分(元素)结合成的具有特定功能的有机整体"。此定义引申出系统的3个基本特征：①系统是由若干元素组成的；②这些元素之间是相互作用和相互依赖的；③系统作为一个整体具有特定的功能。系统是要素的组合，但这种组合不是简单叠加和堆积，而是按照一定的方式或规则进行的，其目的是更大限度地提高整体功能，适应环境的要求，更加有效地实现系统总目标。

系统的特性有以下几点。

(一)整体性 Holism

系统是由2个或2个以上能够相互区别的要素组成的集合体，它又是一个不可分割的有机整体。组成系统的各个部分不具备系统的整体功能，而系统的整体功能又大于各个部分功能之和。系统的整体性说明，具有独立功能的系统要素以及要素间的相互关系是根据逻辑统一性的要求，协调存在于系统整体之中。系统不是各个要素的简单集合，否则它就不会具有作为整体的特定功能，脱离了整体性，要素的机能和要素之间的作用便失去了原有的意义，研究任何事物的单独部分不能得出有关整体性的结论。

(二)层次性 Hierarchy

任何一个系统都可以分解为一系列不同层次的子系统，而它本身又是它所从属的一个更大系统的子系统。任何系统都具有层次性。一方面，任何系统都不是孤立的，它和周围环境在相互作用下可以按特定关系组成较高一级的系统；另一方面，任何一个系统的要素，也可在相互作用下按一定关系成为较低一级的系统，即子系统，而组成子系统的要素本身还可以成为更低一级的系统。任何系统总是处于系统阶梯系列中的一环。

(三)相关性 Interdependence

组成系统的要素(或子系统)是相互联系、相互作用的，相关性说明这些联系之间的特定关系和演变规律。一个系统的各个子系统之间具有密切的关系，是相互影响、相互制约、相互作用的。所以要求系统内的各个子系统应根据整体目标，提高系统整体运行的效果。

(四)目的性 Purpose-Driven

通常系统都具有某种目的。为达到既定的目的，系统都具有一定的功能。系统的目的一般用更具体的目标来体现，往往需要用一个目标体系来描述系统的目标。目标体系中各个子目标之间有时是相互矛盾的，为此，要从系统整体出发，力求获得全局最优的效果，这就要求在矛盾的子目标之间做好协调工作,寻求平衡或折中方案。

（五）适应性 Adaptability

任何一个系统都存在于一定的环境之中,因此外界环境的变化必然会引起系统内部各要素的变化,不能适应环境变化的系统是没有生命力的,只有能够经常与外界环境保持最优适应状态的系统,才是具有不断发展势头的理想系统。"适者生存,不适者亡",生物的进化与淘汰,说明系统的适应性是极其重要的。

二、系统工程的定义和特点 Definition and Features of Systems Engineering

现代科技的迅速发展和社会生产力的极大提高,使人类改造自然和改造社会的工程活动进入了系统发展时代,人类面临的是各种各样的大型复杂系统——它们具有规模庞大、因素众多、结构复杂、功能综合的共同特点。为了组织管理好这类大型复杂系统的规划、研制和应用,必须有一门新的工程技术为其提供新的手段和方法,这门新的工程技术就是系统工程（SE）。

关于系统工程的定义,美国著名学者切斯纳(Chestnut)(1967)认为:"系统工程认为虽然每个系统都由许多不同的特殊功能部分所组成,而这些功能部分之间又存在着相互关系,但是每一个系统都是完整的整体,每一个系统都要求有一个或若干个目标。系统工程则是按照各个目标进行权衡,全面求得最优解（或满意解）的方法,并使各组成部分能够最大限度地互相适应。"日本学者三浦武雄(1977)指出:"系统工程与其他工程学不同之处在于它是跨越许多学科的学科,而且是填补这些学科边界空白的边缘学科。系统工程的目的是研究系统,而系统不仅涉及工程学的领域,还涉及社会、经济和政治等领域,为了圆满解决这些交叉领域的问题,除了需要某些纵向的专门技术以外,还要有一种技术从横向把它们组织起来,这种横向技术就是系统工程。"而美国国防部(1974)将系统工程定义为:"通过运用定义、综合、分析、设计、试验和评价的反复迭代过程,将作战需求转变为一组系统性能参数和系统技术状态的描述,综合有关的技术参数,确保所有物理、功能和程序接口的兼容性,以便优化整个系统的定义和设计,将可靠性、维修性、安全性、生存性、人素工程和其他有关因素综合到整个工程工作之中,以满足费用、进度、保障性和技术性能指标。"我国学者钱学森的观点是:"系统工程是组织管理系统的规划、研究、设计、制造、试验和使用的科学方法",简言之"系统工程是一种组织管理的技术"。这也是目前国内学者们一致认可的、采用最多的定义。

系统工程有以下几个特点。

（一）研究方法整体化——系统性 Holistic research method-systematic

系统工程研究问题,总是把研究对象和研究过程看作一个整体,从整体出发考虑局部,要求系统的局部服从整体,同时又要兼顾和妥善处理局部之间的关系,而且系统本身还要与它所从属的更大的系统相适应,这样才能保证系统总体效果最优。

（二）处理关系协调化——关联性 Processing relationship coordination—relevance

用系统工程方法分析和处理问题,不仅要考虑系统内部部分与部分之间、部分与整体之间、系统与环境之间的相互关系,而且要协调处理好这些关系,使其达到密切配合、相辅相成。

（三）科技应用综合化——交叉性 Comprehensive application of science and technology——interdisciplinary

系统工程以大型复杂系统为研究对象,涉及的因素众多,涉及的学科领域广泛,因此,系统工程分析和解决问题时必须综合运用社会科学、自然科学、工程技术的各门学科和各种技术领域的成就,以博采众长、集思广益,充分发挥跨学科、跨行业、跨部门的综合优势。

（四）追求目标最优化——满意性 Pursuing the goal of optimization—satisfaction

系统工程是实现系统最优化的组织管理技术,因此,系统工程不仅提出最优的系统目标,采用目标导向的方法寻求实现系统目标的可行方案,而且还要运用一系列最优化技术从可行方案中选择出社会认可、经济合算、技术先进、时间最省、系统总体效益最好的最优方案（或满意方案）付诸实施。系统工程并不追求个别部分的最优,而是通过协调各部分的关系,使系统整体目标达到最优。

（五）处理问题定量化 Quantification of problem solving

系统工程通常要建立描述系统结构及其功能关系的各种定性定量的数学模型,并采用优化、仿真、模拟等方法,借助于计算机手段,对系统的各种参数及性能进行计算,最后根据评价准则选择能够最优实现目标的系统方案。

三、系统工程方法论 Systems Engineering Methodologies

系统工程方法论是研究和探索（复杂）系统问题的一般规律和途径。最具代表性的系统工程方法论有霍尔的"三维结构"模型、切克兰德的"软系统方法论（也称为调查学习法）"、钱学森提出的定性到定量的综合集成方法、"物理-事理-人理"（WSR）方法论以及并行工程方法论,本节主要对前3种方法展开说明。

（一）霍尔"三维结构"模型 Hall's Three-Dimensions Structure Model

美国工程师霍尔（Hall）于20世纪60年代提出：系统结构由时间维、逻辑维、知识维组成三维结构（图4-2）,他将系统管理过程分为紧密相连的6个阶段和7个步骤,同时考虑为完成这些阶段和步骤的工作所需的各种专业管理知识。

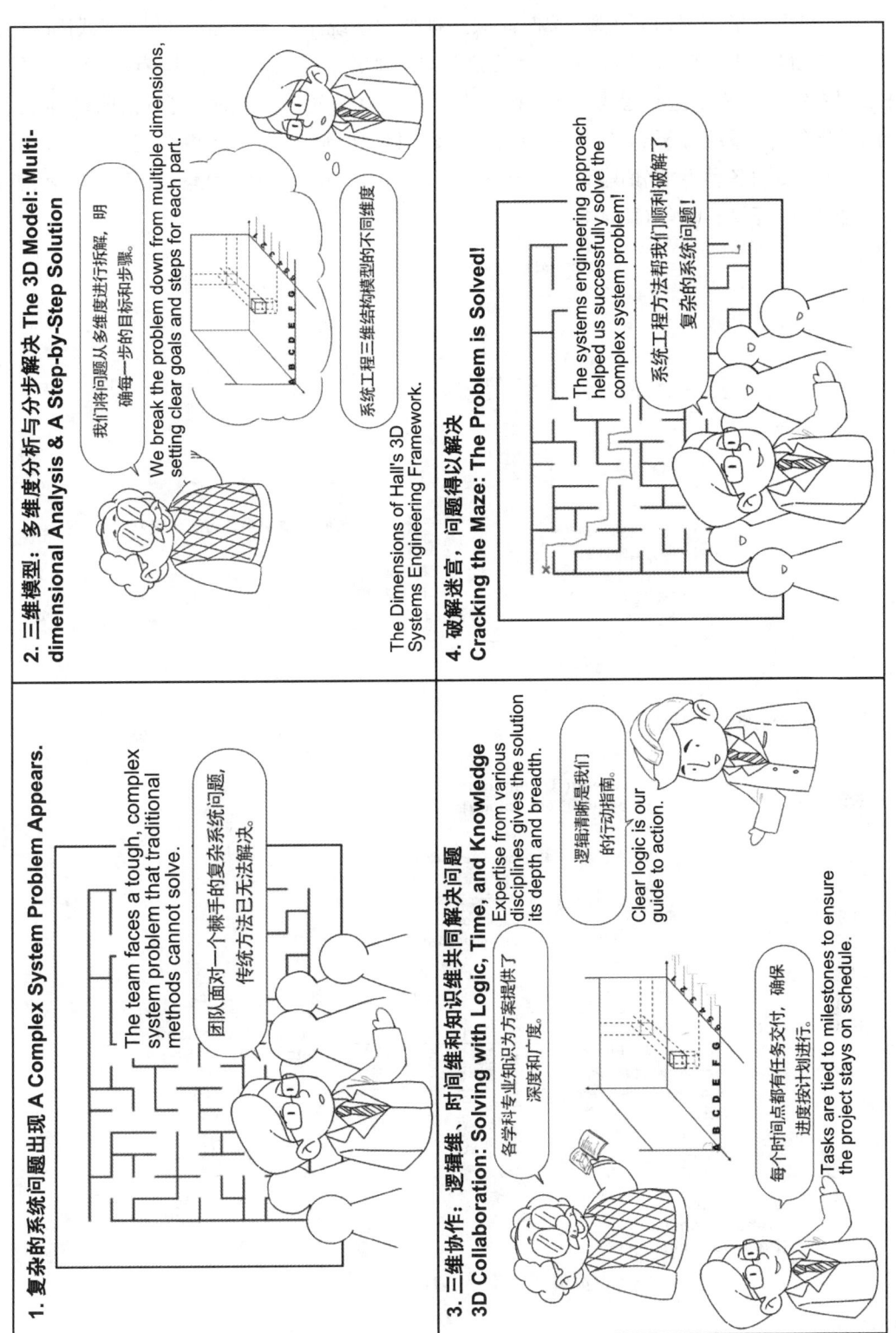

图 4-2 霍尔"三维结构"模型解决项目中的问题 Hall's "3D Structure" model soves project problems

其中时间维是指从规划到更新,按时间顺序排列的系统工程全过程,它包括规划阶段、方案阶段、研制阶段、生产阶段、运行阶段和更新阶段;逻辑维是指:每个阶段需进行的工作步骤,是运用系统工程方法进行思考、分析和解决问题应遵循的一般程序,它包括明确问题、选择目标、系统综合、系统分析、方案优化、做出决策、付诸实施;知识维是指在完成上述各阶段和各步骤所需要的各种专业知识和管理知识,它包括法律、经济、管理科学、计算机科学、工程技术、社会科学、环境科学等(图 4-3)。

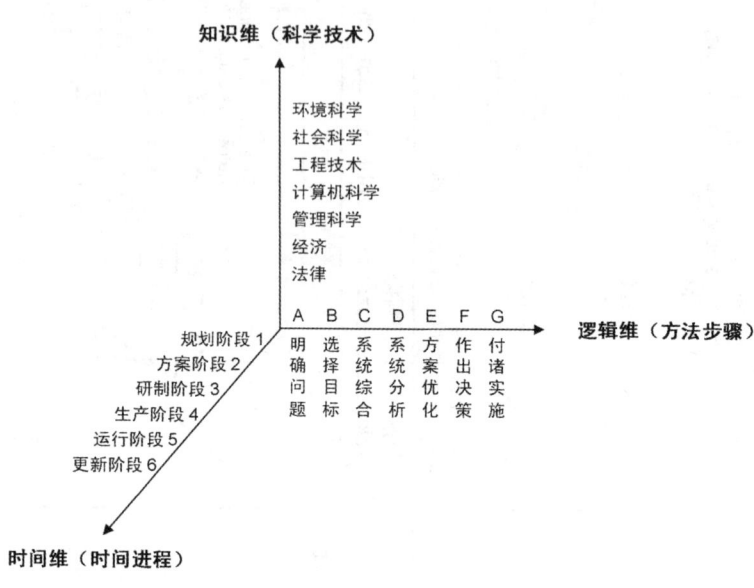

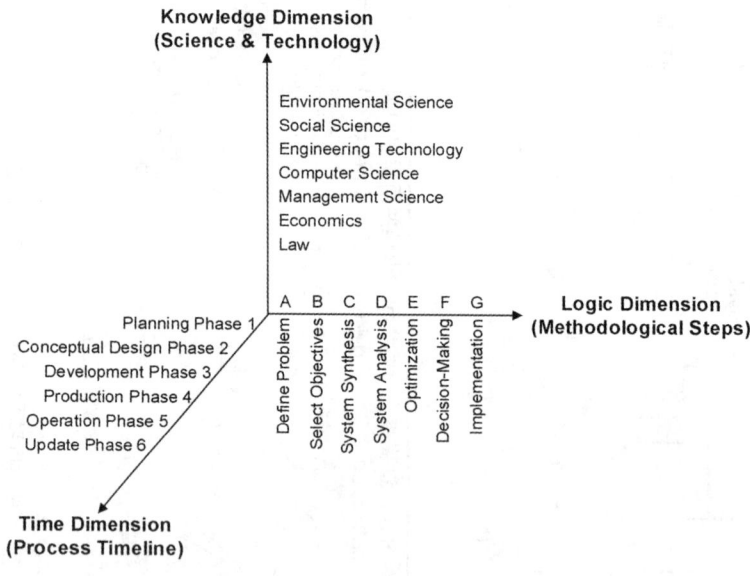

图 4-3 霍尔"三维结构" Hall "3D structure"

（二）切克兰德"调查学习"法 Checkland's Soft Systems Methodology (SSM)

英国学者切克兰德(Checkland)在 20 世纪 80 年代提出的软系统方法论认为,系统分为良结构系统和不良结构系统,如表 4-1 所示。

表 4-1 良结构系统和不良结构系统的比较
Comparison of Well-Structured Systems and Ill-Structured Systems

	定义 Definition	特点 Characteristics	解决的方法 Solution Methods
良结构系统 Well-Structured System	偏重工程、机理明显的物理型的硬系统 Focus on engineering, physical hard systems with obvious	可用较明显的数学模型描述,有较现成的定量方法可以计算出系统的行为和最佳结果 A physically oriented hard system that emphasizes engineering and has clear mechanisms	用"硬方法"求出最佳的定量结果,霍尔的三维结构主要适用于此 Can be described using explicit mathematical models, with readily available quantitative methods to calculate system behavior and optimal outcomes
不良结构系统 ILL-Structured System	偏重社会、机理尚不清楚的生物型的软系统 mechanisms Focus on society, biological soft systems with unclear mechanisms	较难用数学模型描述,因其加入了人的直觉和判断,往往只能用半定量、半定性或者只能用定性的方法来处理问题 A biologically oriented soft system that emphasizes social aspects and has unclear mechanisms	用"软方法"求出可行的满意解,常用德尔菲法、情景分析法、冲突分析法、切克兰德的"调查学习"法等 Difficult to describe using mathematical models due to the involvement of human intuition and judgment; often requires semi-quantitative, semi-qualitative, or purely qualitative methods for problem-solving

从系统工程方法论角度看,切克兰德的"调查学习"方法具有更高的概括性。切克兰德的"调查学习"软方法的核心不是寻求"最优化",而是"调查、比较"或者说是"学习",从模型和现状的比较中,学习改善现存系统的途径。此方法分为 7 个步骤(图 4-4):①不良结构问题提出;②问题的表示;③给出系统的顶层描述;④建立系统概念模型;⑤模型与现实世界进行比较;⑥提出可行满意解;⑦采取行动改善实际问题。

霍尔三维结构模型和切克兰德调查学习法的区别:霍尔三维结构和切克兰德方法论均为系统工程方法论,均以问题为起点,具有相应的逻辑过程。在此基础上,2 种方法论主要存在以下不同点(表 4-2)。

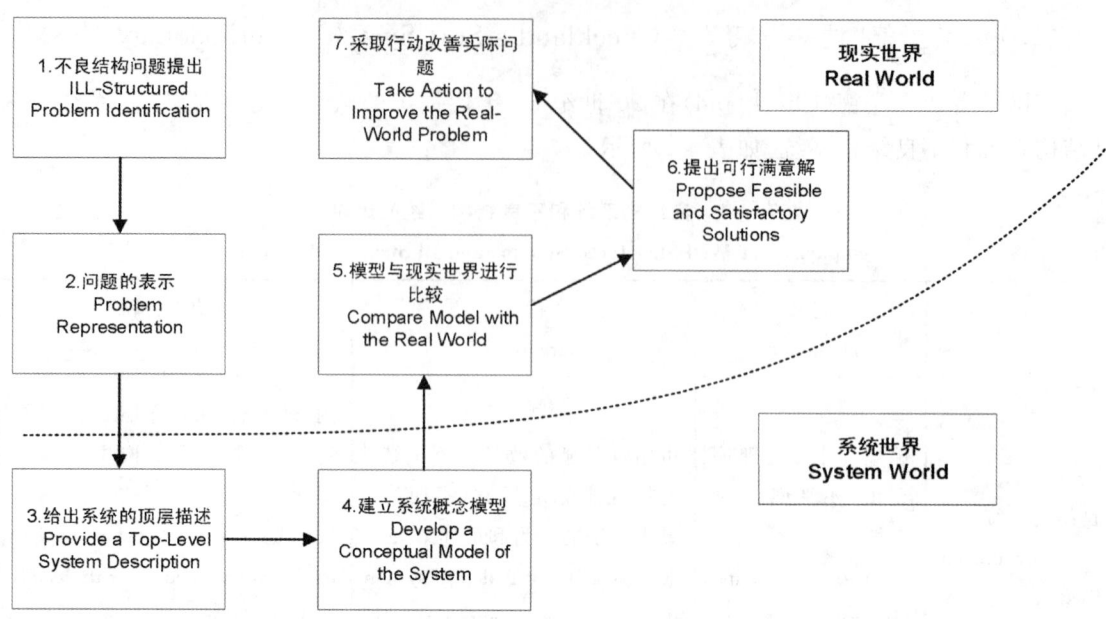

图 4-4 切克兰德"调查学习"法步骤 Steps of Checkland's "investigative learning" method

表 4-2 两种方法论的对比 Comparison of Two Methodologies

系统工程方法论	研究对象 Research Object	核心内容 Core Content	使用方法 Application Method
霍尔三维结构模型 Hall's Three-Dimensional Structure Model	以硬系统为主 Primarily focuses on hard systems	优化分析 Optimization analysis	定量分析方法 Quantitative analysis methods
切克兰德调查学习法 Checkland's Soft Systems Methodology（SSM）	社会经济和经营管理等"软"系统问题 Addresses "soft" system issues in socio-economic and business management fields.	比较学习 Comparative learning	强调定性或定性与定量有机结合的基本方法 Emphasizes qualitative methods or the organic integration of qualitative and quantitative approaches

自测题 Self-assessment Questions

（1）什么是系统？

（2）什么是系统工程？

第三节　工程项目的集成化管理
Integrated Management of Construction Projects

一、工程项目集成化管理概述 Overview of Integrated Management

工程项目管理作为项目管理的重要分支，其核心聚焦于各类工程项目的有效管理。其精髓在于，工程建设者需借助系统工程的理念、理论及手段，对工程建设实施全面、深入的管理，确保各类生产要素在工程项目中得到最优配置，从而向用户提供卓越品质的产品。此学科具有高度的综合性和实用性，展现出强大的发展潜力。由于工程项目涉及多方参与，因此其管理也呈现多元化特点。

工程建造作为人类早期的一种生产活动形式，历经从原始社会人们使用树枝、石块构建简易巢穴，到现今如港珠澳大桥般宏伟的桥岛隧一体化集群工程项目的巨大变迁。这一变革的背后，离不开工程建设者与学者们在工程设计理念、建造技术、施工组织以及管理模式等方面的持续创新与进步。值得一提的是，工程建造行业的管理方式深受制造行业管理模式的影响，特别是建筑行业。通过借鉴制造行业的精益生产、流程管理、供应链管理、运作管理等先进理念和方法，建筑行业不断推进工业化进程，有效解决了传统建筑行业存在的效率低下、质量参差不齐以及成本高昂等问题。

集成化管理思想最初源自制造业。早在 1974 年，美国学者 Harrington 便首次提出了计算机集成制造系统的概念（CIMS），其核心在于高效、实时地实现 CIMS 各应用间的数据、资源共享与协同工作，将原先孤立的应用过程整合成一个协调运作的企业 CIMS 运行系统。在此基础上，Sanvido 和 Medeiros 于 1990 年进一步提出了计算机集成建造系统（CICS）的概念，其目标是将原先各自独立运行的多个建造单元系统整合成一个协同工作、功能更为强大的新系统。这种集成并非简单的连接，而是经过统一规划、设计，深入分析原有建造系统的作用与相互关系，并进行优化重组。

如今，集成化管理思想在工程项目的实施与管理中日益受到重视，逐渐成为复杂工程管理的重要指导原则。考虑到重大工程所具有的长周期、大跨度、分布式等复杂的时空特性，这些工程在建造过程中常常面临信息沟通不畅、过程割裂以及组织协调困难等问题。因此，运用集成化管理思想和方法进行信息集成、过程集成和组织集成，对于确保工程顺利推进和高效管理至关重要。

二、工程项目集成化管理的内容 Components of Integrated Management

工程项目集成化管理是在集成理念的指导下，由建设项目参与方组织集成、建设项目全寿命周期过程集成、建设项目目标要素集成在信息集成平台上所组成的三维系统空间结构（图 4-5）。

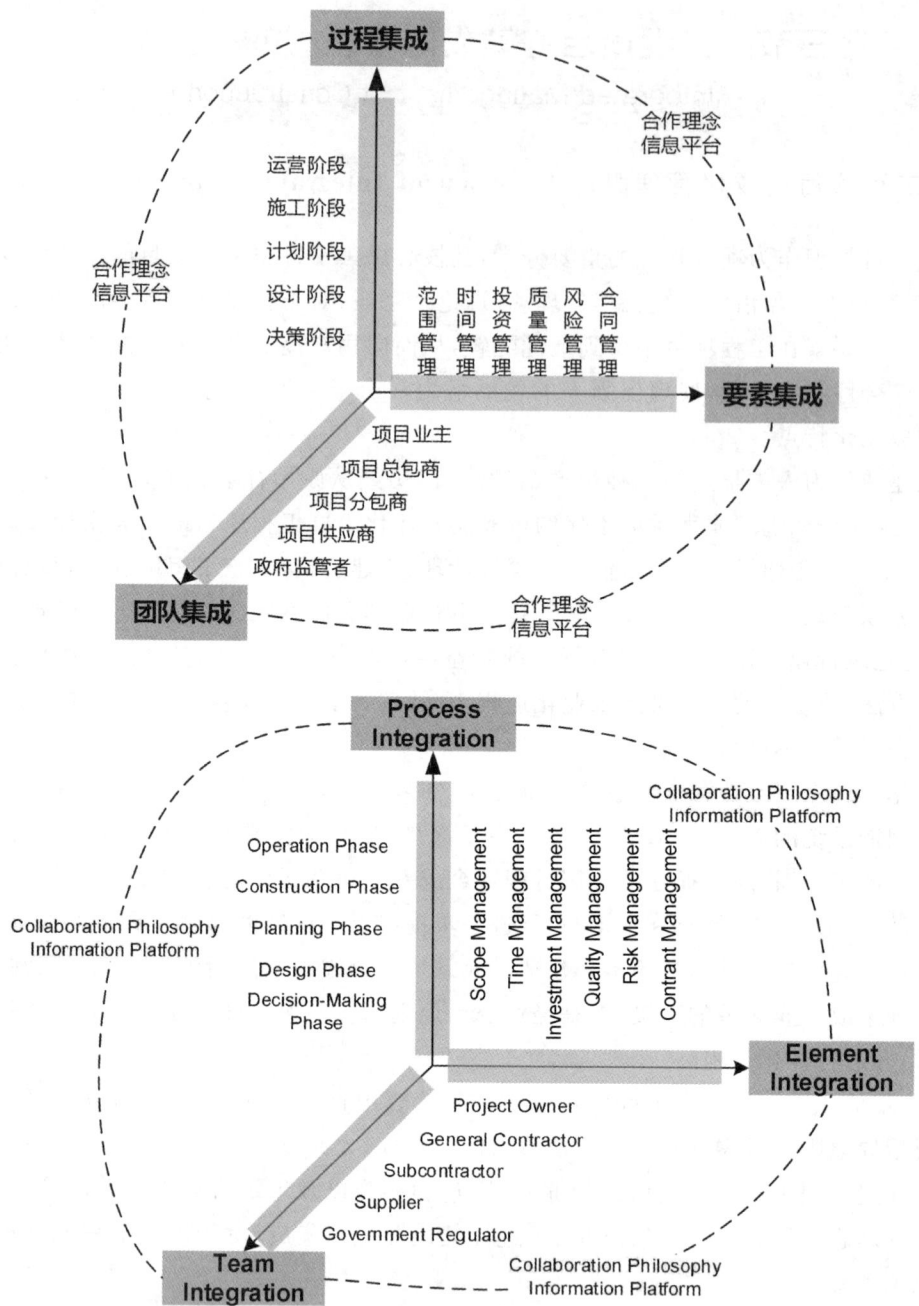

图 4-5 工程项目集成化管理三维结构模型 3D structural model for integrated project management

(一)建设项目全寿命周期管理过程集成 Integration of Life Cycle Management Processes

全生命周期管理过程集成,是指将工程项目生命周期的各阶段进行有机统一和协同管理。这涉及从决策、设计、计划、施工、运营直至后评价的全过程,强调各阶段之间的深度信息

第四章　项目整合管理 Chapter 4 Project Integration Management

监督作为项目管理中的一项持续性活动，涵盖了数据的收集、精准测量和深入分析等多个环节。通过对测量结果的细致分析，能够预测项目的发展趋势，从而推动过程的持续改进。控制环节则侧重于制定针对性的纠正或预防措施，或在必要时进行重新规划。监控与控制有效结合，确保项目在面临挑战时能够迅速调整，保持稳健的发展态势。

五、管理项目知识 Manage Project Knowledge

管理项目知识是一个关键过程，它涉及利用现有知识并生成新知识，以实现项目目标，并推动组织的学习进程。这一过程的核心作用在于，借助组织已有的知识来优化或创新项目成果，并确保当前项目所积累的知识能够服务于组织的日常运营以及未来项目的推进。这一过程应贯穿整个项目周期。

知识通常分为两类：显性知识和隐性知识。显性知识易于用文字、图片和数字表达，而隐性知识则更多地体现在个体的经验、信念和洞察力等难以明确表述的方面。知识管理便是要有效管理这两类知识，确保现有知识的复用和新知识的产生。

从组织视角来看，知识管理旨在确保项目团队和其他相关方的技能、经验和专业知识在项目全周期内得到充分利用。由于知识深藏于人的思维之中，无法强制分享，因此，营造一种相互信任、乐于分享的氛围至关重要。只有在这样的环境中，知识管理工具和技术才能真正发挥其作用，促进知识的有效流动和应用。

六、实施整体变更控制 Perform Integrated Change Control

实施整体变更控制是一个至关重要的过程，它涵盖了审查所有变更请求、批准变更、管理可交付成果、项目文件和项目管理计划的变更，以及沟通变更处理结果等多个环节。该过程的核心在于对项目文件、可交付成果或项目管理计划的所有变更请求进行全面审查，并决定对变更请求的处置方案。其主要目的是确保项目中所有已记录的变更都经过综合评审，从而避免因未考虑变更对项目整体目标或计划的影响而加剧项目风险。这一过程需要贯穿整个项目期间。

在实施整体变更控制过程中，项目经理承担着最终责任。变更请求可能涉及项目范围、产品范围，以及任何项目管理计划组件或项目文件的变更。在项目生命周期的任何阶段，任何相关方都可以提出变更请求。然而，变更控制的实施程度会因项目所在领域、复杂程度、合同要求以及项目背景的不同而有所差异。在基准确定之前，变更无须正式受控于实施整体变更控制过程。一旦项目基准确立，所有变更请求都必须通过此过程进行处理。

七、结束项目或阶段 Close Project or Phase

结束项目或阶段是一个标志着项目、阶段或合同所有活动圆满收官的过程。这一过程的核心意义在于系统地存档项目或阶段的信息，确保所有计划中的工作得以完成，并释放组织团队资源，以便他们投身于新的工作。此过程通常只在项目结束或达到预定义的关键节点时开展，确保项目的顺利收尾。

在结束项目之际,项目经理扮演着至关重要的角色。他们需要细致地回顾项目管理计划,确保项目的每一项工作都已如期完成,同时核实项目目标是否已全面实现。如果项目因各种原因在完工前被提前终止,项目经理还需额外负责启动并引导一个专项程序,旨在深入调查并详细记录项目提前终止的原因。为了确保结束项目或阶段过程的顺利进行,项目经理需要积极引导所有相关方的参与。

自测题 Self-assessment Questions

项目整合管理的 7 个过程是什么?

第五节　工程项目整合管理的前沿
Frontiers in Project Integration Management

项目整合管理的前沿许多都表现在工程建设项目的实施中。本节整理了全过程工程咨询整合、集成管理平台、施工进度信息整合以及建筑项目生命周期整合方面的一些技术前沿,不难发现,BIM 技术在其中起着重要的作用。

一、全过程工程咨询整合 Integrated Whole-Process Engineering Consulting

随着数字化技术的迅猛发展,建筑行业近年来正经历着一场深刻的变革。传统的项目管理模式中,设计与施工环节往往各自为政,导致项目管理混乱,难以适应行业发展的新形势。因此,一种全方位项目顾问体系应运而生,它贯穿于项目始终,以卓越的团队精神和高效的工作流程,为项目带来了显著的改善。这一体系不仅优化了项目进程,缩短了项目周期,降低了成本,还能精准识别潜在风险。这种全过程工程咨询模式,既符合综合性、跨阶段、一体化服务的需求,又契合国家政策导向,是推动建筑行业从粗放型管理向精细化管理转变的关键路径。

在国家政策的积极推动下,发展全过程工程咨询模式已成为建筑工程领域未来发展的必然趋势。众多建筑企业纷纷借助信息化建设,尝试运用这一模式,以实现企业的转型升级。BIM 技术作为建筑行业的重要驱动力,在全过程工程咨询中展现出强大的技术优势。它优化了流程管理,促进了信息共享,并通过强大的数据生成与传递能力,为项目全生命周期管理提供了有力支持。为确保业务流程再造工作的顺利实施和成效,构建了基于 BIM 技术的全过程工程咨询业务流程再造框架。该框架分为基础层、实施层和目标层 3 个层次,基础层提供理论支撑和技术工具,实施层聚焦于具体实践,目标层则展现再造后的成果和预期效果。这一框架的实施,将为建筑行业的未来发展注入新的活力。全过程工程咨询业务流程再造框架的具体化体现如图 4-9 所示。

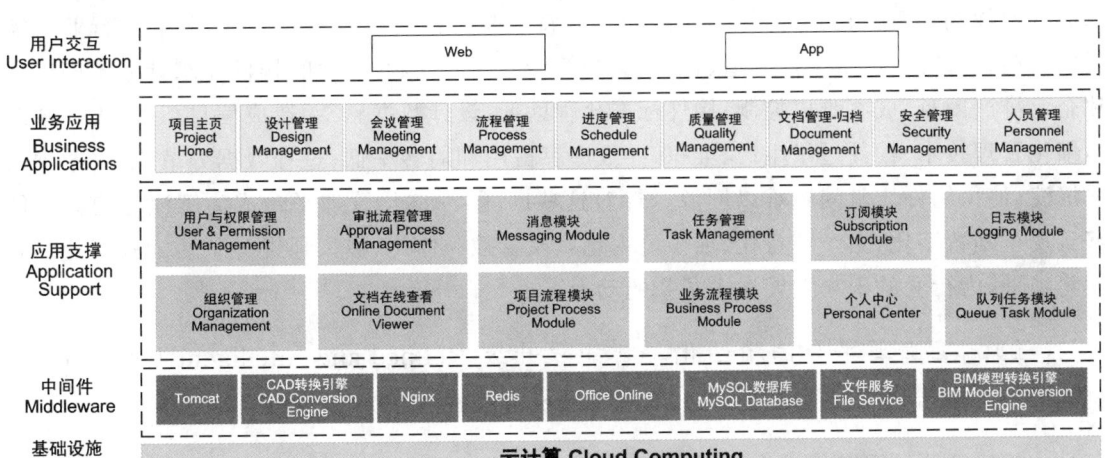

图 4-9　基于 BIM 的全过程工程咨询服务信息管理平台框架图
Framework diagram of the full-process engineering consulting service information management platform based on BIM

二、集成管理平台 Integrated Management Platforms

数字化转型是建筑业应对自身长期固有的生产率水平低下、增长方式落后、资源能源消耗高、科技含量低等问题的关键手段，是提升建筑业数字化、智能化水平的重要举措，是建筑业高质量发展的必由之路。BIM 技术因其可视化、信息化、智能化等诸多优点成为建筑业数字化转型的推动者。"BIM＋"技术是在 BIM 技术的基础上引入云计算、物联网、GIS、VR 等技术，是对工程配套管理模式的创新，是项目精细化管理的核心竞争力，亦是推动建筑业数字化转型的重要支撑。

（一）数字化转型：建筑业的关键破局之道 Digital Transformation: The key to breakthrough in the construction industry

数字化转型已成为建筑业应对长期以来存在的生产率低下、增长模式滞后、资源能源消耗高以及科技含量不足等问题的关键手段。这一转型不仅是提升建筑业数字化、智能化水平的重要步骤，更是实现高质量发展的必由之路。在这一进程中，BIM 技术以其可视化、信息化、智能化等诸多显著优势，成为推动建筑业数字化转型的核心力量。为了进一步拓展 BIM 技术的应用范围和提升其效能，"BIM＋"技术应运而生。这一技术是在 BIM 的基础上，融合了云计算、物联网、GIS、VR 等先进技术，为工程配套管理模式带来了创新。与此同时，国内一批技术先进、安全性能高的协同工作平台如协同大师、广联云、艾三维等，也在国家政策支持下崭露头角，为建筑业数字化转型提供了有力支持。

（二）生产管理平台的智能化转型 Intelligent Transformation of Production Management Platform

随着智能化浪潮的推进，产业形态、经营理念、市场模式、建造方式以及行业管理等方面都面临着深刻变革。在我国,智能经济的发展特点是由消费端拉动生产端,装配式行业也需要应对销售、产品设计、生产制造、物流、品控等多方面的问题。例如,构件需求计划不明确导致企业排产困难,成本难以控制;构件标准化程度低,设计数据繁杂,造成信息孤岛;工厂缺乏精细化管理技术;构件过量生产、堆积,导致库存占用和周转率低;过程数据分散,历史数据无法沉淀,使得构件质量问题难以溯源。针对这些问题,一体化管理平台成为解决之道。它能够实现车间数字化、生产精益化、堆场可视化以及管控一体化,极大地提升了装配式行业的智能化水平,为行业的未来发展注入了新的动力。

(三)施工管理平台的精细化与智能化升级 Refined and Intelligent Upgrade of Construction Management Platform

公共建筑项目因其规模大、结构复杂、专业工种多、工期紧张等特点,对施工管理的要求极高。传统的施工管理方式往往难以应对这些挑战,容易产生决策、管理和执行上的问题。施工管理平台则以管理为核心,以 BIM 数据为载体,结合大数据、云端、物联网等先进技术,实现数据、流程、人员、技术、业务等的集成。这一平台将数字建筑与精益制造相结合,实现了项目的一体化、精细化、智能化管理,为公共建筑项目的顺利实施提供了有力保障。

自测题 Self-assessment Questions

基于 BIM 技术的全过程工程咨询业务流程再造框架可分为几个层次?

第五章 项目范围管理 Chapter 5 Project Scope Management

大成公司管理下创造了惊人的效率,开挖2个月,单月平均进尺222.5m,超过整个鲁布革电站隧洞的月进尺最高水平;开挖直径8.8m的圆形发电隧洞中,创造了单头进尺373.7m的国际先进纪录,1986年10月30日隧洞全线贯通,比合同规定日期提前5个月。

正当大成公司捷报频传时,首部枢纽工程截流工期告急,厂房工程工期拖后过百天。压力也是动力,在承认差距、认真总结分析后,敢闯敢试的鲁布革人"知耻而后勇",以壮士断腕的决心和勇气迎难而上。经报国务院批准,1985年11月,鲁布革工程厂房工地开始试行大成公司先进的管理方法,成立厂房建设指挥所,实行承包合同制,经济独立核算,人员重新组合。到1986年底不仅把工程原拖后的3个月时间抢了回来,还提前4个半月结束开挖工程,安装间混凝土浇筑提前半年完成。

1986年11月,国务院领导到鲁布革水电站视察,充分肯定鲁布革水电站建设的改革举措对推动电力工业改革发挥了重要作用,并指出:"我们同大成的差距,原因不在工人,而在于管理。"1988年12月27日,鲁布革水电站第一台15万千瓦机组提前3个月投产发电,从截流到第一台机组投产发电,仅用了37个月。该工程是当时国内大型水电站建设周期较短的工程之一。从1982年11月开工到1990年5月全部机组投产,鲁布革60万千瓦装机的水电站建设项目共节约投资8000多万元。

学习目标 / Learning Objectives

(1)理解项目范围管理的概念和重要性。
(2)明确需求跟踪矩阵的概念和作用,能够运用需求跟踪矩阵管理项目需求。
(3)学会使用定义范围的基本方法,并能依据项目特性选择不同的定义范围工具。
(4)学会运用工作分解结构的创建方法,能够根据项目需求进行合理的工作分解。
(5)阐述范围变更的原因和影响,掌握应对范围变更的策略。

本章结构导图 / Chapter 5 Structure

本章结构导图见图5-1。

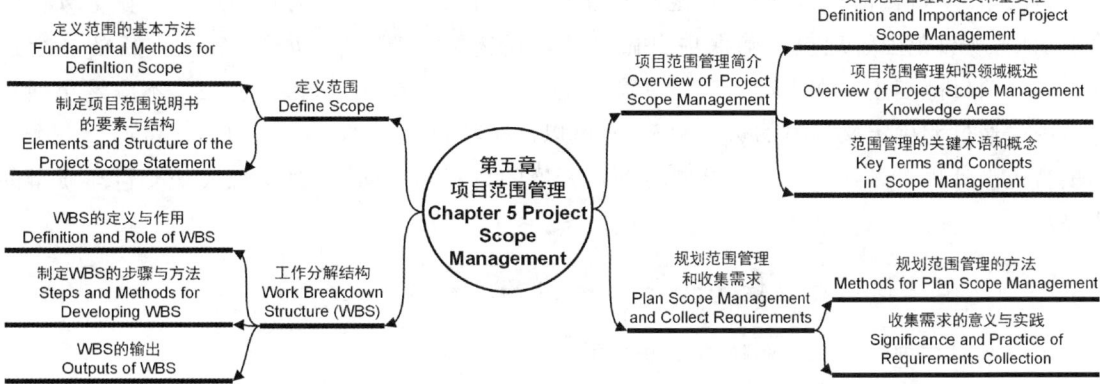

图5-1 本章结构导图 Chapter Structure Map

第一节　项目范围管理简介
Overview of Project Scope Management

一、项目范围管理的定义和重要性 Definition and Importance of Project Scope Management

大至水电站的建设,小至一次超市的采购,如果不能事先规划好需要什么或达成什么目标,在后续项目实施的时候可能就会缺乏方向感,进而耽误项目的完成进度与质量。全面地计划是非常重要的。从项目管理角度来说,除非对详细的规划进行了阐述和记录,以及制定了控制计划,否则项目只能是空谈。范围管理的目标就是通过对计划进行完善的定义和执行,从而使效率最大化,以便每个项目参与者都能较容易地确定自己的角色。人们只有首先正确确定项目范围,才能进一步科学确定需要多少项目资源来开展项目,只有知道了项目资源的需求和保障情况,才能确定项目时间和项目成本。

(一)范围管理的基本定义 Basic Definition of Scope Management

"范围"一词最早源自《易经》:"范围天地之化而不过。"范围是人对天地之道的模仿,通过范本将天地之道覆盖到各个方面,使其包含所有的细节和要素。因此,项目范围的确定和管理是确保项目顺利进行和达到预期目标的重要步骤。项目范围一般指为交付具有规定特性与功能的产品、服务或成果而必须完成的工作。范围在项目、项目集、产品和项目组合中有不同的特征。在项目中,项目有已定义的目标,范围在整个生命周期内渐进明细。而项目集是一组相互关联且被协调管理的项目、子项目和相关活动,因而会产出通过多个组件交付的总收益。产品的项目范围则以客户为中心,以收益为驱动。项目组合的组织范围随着组织战略目标的变化而变化。可以看到,无论是在何种范畴中谈及范围,范围总是与目标、收益与变化息息相关。明确范围的含义不仅可以为后续讨论项目范围的定义奠定基础,同样可以帮助项目团队全面理解和把握项目的要求和目标。

根据现代项目管理理论和作者的研究结果,项目范围管理是为确保项目成功而开展的对于项目起始、项目目标、项目产出物范围和项目工作范围的项目专项管理工作。在 PMBOK 第六版中,项目范围管理包括确保项目做且只做所需的全部工作以成功完成项目的各个过程。管理项目范围主要在于定义和控制哪些工作应该包括在项目内,哪些工作不应该包括在项目内。通过明确定义项目的边界和范围,可以确保项目成果的可控性和可交付性。一个好的项目范围管理可以帮助项目团队掌控项目开展的目标和方向,最终实现成功交付高质量的成果。

(二)范围管理的重要性 Importance of Scope Management

项目范围管理的作用主要体现在以下几个方面。

(1)起始一个项目并为项目提供目标和要求,减少因方向不明确而带来的浪费。项目范

第五章 项目范围管理 Chapter 5 Project Scope Management

围管理的首要作用就是作出一个项目的起始决策,从而开始项目的实施和管理工作。此时,人们首先需要制定出项目的目标,以便明确和界定出项目产出物和项目工作的范围。

(2)为项目实施提供项目产出物和项目工作范围的框架,为提高成本、时间和资源估算的准确性提供了基础。项目范围管理的第二个作用是为指导项目实施而明确地界定出项目产出物的范围和项目工作的范围,从而为整个项目的实施提供框架性的项目产出物与工作范围。这不仅可以用于指导人们更好地开展项目实施工作,更能使人们避免做项目本身并不需要和人们不该做的工作。

(3)为项目实施的有效控制提供依据和标准,尽可能控制和减少范围蠕变。项目范围管理的第三个作用是为项目实施的监督和控制提供依据和标准,因为项目范围管理界定和确认的项目产出物和工作范围为人们制定项目范围控制的标准和度量项目实施情况提供了依据和标准,据此就能发现实际实现的项目产出物和项目工作范围存在哪些偏差,然后依此采取纠偏措施。

(4)为项目的管理终结与合同终结提供成果交付清单。项目范围管理的第四个作用是为项目的管理终结与合同终结提供最终成果交付清单或依据,因为通过项目范围的界定、确认和变更等方面的管理,最终会给出项目实施者应该交付的项目实际产出物和项目实际工作范围。需要说明的是,由于任何项目最初的范围计划与最终的交付结果之间都可能存在偏差,在项目实施过程中会出现各种主观和客观的项目范围变更,所以项目范围管理的这一作用必须以最终的项目范围计划和变更综合结果作为项目管理终结与合同终结的成果交付依据。

二、项目范围管理知识领域概述 Overview of Project Scope Management Knowledge Areas

(一)项目范围管理知识领域构成 Components of Project Scope Management Knowledge Areas

项目范围管理包括从规划到控制的6个过程。虽然各项目范围管理过程以界限分明、相互独立的形式出现,但在实践中它们会相互交叠、相互作用。

(1)规划范围管理。为记录如何定义、确认和控制项目范围及产品范围而创建范围管理计划的过程。规划范围管理在整个项目中对如何管理范围提供指南和方向。

(2)收集需求。为实现项目目标而确定、记录并管理相关方的需要和需求的过程,为定义产品范围和项目范围奠定基础。

(3)定义范围。制定项目和产品详细描述的过程,需要描述产品、服务和成果的边界和验收标准。

(4)创建WBS。将项目可交付成果和项目工作分解为较小的、更易于管理的组件的过程。

(5)确认范围。正式验收已完成的项目可交付成果的过程。通过此过程,可以使验收的可交付成果具有客观性,通过验收可交付成果,提高最终产品或服务获得验收的可能性。

(6)控制范围。监督项目和产品的范围状态,管理范围基准变更的过程。这一过程将贯穿整个项目的运行。

（二）实施范围管理的时机 Timing of Scope Management Implementation

从预测型方法到适应型或敏捷型方法，项目生命周期可以处于这个连续区间内的任何位置。在预测型生命周期中，在项目开始时就对项目可交付成果进行定义，对任何范围变化都要进行渐进管理。而在适应型或敏捷型生命周期中，通过多次迭代来开发可交付成果，并在每次迭代开始时定义和批准详细的范围。

采用适应型生命周期，旨在应对大量变更，需要相关方持续参与项目；因此，应将适应型项目的整体范围分解为一系列拟实现的需求和拟执行的工作（有时称为产品未完项）。在一个迭代开始时，团队将努力确定产品未完项中，哪些最优先项应在下一次迭代中交付在每次迭代中，都会重复开展3个过程：收集需求、定义范围和创建WBS。

在适应型或敏捷型生命周期中，发起人和客户代表应该持续参与项目，随同可交付成果的创建提供反馈意见，并确保产品未完项反映他们的当前需求。在每次迭代中，都会重复开展2个过程：确认范围和控制范围。相反，在预测型项目中，确认范围在每个可交付成果生成时或者在阶段审查点开展，而控制范围则是一个持续性的过程。

对于需求不断变化、风险大或不确定性高的项目，在项目开始时通常无法明确项目的范围，而需要在项目期间逐渐明确。敏捷方法特意在项目早期缩短定义和协商范围的时间，并为持续探索和明确范围而延长创建相应过程的时间。在许多情况下，不断涌现的需求往往导致真实的业务需求与最初所述的业务需求之间存在差异。因此，敏捷方法有目的地构建和审查原型，并通过多次发布版本来明确需求。这样一来，范围会在整个项目期间被定义和再定义。在敏捷方法中，把需求列入未完项。

相反，在预测型项目中，这些过程在项目开始时开展，并在必要时通过实施整体变更控制过程进行更新。在预测型项目中，经过批准的项目范围说明书、工作分解结构（WBS）和相应的WBS词典构成项目范围基准。只有通过正式变更控制程序，才能进行基准变更。在开展确认范围、控制范围及其他控制过程时，基准被用作比较的基础而采用适应型生命周期的项目，则使用未完项反映当前需求。

三、范围管理的关键术语和概念 Key Terms and Concepts in Scope Management

（一）产品范围与项目范围 Product Scope vs. Project Scope

范围是指项目所提供的产品、服务和结果的总和。在项目环境中，"范围"这一术语有2种含义。

（1）产品范围即某项产品，服务或成果所具有的特征和功能。产品范围着重于描述产品的功能和特点，以满足用户需求并实现业务目标。简单来说，产品范围就是定义了产品有什么内容和没有什么内容。

（2）项目范围则为，交付具有规定特性与功能的产品，服务或成果而必须完成的工作。项目范围有时也包括产品范围，比如，现在有一个公益按摩项目，需要提供按摩的服务。那么此时按摩既是产品范围，也是我们完成这一项目时需要完成的工作。

第五章 项目范围管理 Chapter 5 Project Scope Management

项目范围与产品范围密切相关，产品范围提供了项目的目标和要求，项目范围则确保项目按照产品范围的要求进行规划和执行。

（二）项目产出物或产品与项目可交付物 Product vs Deliverable

可交付成果或产品与项目可交付物是在完成某一过程、阶段或项目时所必须产出的独特且可核实的产品、成果或服务能力。它可以包括各种形式的成果，如有形的产品、文件和报告等，也可以是无形的，比如软件或系统的功能。另外，可交付成果还包括各种辅助成果，如项目管理报告和文件。可交付成果是实现项目目标的关键组成部分，常常直接与项目管理计划的执行相关。它的描述可以根据需要进行简略或详细的阐述。

对于可交付成果的管理，变更控制是非常重要的。一旦完成了可交付成果的第一个版本，就需要执行变更控制，以确保对可交付成果（如文件、软件和构件）的多个版本进行有效的控制和管理。

自测题 Self-assessment Questions

项目范围管理的定义是什么？

第二节 规划范围管理和收集需求
Plan Scope Management and Collect Requirements

要开始一次严密的项目范围管理，我们可能需要在正式开始前做好前期规划，对我们接下来的计划与步骤进行初步的了解。规划范围管理便是为记录如何定义、确认和控制项目范围及产品范围而创建范围管理计划的过程。本过程主要是为了在整个项目期间对如何管理范围提供指南和方向，因而仅开展一次或仅在项目的预定义点开展。制订范围管理计划和细化项目范围始于对下列信息的分析：项目章程中的信息、项目管理计划中已批准的子计划、组织过程资产中的历史信息和事业环境因素。通过这一流程，我们将明确接下来具体如何执行范围管理的步骤，以及如何进行需求管理。

一、规划范围管理的方法 Methods for Plan Scope Management

（一）专家判断 Expert Judgment

如果这个领域以前有类似的项目，又或者这个行业或领域此前有较为丰富的相关信息或者规范，那么此时规划范围管理的工作可交由专家进行判断。

（二）数据分析 Data Analysis

首先，数据分析技术可以用于帮助项目经理收集并分析项目相关的数据，包括项目历史记录、市场研究数据、利益相关方的意见和需求等。

其次,数据分析技术可以用来对多个方案进行综合判断分析。备选方案分析是一种对已识别的可选方案进行评估的技术,用来决定选择哪种方案或使用何种方法来执行项目工作。

此外,数据分析技术还可以用来识别项目的可交付成果和阶段性成果。通过对各个可交付成果的相关数据进行分析,项目经理可以识别出项目交付物的特征和规格,并将其纳入范围规划中。

(三)启动会议 Kick-off Meeting

通常来讲,项目启动的首要工作是召开项目启动会议,由负责制定规划的成员参与,具体包括:项目经理、某一知识领域的项目经理助理、专门领域的专家和职能领导。由于项目的规模、复杂程度和时间要求不同,启动会议的形式也不同。主要成员可以得到与他们职能领域有关的授权,确定相关工作的时间、成本和资源。

对于小型短期的项目而言,应该在启动会议上估计成本和工期,这类项目通常不需要制订成本估算进度计划。但是如果项目的估算周期需要几个星期,而且需要来自各个部门的人员参与,那么就需要估算进度计划。

二、收集需求的意义与实践 Significance and Practices of Requirements Collection

需求是指为满足商业需要,某个产品、服务或结果必须达到的条件或具备的能力。需求指定了最终项目交付应该是什么样子以及它应该做什么,其必须是可测量的、可测试的,与确定的业务需求或机会相关,并定义到足以进行系统设计的详细级别。它们可以分为 6 个基本类别:功能、非功能、技术、业务、用户和法规需求。

功能需求指项目需要解决什么问题,例如,可交付成果。这些需求应该主要由客户提出,并且用客户可以理解的方式来描述。非功能需求指定了可用于判断项目交付的最终产品或服务的标准。它们是对可交付成果以及如何构建它的限制。它们的目的是限制将满足一套需求的解决方案的数量。使用车辆示例,功能要求是让车辆将货物从仓库运送到商店。非功能性需求可以分为 2 种类型:性能和开发。如在车辆的示例里,项目经理希望这辆车能一次性能装载 2t 的货物,那么这时便能对需要选择的车型有更清晰的认识。

技术需求指项目需要什么技术或程序来实现,它们指定了需要如何设计和实现系统,以提供所需的功能和满足所需的操作特性。例如,在一个软件项目中,功能要求可能规定将开发一个数据库系统,以允许通过远程终端访问财务数据。业务需求是赞助组织的需求,从管理的角度来看。业务需求是对项目业务基本原理的陈述。它们通常表示为广泛的结果,满足业务需求,而不是系统必须执行的特定功能。用户需求描述了用户需要如何处理该系统或产品。重点是在所有场景下使用系统的用户体验。这些需求是下一个开发阶段的输入:用户界面设计和系统测试用例设计。法规需求则是项目需要满足的内外部监管条件。监管要求可以是内部的,也可以是外部的,通常是不可协商的。它们是由政府施加的适用于产品或企业的限制、许可证和法律。

第五章 项目范围管理 Chapter 5 Project Scope Management

不同类别的需求背后对应的是项目可交付物所应当具备的特性与项目实施过程中需要额外注意的地方,因此,项目经理有必要对这些需求进行收集和整理以进行有效的分析。无效的需求管理可能导致返工、范围蔓延、客户不满意、预算超支、进度延迟和项目失败。因此,许多项目都设有一名需求管理负责人,此人可以担任商业分析师、产品负责人、价值工程师或其他职务。

需求跟踪矩阵 Requirements Traceability Matrix

收集需求后的产出可以是需求跟踪矩阵,需求跟踪矩阵是把产品需求从其来源连接到能满足需求的可交付成果的一种表格(图 5-2)。使用需求跟踪矩阵,把每个需求与业务目标或项目目标联系起来,有助于确保每个需求都具有商业价值。需求跟踪矩阵还为管理产品范围变更提供了框架。

应在需求跟踪矩阵中记录每个需求的相关属性,这些属性有助于明确每个需求的关键信息。需求跟踪矩阵中记录的典型属性包括唯一标识、需求的文字描述、收录该需求的理由、所有者、来源、优先级别、版本、当前状态(如进行中、已取消、已推迟、新增加、已批准、被分配和已完成)和状态日期。需求跟踪矩阵中的元素可以覆盖需求是什么,为什么有这种需求,以及项目如何达成这个需求三大问题。有助于项目经理基于这些需求对项目进行安排。

需求跟踪矩阵的内容通常包括:
- 业务需要、机会、目的和目标。
- 项目目标。
- 项目范围和 WBS 可交付成果。
- 产品设计。
- 产品开发。
- 测试策略和测试场景。
- 高层级需求到详细需求。

需求跟踪矩阵 Requirements Traceability Matrix								
项目名称 Project Name								
成本中心 Cost Center								
项目描述 Project Description								
标识 ID	关联标识 Associate ID	需求描述 Requirement Description	业务需要、机会、目的和目标 Business Needs, Opportunities, Goals, Objectives	项目目标 Project Objectives	WBS可交付成果 WBS Deliverables	产品设计 Product Design	产品开发 Product Development	测试案例 Test Cases
001	1.0							
	1.1							
	1.2							
	1.2.1							
002	2.0							
	2.1							
	2.1.1							
003	3.0							
	3.1							
	3.2							
004	4.0							
005	5.0							

图 5-2 需求跟踪矩阵示例 Requirements Traceability Matrix Example

自测题 Self-assessment Questions

需求跟踪矩阵可能包含哪些信息？

第三节　定义范围
Define Scope

如果你想要做一道你没做过的菜，你的第一步会是做什么？大部分人的第一反应大概都是去找这道菜的相关教程，以了解自己接下来需要做什么样的工作。毕竟只有这样，我们才能将接下来要做的工作提前规划，并且避免做"无用功"。因此，项目规划的目标之一是去完整地定义所有需要的工作，以便每个项目参与者都能较容易地确定自己的角色。

定义范围是制定项目和产品详细描述的过程，需要描述产品、服务或成果的边界和验收标准。由于在收集需求过程中识别出的所有需求未必都包含在项目中，所以定义范围过程就要从需求文件中选取最终的项目需求，然后制定出关于项目及其产品、服务或成果的详细描述。在项目规划过程中，随着对项目信息的更多了解，应该更加详细具体地定义和描述项目范围。此外，还需要分析现有风险、假设条件和制约因素的完整性，并做必要的增补或更新。

定义范围在整个项目进行过程中需要多次展开，比如可先为整个项目确定一个高层级的愿景，再针对一个迭代期明确详细范围。通常，随着当前迭代期的项目范围和可交付成果的进展，详细规划下一个迭代期的工作。

一、定义范围的基本方法 Fundamental Methods for Definition Scope

（一）线性责任图 Linear Responsibility Chart（LRC）

线性责任图（Linear Responsibility Chart）将工作分解结构（WBS）与项目的有关组织机构图对照，可用于项目组织工作中分配任务和落实责任，并形成了线性责任图（图5-3）。一般而言，线性责任图的责任分配遵循着RACI原则，即负责（Responsible）、支持（Accountable）、

责任分配矩阵 Responsibility Assignment Matrix									
	小明 Xiao Ming	李华 Li Hua	小壮 Xiao Zhuang	李明 Li Ming		小明 Xiao Ming	李华 Li Hua	小壮 Xiao Zhuang	李明 Li Ming
策划案撰写 Proposal Drafting	□	□		☆	搬运物资 Item Transport	□	□	☆	□
场地申请 Venue Application	☆	□		□	现场站岗 On-site Duty	□	□	□	□
物资购买 Supplies Purchase	☆		□	□	人员登记 Attendee Check-in	□	☆	□	□
打印资料 Document Printing	+	□	□	☆	场地清理 Venue Cleanup	+	□	□	☆

注：□ = 负责，☆ = 支持，□ = 通知，+ = 批准。
Note: □ = Responsible, ☆ = Support, □ = Notify, + = Approve.

图 5-3　责任分配矩阵示例 Example of a responsibility allocation matrix

咨询（Consulted）、通知（Informed），对照着项目进行过程中每个人对应的职能，以及不同层级、不同工作包之间人员的协作。

线性责任图将所分解的工作落实到有关部门或个人，并明确表示出有关部门或个人对组织工作的关系、责任和地位，使他们不仅能认识到自己在项目组中的基本责任，而且充分认识到在与他人配合中应承担的责任，从而能够充分、全面地认识自己的全部责任。

（二）鱼骨图 Fishbone Diagram

鱼骨图（Fish-bone Plats；Cause-and-Effect Diagram）由日本学者石川馨（Kaoru Ishikawa）创立，是分析问题根源的工具（图5-4），有助于项目经理提高分析项目的逻辑性。一般由人员、工具、物资、方法、环境、测量6个分支组成。也有些是用上述的6个因素再加上任务（Mission）、管理（Management）/财力（Money）、维护（Maintenance）成为9个分支。

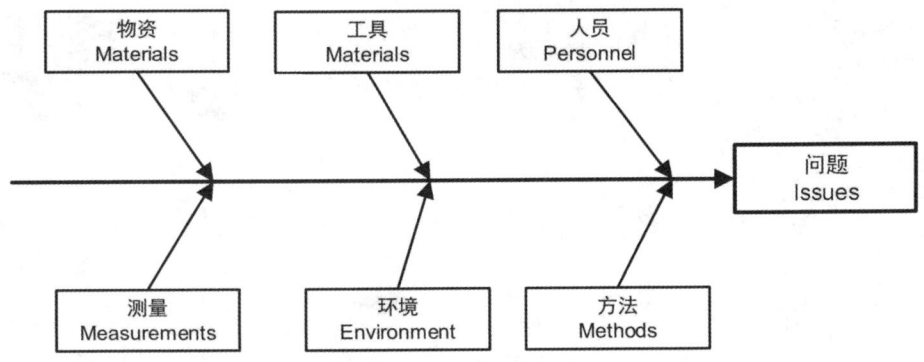

图 5-4　鱼骨图结构与元素示例 Fishbone diagram structure and elements example

鱼骨图主要提供的是完成项目所需要的关键因素，这种罗列有助于项目经理从资源配置的视角观察项目，并思考不同类型的资源之间的配置关系。鱼骨图尽可能地涵盖了项目需要的方方面面，但是其提供的是分析问题的框架，当项目由多个子项目组成，或者项目具有多个阶段时，鱼骨图的分析可能会比较复杂，或难以反映不同子项目、不同阶段之间的要素关系，因而其更适用于中小型或单个阶段的项目。

（三）决策树 Decision Tree

决策树（Decision Tree）是一种通过图示罗列解决问题的有关步骤以及各步骤发生的条件与结果的方法（图5-5）。用决策树在若干备选行动方案中选择一个最佳方案。在决策树中，用不同的分支代表不同的决策或事件，即项目的备选路径。决策树分支的终点表示沿特定路径发展的最后结果，可以是负面或正面的结果。决策树在为项目选择最优方案的过程中将最优方案所需的成本、时间等因素纳入考虑范围，有助于项目经理厘清项目完成所需要的步骤、过程输入与输出。

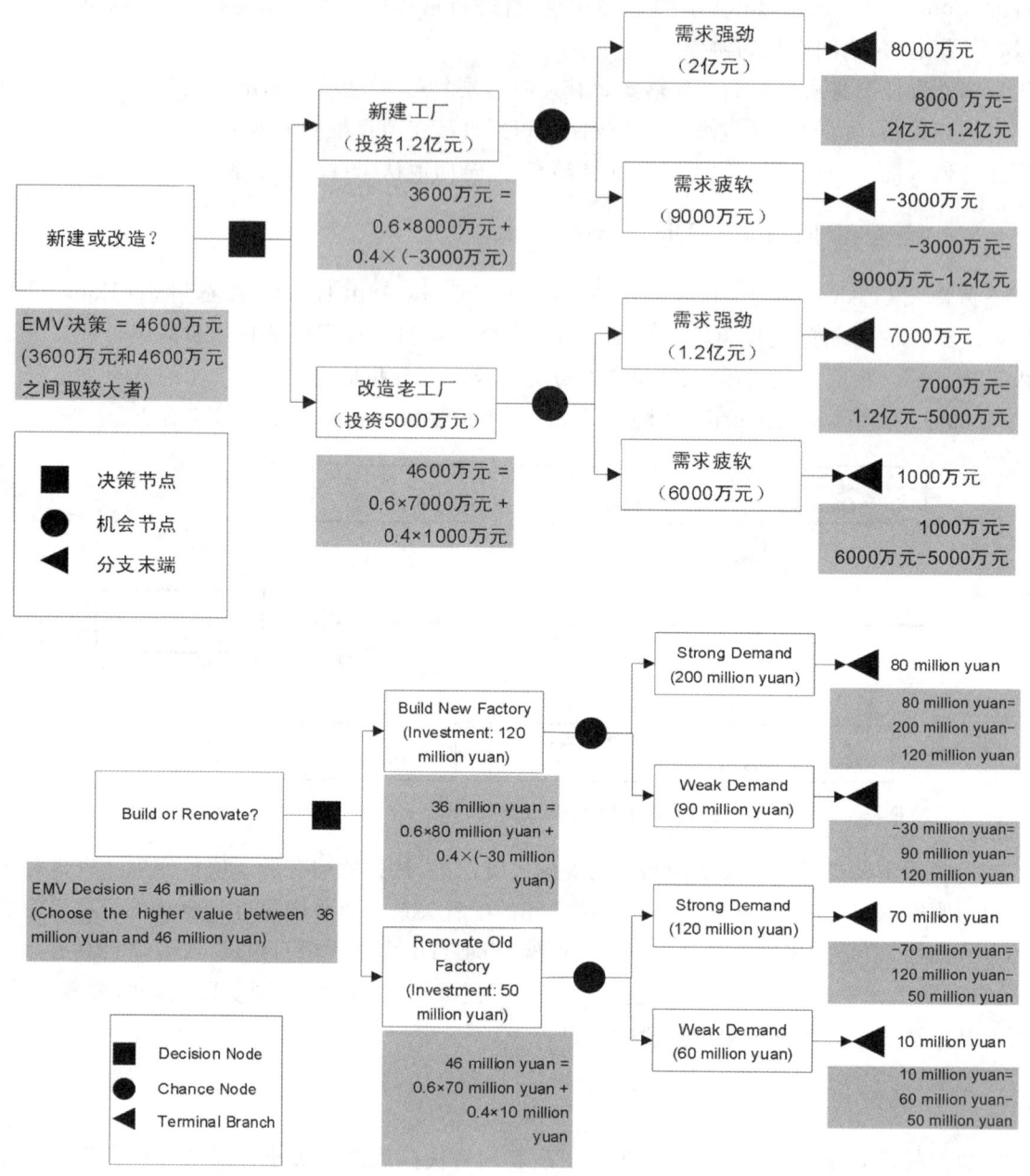

图 5-5 决策树示例 Decision Tree Example

（四）工作分解结构 Work Breakdown Structure（WBS）

除了上述几种方法外，还可以通过使用工作分解结构（WBS-Work Breakdown Structure）将范围分解为较低层级的细节，从而详细说明范围。工作分解结构是对项目团队为实现项目目标、创建所需可交付物而需要实施的全部工作范围的层级分解。该层级往下的每一个层级代表着关于可交付物的更详细的信息以及生成可交付物所需的工作。工作分解结构从项目的"小"处着手,从单个工作包的角度观察范围。通过对每个工作包的审视,可以让项目经理核实项目是否有具体地实现项目所需要实现的关键需求,也可以对范围有更精确的定义。

二、制定项目范围说明书的要素与结构 Elements and Structure of the Project Scope Statement

项目范围说明书是对项目范围、主要可交付成果、假设条件和制约因素的描述。它记录了整个范围,包括项目和产品的范围;详细描述了项目的可交付成果;还代表项目相关方之间就项目范围所达成的共识。为便于管理相关方的期望,项目范围说明书可明确指出哪些工作不属于本项目范围。项目范围说明书使项目团队能进行更详细的规划,在执行过程中指导项目团队的工作,并为评价变更请求或额外工作是否超过项目边界提供基准。

项目范围说明书列出了项目包括什么和排除什么。首先要列出的是主要可交付成果(即满足客户指定的需求)——类似于在建房计划中建造一所房子。之后要列出次要可交付成果,包括干系人附加的可交付成果以及在建要可交付成果时需要完成的附加项目。为了管理相关方的期望,项目范围说明书可明确指出哪些工作不属于本项目范围。大型项目有时会被分割成若干个小项目,之后再对每个小项目进行单独的计划和实施。这样在前一个小项目的实施过程中就可以不包括之后要实施的项目所创建的可交付成果。

自测题 Self-assessment Questions

项目范围管理的定义是什么?

第四节 工作分解结构
Work Breakdown Structure (WBS)

一、WBS 的定义与作用 Definition and Role of WBS

分解即把项目范围和项目可交付物逐步划分为更小、更便于管理的组成部分的方法。项目分解通过将工作具体化与细化,对项目范围进一步明确与准确说明。分解的程度取决于所需的控制程度,以实现对项目的高效管理。

工作分解结构(WBS)对项目团队为实现项目目标、创建所需可交付物所需要实施的全部工作范围进行层级分解。WBS 定义了项目的总范围,为所要交付的内容提供架构,代表着经批准的当前项目范围说明书中所规定的工作。通过把 WBS 底层的所有工作逐层向上汇总,来确保既没有遗漏的工作,也没有多余的工作。

二、制定 WBS 的步骤与方法 Steps and Methods for Developing WBS

（一）WBS 的构成 Components of WBS

从整体结构上来说，WBS 是以产品为导向的，以硬件、服务及为生产最终产品所要求的数据组成的树族。它包含了全部的产品和项目工作，包括项目管理工作。在工作分解结构中，"工作"是指作为活动结果的工作产品或可交付成果，而不是活动本身。因此，WBS 将工作视为可以按不同逻辑分割的整体，以分解工作的方式来设计，反映了项目成本和时间、绩效等数据。因此，在建立工作分解结构时，任务应该有明确的开始时间和完成时间，具有结构化的格式，结果可以同预期相比较。一般而言，工作分解结构有 4 个主要的原则，详见图 5-6。

1. 100%原则

100%原则指的是在进行工作分解时，分离出来的工作应该包含项目所需完成的所有工作内容，既没有遗漏的也没有多余的，以保证工作分解结构的准确性。

2. 80 小时原则

80 小时原则指的是任何工作包的完成时间应当不超过 80 小时，也称为两周法则。

3. 4～6 层原则

整个工作分解结构应大致在 4～6 层左右。过少的分层可能会导致工作分解得不彻底，在后续人员、物资分配和进度安排过程中可能会因为分解的模糊导致管理困难。而过多的分层则会造成结构的冗杂，同时也可能因为过度分解导致多余的人员配置等问题。

4. 责任明确原则

每个工作包应配备明确的责任人。

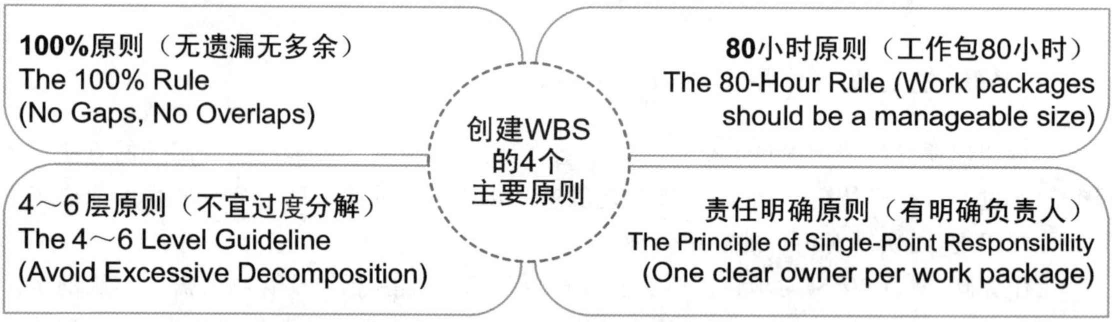

图 5-6　创建 WBS 的 4 个主要原则 4 key principles for creating a WBS

WBS 最低层的组成部分称为工作包，可对其成本和持续时间进行估算和管理。工作包对相关活动进行归类，以便对工作安排进度、进行估算、开展监督与控制。工作包的详细程度因项目规模和复杂程度而异。工作包一般有如下元素：①代表工作执行层的工作单位；②包含明确定义的开始时间和完成时间（在进度计划完成之后进行）；③根据货币、工时或其他可测单位制定的预算。

三、WBS 的输出 Outputs of WBS

在进行工作分解之后，仅仅输出工作分解结构是不够的。如果你只有 WBS 的分解图，你可能很难从简单的图中看出所需成本、材料、人员等复杂的内容，因此在分解后，工作分解结构仍需配备对应的文件，以补充解释工作分解结构中没有呈现的信息。范围基准是经过批准的范围说明书、WBS 和相应的 WBS 词典，只有通过正式的变更控制程序才能进行变更，它被用作比较的基础。

范围基准可以有效地将工作分解结构完整有效地记录下来，如果说工作分解结构是树干，那么工作包、规划包、WBS 词典便是树上的硕果。这些文件有利于项目经理以此为基础对工作范围进行分析，也有利于基于工作包安排事务。

自测题 Self-assessment Questions

（1）WBS 的 4 个主要原则是什么？

（2）项目是不是分解得越细越好呢？如果分解得过细会有什么后果呢？

范围基准包含的内容

- 项目范围说明书：包括对项目范围、主要可交付成果、假设条件和制约因素的描述。
- WBS：对项目团队为实现项目目标、创建所需可交付成果而需要实施的全部工作范围的层级分解。工作分解结构每向下分解一层，代表对项目工作更详细的定义。
- 工作包：WBS 的最低层级是带有独特标识号的工作包。这些标识号为进行成本、进度和资源信息的逐层汇总提供了层级结构，构成账户编码。每个工作包都是控制账户的一部分，而控制账户则是一个管理控制点。在该控制点上，把范围、预算和进度加以整合，并与挣值相比较，以测量绩效。控制账户拥有两个或更多工作包，但每个工作包只与一个控制账户关联。
- 规划包：一个控制账户可以包含一个或多个规划包，其是一种低于控制账户而高于工作包的工作分解结构组件，工作内容已知，但详细的进度活动未知。
- WBS 词典：是指描述工作分解结构每个组成部分的文档。WBS 词典是针对 WBS 中的每个组件，详细描述可交付成果、活动和进度信息的文件。WBS 词典对 WBS 提供支持，其中大部分信息由其他过程创建，然后在后期添加到词典中。

本章知识点导图 / Mindmap of Key Concepts

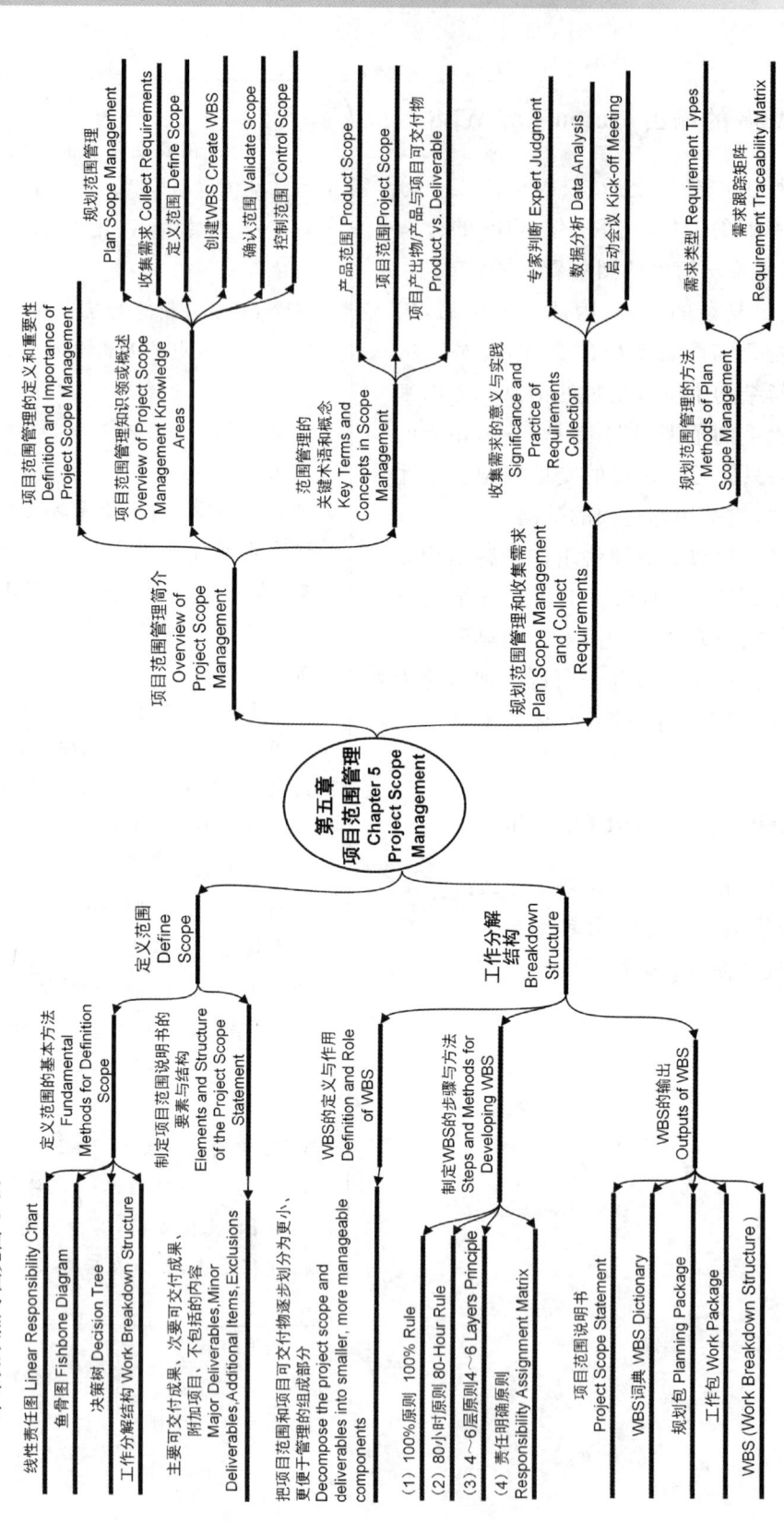

图 5-9　本章知识点导图 Mindmap of key concepts of chapter 5

续表

英文名词 English noun	中文名词 Chinese noun	重要概念 Important concept
Requirements Management Plan	需求管理计划	项目或项目集管理计划的组成部分，描述将如何分析、记录和管理需求 A component of the project or program management plan that describes how requirements will be analyzed, documented, and managed
Requirements Traceability Matrix	需求跟踪矩阵	把产品需求从其来源连接到能满足需求的可交付成果的一种表格 A grid that links product requirements from their origin to the deliverables that satisfy them
Scope	范围	项目所提供的产品、服务和成果的总和。参见"项目范围"和"产品范围" The sum of the products, services, and results to be provided as a project. See also project scope and product scope
Scope Baseline	范围基准	批准的范围说明书、WBS及其词典，用于比较和变更控制的基准 The approved scope statement, WBS, and WBS dictionary, serving as a baseline for comparison and change control
Scope Creep	范围蔓延	未对时间、成本和资源做相应调整，未经控制的产品或项目范围的扩大 The uncontrolled expansion to product or project scope without adjustments to time, cost, and resources
Scope Management Plan	范围管理计划	项目或项目集管理计划的组成部分，描述将如何定义、制定、监督、控制和确认项目范围 A component of the project or program management plan that describes how the scope will be defined, developed, monitored, controlled, and validated
Define Scope	定义范围	制定项目和产品详细描述的过程 The process of formulating projects and products in detail
Validate Scope	确认范围	正式验收已完成的项目可交付成果的过程 The process of formalizing acceptance of the completed project deliverables

续表

英文名词 English noun	中文名词 Chinese noun	重要概念 Important concept
WBS Dictionary	WBS 词典	针对工作分解结构中的每个组件,详细描述可交付成果、活动和进度信息的文件 A document that provides detailed deliverable, activity, and scheduling information about each component in the work breakdown structure
Work Breakdown Structure (WBS)	工作分解结构	对项目团队为实现项目目标,创建所需可交付成果而需要实施的全部工作范围的层级分解 A hierarchical decomposition of the total scope of work to be carried out by the project team to accomplish the project objectives and create the required deliverables
Create WBS	创建工作分解结构	将项目可交付成果和项目工作分解为较小的、更易于管理的组件的过程 The process of setting the project's delivery results and the work of the project into a small and easier managed component
Work Breakdown Structure Component	工作分解结构组件	工作分解结构任意层次上的任何要素 An entry in the work breakdown structure that can be at any level
Work Package	工作包	工作分解结构最低层的工作 The work defined at the lowest level of the work breakdown structure

课后习题 / After-class Exercises

一、选择题 Multiple Choice Questions

（1）（　　）一般不属于项目范围管理活动。
A. 制订初步的范围说明书　　　　B. 范围定义
C. 创建 WBS　　　　　　　　　　D. 范围确认

（2）项目范围管理过程包括范围计划、（　　）、创建 WBS、范围确认、范围控制 5 个主要过程。
A. 需求管理　　B. 范围定义　　C. 范围变更　　D. 编制范围说明书

（3）（　　）不属于需求管理计划的内容。
A. 需求优先级排序过程　　　　B. 收集需求的过程
C. 项目可交付成果　　　　　　D. 产品测量指标

（4）（　　）严格定义了项目内包括什么和不包括什么，以防项目干系人假定某些产品或服务是项目的一部分。
A. 项目目标　　B. 项目边界　　C. 项目需求　　D. 项目的可交付成果

（5）关于项目范围定义的描述，不正确的是（　　）
A. 范围定义的作用是明确项目、服务或输出的边界
B. 范围定义是从需求文件中选出最终的项目需求
C. 范围定义可增加项目时间、成本和资源估算的准确度
D. 在项目规划中应首先进行范围定义，明确项目的准确范围

（6）以下关于工作分解结构的叙述中，不正确的是（　　）
A. WBS 是制订进度计划、成本计划的基础
B. 项目的全部工作都必须包含在 WBS 中
C. WBS 的编制需要主要项目干系人的参与
D. WBS 应采用自下而上的方式，逐层确定

（7）关于工作分解结构的描述，正确的是（　　）
A. 工作分解结构的编制应由项目管理人员完成，因为不同项目干系人立场不同，对于工作分解结构的理解差异较大
B. 工作分解结构中各要素应该是相互独立的，要尽量减少相互之间交叉
C. 工作分解过程是逐层向上归纳的，上一层次是下一层次各要素之和
D. 里程碑与可交付成果紧密相关，可以用可交付成果代替里程碑

（8）某公司决定在现有公文处理系统的基础上，新开发一个移动端 APP，便于大家远程办公。项目经理召开工作会议，就工作分解结构提出了如下的建议，其中（　　）是不妥当的。
A. 项目组所有人员都要参与，任务分解的层次控制在 4～6 层之间
B. 对目前尚不清楚具体活动的模块可以使用规划包进行分解

C. 项目干系人对完成的 WBS 给予确认,并达成共识
D. 项目经理负责项目 WBS 分解,外包商负责外包合同 WBS 的分解

二、判断题 True/False Questions

(1)范围规划是在项目执行阶段进行的一项活动(　　)
(2)范围变更是项目过程中不可避免的现象,无需特别控制(　　)
(3)项目范围确认是在项目收尾阶段进行的活动(　　)
(4)WBS 中的每个工作包都应该有一个明确的责任人(　　)
(5)在定义范围时,不需要考虑项目的可交付成果(　　)

三、思考题 Critical Thinking Questions

(1)请解释项目范围管理计划在项目中的作用以及其主要包括哪些内容
(2)为什么范围基准是项目范围管理的关键要素?请解释如何建立和使用范围基准。
(3)请描述一下 WBS(工作分解结构)是什么,以及它在项目范围管理中的作用和好处。
(4)请列举 3 种常见的范围变更的来源,并解释如何管理这些范围变更。
(5)请解释一下范围验证和范围控制的区别,并举一个范例来说明如何进行范围验证和范围控制。

案例 / Case Study

A 公司,一家在业界声名显赫的软件开发巨头,近期成功拿下了一个令人瞩目的项目:为迅速崛起的跨国公司 B 量身打造一套卓越的企业资源规划(ERP)系统。此项目规模宏大,且要求深度个性化定制,以满足客户别具一格的业务需求。

项目经理小李被公司委以重任,领衔负责此项目。在项目启动会议上,他详细阐述了项目的目标、范围、时间表和预算,并得到了客户的初步确认。然而,随着项目的逐步展开,小李开始感受到前所未有的挑战和压力。客户的需求常常改变,180 度的大转变也是常有的事。举个例子,最初客户坚决要求系统必须配备强大的数据分析功能,但不久后,他们又突发奇想,希望系统能更加注重用户界面的友好性和直观性。这种频繁的需求更迭让小李及其团队疲于应对,感到措手不及。

更令小李感到棘手的是,团队内部对项目范围的解读也存在显著的分歧。一部分开发人员坚持应严格遵循最初的范围说明书来推进项目,而另一部分人则认为应更灵活地响应客户的需求变化。这种内部的观念冲突导致团队士气大跌,项目进度也因此受到了不小的影响。

在这个关键时刻,小李意识到他必须迅速而果断地采取行动。他深知,对于一个项目来说,范围管理的稳健与否直接关系到项目的成败。而现在,这个项目正面临着范围失控的严重风险。

为了重新找回项目的方向,小李决定首先重新审视和明确项目的整体范围。他将项目划

分为几个主要部分:需求分析、系统设计、开发实施、测试验证以及部署上线。在此基础上,他再对每个部分进行细分,确保每一个小任务都有明确的责任人和完成时间。

需求分析环节是与客户深入交流的过程,旨在精准捕捉并记录客户的业务需求,为后续系统功能和性能要求奠定坚实基础。紧接着的系统设计环节将需求转化为切实可行的技术方案。从设计数据库结构到构建系统架构,再到规划用户界面,每一步都需经过精心策划与细致执行。开发实施环节是实现客户需求的核心阶段,需兼顾高效的代码编写与友好的用户界面开发。部署前需要进行测试验证,通过严谨的单元测试、集成测试以及用户验收测试,为项目的顺利交付提供坚实的质量保障。最后的部署上线环节,标志着项目成果的正式展现。无论是部署至测试环境还是生产环境,都需确保流程的严谨与细致,同时提供持续的技术支持与维护,以保障系统的稳定运行及客户的满意度。

小李明白,这场挑战不仅是对他个人的考验,更是对他所带领团队的一次锻炼。他相信,只要大家齐心协力,就一定能够克服眼前的困难,成功完成项目。

(1)在项目执行过程中,客户提出了新的功能需求。简述小李应如何处理这种范围变更的情况。

(2)请根据项目背景,为ERP系统开发项目画出一个简化的工作分解结构(WBS)。

(3)项目收尾时,小李应如何进行项目的范围确认?简述其关键步骤。

本章复习 / Chapter Review

(1)如何定义项目范围管理?

项目范围管理是指为了成功达到项目的目标,对项目的工作内容进行控制的管理过程。它包括范围的界定、范围的规划、范围的调整等。简单来说,就是确定项目需要完成哪些工作,并明确这些工作的具体内容。

(2)项目范围管理的重要性是什么?

项目范围管理的重要性主要体现在:它有助于明确项目的目标和方向,避免不必要的工作和浪费,提高项目效率,同时控制项目的变更,确保项目的稳定性和可控性。

(3)项目管理知识领域包含哪些内容?

项目管理知识领域包含项目整合管理、项目范围管理、项目时间管理、项目成本管理、项目质量管理、项目人力资源管理、项目沟通管理、项目风险管理以及项目采购管理等。

(4)如何制订项目范围管理计划?

制订项目范围管理计划时,需明确项目的目标和范围,了解项目的约束条件。接下来,对项目进行工作分解结构(WBS),制定范围管理策略,包括范围的确认、变更控制及范围验证等。最后,还应制订风险管理计划,预测并应对可能影响项目范围的风险。

拓展阅读和学习 / Further Reading and Learning

- 《项目管理案例研究》(*Project Management Case Studies*),作者:哈罗德·科兹纳(Harold Kerzner)。这本书通过深入剖析一系列真实的项目管理案例,使读者能够更直观地了解项目管理的实际操作。对于项目范围管理的初学者来说,这本书能够帮助他们建立起对项目管理的整体认识,并通过案例学习到如何确定项目范围、控制范围蔓延以及应对范围变更等实际操作。

在头脑风暴的过程中，参与者往往会因为思想的碰撞和灵感的激发而迸发出许多创新的思维火花。这些创新思维不仅有助于解决项目中的难题，还能为项目带来新的机遇和可能性。通过集思广益，项目经理可以生成一份详尽的项目活动清单，这份清单不仅涵盖了项目的各个方面和细节，还为后续的项目执行和监控提供了有力的支持。然而，在大型项目中，头脑风暴法可能难以有效地协调和管理众多的参与者，也难以确保每个人都能充分发表自己的观点和建议。此外，由于大型项目的复杂性和不确定性较高，仅仅依靠创新思维可能无法完全解决项目中的所有问题。因此，在大型项目中，项目经理需要采用更加综合、全面的方法来管理和规划项目活动。

（二）工作分解技术 Work Breakdown Structure

对于复杂的大型项目而言，确保项目活动的完整性、避免遗漏和重叠是至关重要的。为了实现这一目标，必须采取一种系统化、结构化的层次分解方法。这种方法基于初始的工作分解结构（Work Breakdown Structure，WBS），通过深入剖析和全面分析所收集到的相关信息，对相对粗略的工作分解结构图进行逐层细化和分解，直至达到最底层。当分解到达最底层时，所得到的便是被称为"工作包"的细粒度活动。这些工作包具有相对独立、简单且易于管理和控制的特点。每个工作包都是项目整体中的一个独立单元，能够明确地定义和描述所需完成的任务、所需资源、预计时间和潜在风险。

运用工作分解技术的优点在于它注重项目的整体性。通过将项目整体分解为一系列相关的工作包，项目经理和团队能够更加深入地理解项目的各个组成部分，把握项目的关键环节，从而制订出更加有效的项目执行计划。此外，工作分解技术还有助于提高项目的管理效率和执行效果，使项目经理和团队能够更加精确地控制项目的进度、成本和质量，确保项目目标的顺利实现。然而，工作分解技术也存在一些缺点。首先，分解过程可能会比较烦琐和复杂，需要花费大量的时间和资源。特别是在面对大型复杂项目时，这种分析和分解的难度会进一步增加。其次，对于一些难以量化的项目元素或环节，工作分解技术可能难以完全准确地反映其实际情况。这可能导致在项目实施过程中出现一些预料之外的问题和挑战。

尽管如此，对于大型的、复杂的项目而言，运用工作分解技术仍然是一个必要的步骤。在实施工作分解技术时，项目经理和团队需要注意以下几点：首先，要确保工作分解的准确性和完整性，避免出现遗漏或重叠的情况；其次，要充分考虑项目的实际情况和需求，制定出符合项目特点的工作分解方案；最后，要注重与团队成员的沟通和协作，确保每个人都能够充分理解工作分解的内容和要求，共同推动项目的顺利实施。

（三）项目活动平台界定法 Activity Scope Delineation

项目活动平台界定法，又称为原型法，是一种以类似历史项目的活动清单为基础，进而界定新项目活动的方法。这一方法的核心理念在于，通过借鉴已完成或在建项目的活动清单，形成新项目的活动框架，再通过对比新项目的特点和需求，进行必要的增减调整，最终确定新项目的活动清单。这种方法在项目管理实践中，特别是对于那些与已有项目具有一定相似性的新项目，具有显著的优势。

项目活动平台界定法的优点在于能够显著减少传统项目活动清单制定过程中的时间消耗和资源浪费。它不仅可以提高效率，还有助于团队更快地理解新项目的整体结构和关键活动。然而，尽管项目活动平台界定法具有诸多优点，但其局限性也不容忽视。首先，找到与新项目完全类似的历史项目并非易事。在这种情况下，如果过于依赖原型或平台，可能会导致新项目活动的定义受到限制，遗漏一些必要的活动或添加一些多余的活动。因此，在使用项目活动平台界定法时，项目经理和团队需要保持警惕，结合新项目的实际情况进行调整和完善。

此外，项目活动平台界定法不适用于创新性较强或具有独特性的新项目。对于这些项目来说，由于其创新性和独特性，往往难以找到类似的历史项目作为参考。在这种情况下，如果强行使用项目活动平台界定法，可能会导致新项目的活动清单与实际需求脱节，无法真正反映项目的特点和需求。同时，我们还需要注意到，项目活动平台界定法并非孤立存在的，它可以与其他项目管理方法相结合，形成一套完整的项目管理方案。例如，在确定了新项目的活动清单后，项目经理和团队可以采用工作分解结构的方法，进一步将活动分解为更小的工作包，以便更好地进行资源分配和进度控制。

三、活动排序的方法 Activity Sequencing Methods

项目活动排序的主要方法有以下几种。

（一）顺序图法 Precedence Diagramming Method（PDM）

顺序图法（Precedence Diagramming Method），亦称为节点图法（Activity-on-Node），是一种在项目管理中被广泛应用的工具，它通过编制项目网络图来明确项目活动的顺序安排。这种方法的核心在于使用节点来代表项目中的各项活动，并通过节点之间的箭线来展示这些活动之间的逻辑关系。这种直观且结构化的表达方式不仅有助于项目经理和团队成员清晰地理解项目流程，还能为项目的有效执行和监控提供有力支持。图6-2给出了一个简单项目活动排序的顺序图。

在顺序图中，项目活动的顺序关系被精确地定义和展示。首先，"结束-开始"关系是最为常见的一种，它表示一个项目活动必须在另一个活动结束后才能开始。这种关系反映了项目活动中的串行依赖，即某些活动必须按照特定的顺序依次进行。例如，在建造一栋大楼时，基础工程必须完成后，才能开始进行墙体和屋顶的建设。其次，"结束-结束"关系则强调了项目活动之间的并行性和同步性。它表示2个或多个项目活动必须同时结束，才能开展后续的项目活动。这种关系通常出现在需要协调多个并行活动以确保整体项目进度的场景中。例如，在软件开发项目中，多个模块的开发工作可能需要同时完成，以便进行后续的集成测试。此外，"开始-开始"关系则要求2个或多个项目活动必须同时开始。这种关系通常出现在需要同步启动多个相关活动的场景中，以确保它们能够按照相同的节奏和进度进行。例如，在举办一场大型活动时，策划、宣传、场地布置等多个活动可能需要同时开始，以确保活动的顺利进行。最后，"开始-结束"关系较为特殊，它表示一个项目活动必须在另一个活动结束之前开

（五）后备分析 Reserve Analysis

项目团队可以在总的项目进度表中以"应急时间""时间储备"或"缓冲时间"为名称增加一些时间，这种做法是承认进度风险的表现。应急时间可取活动持续时间估算值的某一百分比、某一固定长短的时间，或者根据风险定量分析的结果确定。应急时间可能全部用完，也可能只使用一部分，还可能随着项目更准确的信息增加和积累而减少或取消。这样的应急时间应当连同其他有关的数据和假设一起形成文件。

自测题 Self-assessment Questions

(1) 对于规模较小的项目，常用的活动定义方法是（　　）
A. 头脑风暴法　　　　　　　　　　B. 工作分解技术
C. 项目活动平台界定法　　　　　　D. 项目目标调查和分析

(2) 活动持续时间估算对项目计划制定的重要性体现在（　　）
A. 确定活动的关键路径
B. 影响进度计划的时间参数和整个项目的总时间
C. 确定活动的执行顺序
D. 评估工作负荷和资源需求

(3) 项目经理估算新开发产品的成本，最有可能情况下成本为 17 万元，最好情况下成本为 15 万元，最坏情况下成本为 25 万元，则该项目的预期成本为（　　）万元？
A. 12　　　　　　B. 14　　　　　　C. 16　　　　　　D. 18

第二节　项目进度计划
Project Schedule

一、项目进度计划制订的概念 Concept of Project Schedule

项目进度计划是一种强调时点的项目时间计划安排，所以制订项目进度计划首先需要计划和安排项目与项目活动的起始时点和结束时点。实际的项目进度计划制订有 2 种做法：其一是当项目的起始或结束时点有限制时，人们需要先确定项目的最早开工和完工时点、项目的最迟开工和完工时点以及项目的总体浮动时间，然后根据项目活动分解、项目活动排序、项目活动资源估算和项目活动工期估算等信息，进一步分解和确定出项目各项活动的最早开工和完工时点、最迟开工和完工时点以及浮动时间，最终安排和确定整个项目的进度计划；其二是当项目的起始或结束时点没有限制时，人们只要根据项目活动分解、项目活动排序、项目活动资源估算和项目活动工期估算等信息分解和确定出项目各项活动的最早开工和完工时点、最迟开工和完工时点以及浮动时间，最终按照项目活动间的接续关系安排和给出整个项目的进度计划。在项目进度计划制订中人们也必须同时考虑与项目时间相关的各方面的问题和因素，尤其是必须考虑有关项目各要素的集成和项目风险方面的问题。

二、项目进度计划制订的依据 Basis for Project Schedule

在制订项目进度计划时，我们需要参考多种文件和信息，这些主要来源于项目时间管理的各个阶段，以及项目的整体集成管理和风险管理。主要的依据包括2个方面。

（一）项目活动分解及其各方面估算的文件 Activity Breakdown and Estimation Documents

这些文件和信息主要包括4个部分：第一，项目活动清单及其细节说明：这是在项目活动分解阶段得出的结果，详细列出了项目开展所需的所有活动及其细节。第二，项目网络图及其说明：这是在项目活动排序阶段得出的结果，展示了项目活动的逻辑关系。第三，项目活动的资源需求与供应情况：这是在项目活动资源估算阶段得出的结果，包括项目活动所需资源的种类、数量、质量和日历时间，以及资源的实际供应情况。第四，项目活动工期估算文件：这是在项目活动工期估算阶段得出的结果，包括每个活动的最早开工和完工时间、最迟开工和完工时间以及可用的浮动时间。

（二）项目活动其他方面的相关信息 Additional Activity Information

这些信息主要涉及项目的风险、集成和范围计划等方面：第一，项目风险信息：包括已识别的风险清单及其细节说明、假设前提条件等，这些对评估风险、进度计划的影响至关重要。第二，项目集成信息：涉及项目的范围、质量、时间和成本等要素的优先序列说明，这有助于确保进度计划与项目的整体目标保持一致。第三，项目范围计划信息：主要包括项目范围和范围管理计划的信息，以及项目的各种约束条件，如范围、质量、时间和成本等。第四，其他重要信息，如项目活动起止时间的强制要求、相关利益主体的要求、作业制度的安排（如每天的工作班次）以及活动提前或滞后的时间要求等，这些都对制订详细的进度计划具有指导意义。

三、项目进度计划工具和方法 Tools and Techniques for Schedule Development

常用的制订项目进度计划的工具和方法主要有里程碑计划、甘特图和网络计划技术。

（一）里程碑计划 Milestone Schedule

项目里程碑计划，又称为关键事件计划，是在项目实施过程中对具有重要意义的标志性事件的安排和规划。这些里程碑事件是项目实施进度的关键点，对于项目的跟踪和管理具有重要意义。里程碑计划的制定依据是项目的可交付成果清单，它明确了项目为了达到最终目标而必须经历的关键节点和阶段。

一旦确定了项目的范围，首要任务就是制订项目的里程碑计划。通过将项目划分为若干个阶段，并在里程碑计划中明确每个阶段的开始时间、结束时间和负责人，项目团队可以更好地分配资源和任务，确保每个阶段都能按时完成。里程碑计划是项目管理小组对项目进行总控的主要依据。通过定期检查和评估里程碑计划的执行情况,项目管理小组可以及时发现项目进度中存在的问题和风险,并采取相应的措施进行调整和改进。图 6-5 给出了一个简单的里程碑计划。

里程碑事件 Milestone events	1月 January	2月 February	3月 March	4月 April	5月 May	6月 June	7月 July	8月 August
转包签订 Subcontract signing			▲					
计划书的完成 Completion of the plan				▲				
设计检查 Design Inspection					▲			
子系统测试 Subsystem test						▲		
第一单元实现 Unit 1 implementation						▲		
产品计划完成 Product plan completed								▲

图 6-5　软件转包项目重大里程碑计划 Major milestone plan of software subcontracting project

(二)甘特图 Gantt Chart

甘特图(Gantt chart)也称为横道图或条状图,是制定项目进度计划时最常用的工具之一。图 6-6 是一个有 6 个项目活动的简单甘特图。甘特图通过活动列表和时间刻度(横道)来表示特定项目的活动顺序和持续时间。它以图示的方式直观地展现了任务计划在何时开始和何时结束,以及实际进展与计划之间的对比,其应用场景见图 6-7。在甘特图中,横轴表示时间,纵轴表示具体的活动,线条则表示在整个期间上计划活动的起始和完成时间。它的绘制可以利用 Excel、Microsoft Project 等软件工具来完成。

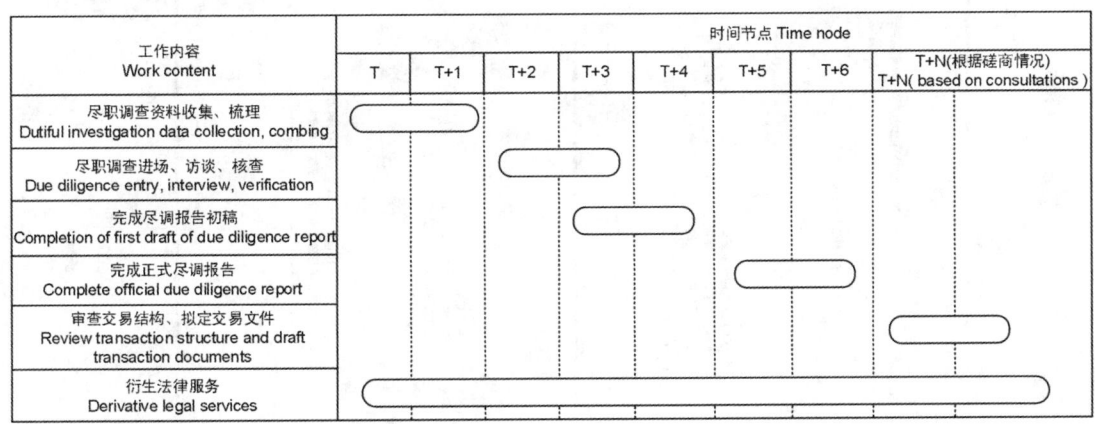

图 6-6　简单甘特图 Simple Gantt chart

图 6-7 甘特图应用场景 Gantt chart application scenario

续表 6-1

对比项 Comparative item	单代号网络图 Event diagram	双代号网络图 Arrow diagram
应用实例 Application example	关键路径法（CPM）、紧前关系绘图法（PDM） Critical Path Method（CPMP），recedence Diagramming Method（PDM）	计划评审技术（PERT）、箭线图法（ADM） Program Evaluation and Review Technique（PERT），Arrow Diagramming Method（ADM）
优点 Advantage	灵活表示复杂逻辑关系，无需额外符号 Flexible representation of complex logical relationships without additional symbols.	事件节点清晰展示时间点，适合简单线性流程 The event node clearly shows the time point, which is suitable for simple linear process.
缺点 Disadvantage	节点可能密集，大型项目图示复杂 Nodes may be dense, and large-scale project diagrams are complex.	虚活动增加图示复杂度，逻辑表达受限 Virtual activity increases the complexity of the diagram, and the logical expression is limited.

6）关键路径法

关键路径法（Critical Path Method,CPM）是项目管理中用于确定项目最短完成时间和关键任务的重要工具。关键路径是项目中最长的任务序列，决定了项目的最短完成时间。关键路径上的任务总时差为0，任何延迟都会影响整个项目的完成时间。非关键路径上的任务有一定的总时差，可以在不影响项目总工期的情况下适当延迟。在绘图时，需要用箭线表示任务之间的逻辑关系（如 FS、SS、FF、SF），标注每个任务的最早开始时间（ES）、最早完成时间（EF）、最晚开始时间（LS）、最晚完成时间（LF）和总时差（Total Float,TF）。关键路径法的计算步骤如下：①绘制网络图：按逻辑关系排列活动；②正推法：计算每个活动的最早开始时间（ES）和最早结束时间（EF）；③逆推法：计算每个活动的最晚开始时间（LS）和最晚结束时间（LF）；④计算浮动时间：浮动时间＝LS－ES（或 LF－EF）；⑤标记关键路径：浮动时间为0的连续路径。

示例：对于一个网站开发项目，包含下面6项活动。

活动 Activity	描述 Description	持续时间(d) Duration (days)	前置活动 Pre-activity
A	需求分析 Demand analysis	5	无
B	UI设计 UI design	3	A
C	后端开发 Back-end development	7	B
D	前端开发 Front-end development	5	B
E	测试 Test	2	C,D
F	部署上线 Deploy online	1	E

由此可绘制出其网络图。

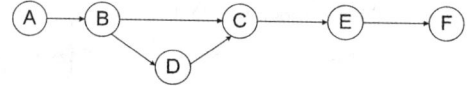

根据网络图,可进行计算。

活动 Activity	ES	EF	LS	LF	浮动时间 Slack time
A	0	5	0	5	0
B	5	8	5	8	0
C	8	15	8	15	0
D	8	13	10	15	2
E	15	17	15	17	0
F	17	18	17	18	0

此时,其关键路径为 A→B→C→E→F,总时长为 $5+3+7+2+1=18$(d)。

自测题 Self-assessment Questions

项目进度计划制定的依据有哪些?

第三节　项目进度计划控制
Project Schedule Control

一、项目进度计划控制的概念 Concept of Project Schedule Control

所谓项目进度计划控制,就是指对项目进度计划的实施与项目进度计划的变更所进行的管理与控制工作。项目进度计划控制的主要内容包括对项目进度计划影响因素的分析与识别和对可能影响项目进度计划实施的各种因素的控制(事前控制),对项目进度计划完成情况的绩效度量和对项目实施工期中出现的偏差采取纠偏措施(事中控制),以及对项目进度计划变更的管理与控制等工作。

二、项目进度计划控制的依据 Basis for Project Schedule Control

项目进度计划控制是项目管理中至关重要的环节,它确保项目能够按照预定的时间表顺利进行。为了有效地进行项目进度计划控制,需要依赖于一系列的依据。以下是项目进度计划控制的主要依据。

(一)项目进度计划及其支持细节 Project Schedule Baseline and Supporting Details

项目进度计划及其支持细节文件是项目进度计划控制的基础。这些文件详细列出了项目的各个活动、它们的开始和结束时间,以及相关的资源和预算。它们为项目团队提供了明确的工作指南,包括如何制定项目进度度量基准、如何评估项目实施绩效,以及如何报告项目进度计划的执行情况。项目进度计划是整个项目管理的核心,它明确了项目的总进度目标和各个阶段的进度目标,为项目的实施提供了时间框架。项目进度计划的支持细节包括活动清单、活动属性、里程碑清单、风险登记册等,这些文件详细描述了项目的具体工作内容、工作性质、工作时间以及可能面临的风险。

(二)项目进度计划实施情况报告 Schedule Performance Reports

这一报告提供了项目进度计划的实施情况,通过比较项目进度计划和项目进度计划实施情况报告,人们可以发现项目进度计划实施的问题和差距。项目进度计划实施情况报告是监控项目进度的关键工具,它记录了项目的实际完成情况和进度变化情况。通过定期收集实际进度数据,并将其与计划数据进行比较,可以及时发现进度偏差,并采取相应的措施进行调整。此外,该报告还可以作为评估项目绩效和考核团队成员的重要依据。

(三)获准的项目进度变更请求 Approved Schedule Change Requests

在项目的执行过程中,由于各种因素的影响,有时需要对项目进度计划进行调整。这些调整请求可能由项目团队、业主或其他利益相关方提出。一旦这些变更请求得到批准,它们将成为项目进度计划控制的重要依据。获准的项目进度变更请求是对项目进度计划所提出的改动,这可由任何项目相关利益主体提出。这些变更请求可能涉及延长或缩短项目工期、增加或减少项目活动等。在批准变更请求后,项目团队需要根据变更请求的内容对原进度计划进行调整,并重新分配资源、调整工作流程等。获准的项目进度变更请求是项目管理中不可避免的一部分,它有助于应对项目中的不确定性,提高项目的应对能力。

(四)项目进度管理计划书 Schedule Management Plan

项目进度管理计划书提供了如何应对项目进度计划变更的措施和管理办法。它可能包括以下内容:变更请求的处理流程、责任人以及审批权限等。同时,该计划书还可能涉及项目资源配置方面的安排以及各种项目进度方面的应急措施安排等。这些内容为项目团队提供了在进度计划发生变更时如何应对和处理的指导。一个完善的项目进度管理计划书应该详细列出每一步的流程和操作指南,包括如何评估变更请求的优先级和影响、如何调整资源分配和时间表、如何监控和报告进度变化等。此外,该计划书还应该明确各方的角色和责任,以确保在处理进度变更时能够高效协作。

三、项目进度计划控制的方法 Methods for Project Schedule Control

项目进度计划控制最常用的方法有以下几种。

(一)项目进度计划变更控制系统的方法 Techniques for Project Schedule Change Control System

项目进度计划变更控制系统的方法是针对项目进度计划变更的客观变化和主观请求,按照一定的程序对项目进度计划的变更审批、实施和结果进行全面控制的方法。

项目进度计划变更控制系统包括一系列的控制程序及相应的方法,具体如下:第一,项目进度变更的申请程序。规定如何提出项目进度变更请求,包括变更请求的格式、内容、提交方式和时间等。第二,项目进度变更的批准程序和权限安排。明确审批流程和审批权限,以确保只有经过适当授权的人员才能批准项目进度变更。第三,项目进度变更的实施程序和责任分配。规定如何实施批准后的项目进度变更,包括资源重新分配、调整工作计划等。同时,还要明确相关人员的责任和角色,以确保实施过程中各项任务能够得到有效落实。第四,项目进度变更的跟踪控制程序和方法。建立一套有效的跟踪控制系统,以监测项目进度变更的实施情况,包括实际进度与计划进度的比较、偏差分析和调整措施等。

通过以上控制程序的实施,项目进度计划变更控制系统能够有效地应对项目进度计划的客观变化和主观请求,提高项目管理的灵活性和应对能力。同时,该系统还有助于提高项目进度计划的透明度和可预测性,为项目管理团队提供有力的支持。

(二)项目进度计划实施情况的度量方法 Project Schedule Performance Measurement

项目进度计划实施情况的度量方法是一种精细且关键的管理工具,用于精确测定和评估项目进度计划的实现情况。这种方法不仅关注项目进度计划的完成程度,还特别强调项目实际完成情况与计划要求的差距大小。

以下是该方法的主要内容:第一,定期收集项目进度数据。这是度量项目进度计划实施情况的基础步骤。数据应包括项目各个阶段的完成情况、时间表、资源使用情况等。第二,实际情况与项目进度计划比较。在收集到实际数据后,将这些数据与项目进度计划进行对比。第三,分析和确定偏差。通过比较实际情况与项目进度计划,可以深入分析和确定存在的偏差。第四,采取纠偏措施。一旦发现项目进度计划实施中的偏差,就需要采取相应的纠偏措施来解决问题。第五,定期与不定期的项目进度计划实施情况报告。定期报告是指在固定的时间间隔内提交的报告,以便及时跟踪和评估项目的进展情况。而不定期报告则是在出现特殊情况或问题时提交的报告,用于及时发现和解决潜在的风险和问题。

(三)项目进度追加计划法 Project Schedule Replanning

在项目管理中,尽管项目团队在制订项目进度计划时已经进行了细致的考虑和规划,但项目的实施往往受到各种因素的影响,导致实际进度与计划进度存在偏差。在这种情况下,项目进度计划控制方法中的一种重要手段就是项目进度追加计划法(或称附加计划法)。这种方法允许根据出现的工期计划变动情况,使用追加计划来修订原有的项目进度计划,以适应项目实施过程中的实际情况。

项目进度追加计划法是一种灵活且实用的项目管理工具,旨在帮助项目团队更好地应对项目进度计划的变化。它通常包括以下 4 个基本步骤。

第一,分析项目实施进度并找出存在的问题。项目团队需要分析项目的实际进度情况,找出与计划进度的偏差以及可能存在的问题。第二,确定应采取的具体纠偏措施。常见的纠偏措施包括调整资源分配、优化工作流程、加强沟通协调等。第三,制订追加计划。这一步骤要求项目团队对原有的项目进度计划进行修订,根据实际情况和纠偏措施进行调整和补充。追加计划应该详细列出需要完成的新任务、变更的任务以及调整的任务等,以确保项目的顺利推进。第四,实施新的计划安排。在这一步骤中,项目团队需要确保所有相关人员都清楚了解新的计划安排,并按照要求执行任务。同时,项目团队还需要持续监控项目的实际执行情况,及时发现并解决潜在的问题,以确保项目按照新的计划顺利推进。

值得注意的是,在应用项目进度追加计划法时,项目团队需要重点关注 2 种活动:一种是近期需要开展的项目活动;另一种是所需时间较长的项目活动。对这 2 种活动的积极控制能够有效地减少潜在问题和风险,确保项目的顺利实施。

(四)项目资源配置方法 Project Resource Allocation Optimization

项目进度计划控制的另一种方法是通过项目资源的重新配置来改变项目进度的方法,这既包括通过增加项目资源投入而缩短项目实施时间的方法,也包括通过减少项目资源投入而延长项目实施时间的方法,以及通过改善项目资源配置(包括项目实施的组织方案和技术手段等)而缩短或延长项目时间的技术方法。

（五）资源优化与进度压缩技术 Resource Leveling and Schedule Compression

资源优化技术包括资源平衡与资源平滑。

资源平衡是为了在资源需求与资源供给之间取得平衡，根据资源制约因素对开始日期和完成日期进行调整的一种技术。相对于资源平衡而言，资源平滑不会改变项目关键路径，完工日期也不会延迟。也就是说，活动只在其自由和总浮动时间内延迟，但资源平滑技术可能无法实现所有资源的优化。

进度压缩技术包括赶工与快速跟进。

赶工。通过增加资源，以最小的成本代价来压缩进度工期的一种技术。赶工只适用于那些通过增加资源就能缩短持续时间的，且位于关键路径上的活动。但赶工并非总是切实可行的，因为它可能导致风险和成本的增加。

快速跟进。将正常情况下按顺序进行的活动或阶段改为至少是部分并行开展。快速跟进可能造成返工和风险增加，所以它只适用于能够通过并行活动来缩短关键路径上的项目工期的情况；通常会增加相关活动间的协调工作，并增加质量风险。快速跟进还有可能增加项目成本。图 6-9 为进度压缩技术的比较。

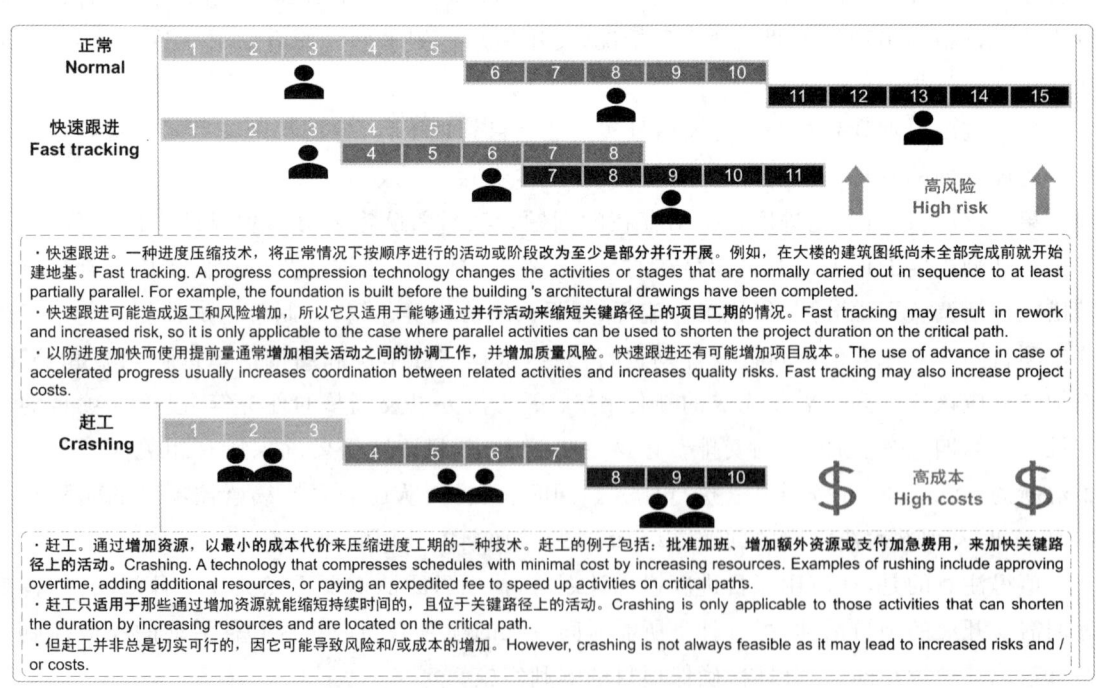

图 6-9　进度压缩技术的比较 Schedule Compression Comparison

（六）其他项目进度控制方法 Other Project Schedule Control Techniques

对项目进度计划控制而言，运用项目管理软件是一个不可或缺的技术手段。这种技术方法在项目进度计划控制中扮演着至关重要的角色，有助于提高项目管理的效率和精度。

首先，项目管理软件能够追踪和对比项目进度计划的实施情况及其差距。通过实时收集

第六章 项目进度管理 Chapter 6 Project Schedule Management

项目进度数据,软件能够将实际进度与计划进度进行精确比对,帮助项目团队及时发现进度偏差。通过及时发现和解决这些偏差,项目团队可以确保项目进度计划顺利实施。其次,项目管理软件能够预测和分析项目进度计划的变更情况及其影响。通过这种分析,项目团队可以制定相应的应对措施,如调整资源分配、优化工作流程等,以确保项目进度计划顺利实施。此外,项目管理软件还具备自动调整、更新项目进度计划的功能,大大提高了项目进度计划控制的效率和精度,减少了人为错误和延误的可能性。

自测题 Self-assessment Questions

下列哪种方法不属于项目进度计划控制的常用方法?(　　)
A. 项目进度计划变更控制系统的方法　　B. 项目进度计划实施情况的度量方法
C. 项目质量管理方法　　D. 项目资源配置方法

本章知识点导图 / Mindmap of Key Concepts

本章知识点导图见图 6-10。

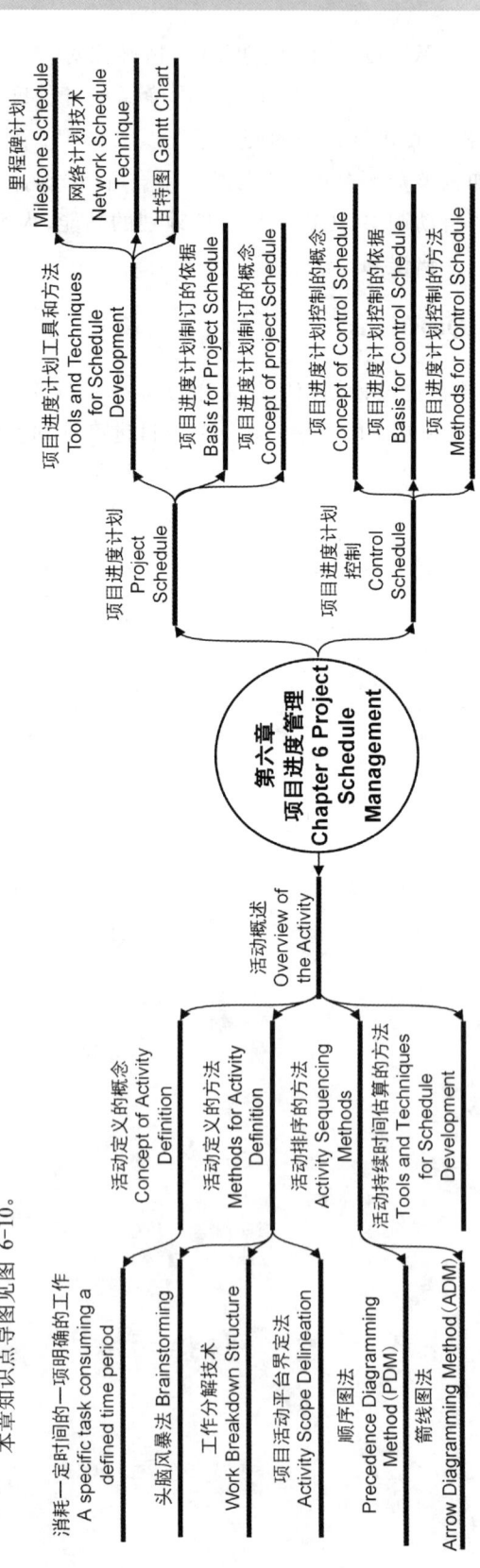

图 6-10 本章知识点导图 Mindmap of key concepts of chapter 6

续表

英文名词 English noun	中文名词 Chinese noun	重要概念 Important concept
Arrow Diagramming Method (ADM)	箭线图法	也被称为网络分析方法或关键路径法，是一种用于项目管理和进度计划的工具。它通过图形化表示任务之间的依赖关系和时间约束，帮助项目团队了解项目的关键路径和关键任务 Also known as the Network Analysis Method or critical Path method, it is a tool used for project management and scheduling. It helps project teams understand the critical path and mission-critical aspects of a project by graphically representing dependencies and time constraints between tasks
Activity-on-Arrow (AOA)	活动箭线法	见"箭线图法（ADM）" See Arrow Diagramming Method (ADM)
Project Schedule Network Diagram	项目进度网络图	表示项目进度活动之间逻辑关系的图形 A graphical representation of the logical relationships among the project schedule activities
Network Path	网络路径	在项目进度网络图中，通过逻辑关系连接起来的一系列进度活动的序列 In the project schedule network diagram, a series of schedules connected through logical relationships
Gantt Chart	甘特图	项目管理中常用的一种图形化工具，用于展示项目任务的时间计划、进度和依赖关系。它以水平条形图的形式显示项目中各个任务的开始时间、结束时间和持续时间 A bar chart of schedule information where activities are listed on the vertical axis, dates are shown on the horizontal axis, and activity durations are shown as horizontal bars placed according to start and finish dates
Critical Path	关键路径	代表项目中最长路径的活动序列，决定了项目最短的可能持续时间 The activity sequence of the longest path in the project determines the shortest possible duration of the project

续表

英文名词 English noun	中文名词 Chinese noun	重要概念 Important concept
Critical Path Method (CPM)	关键路径方法	在项目进度模型中，估算项目最短工期，确定逻辑网络路径的进度灵活性大小的一种方法 A method used to estimate the minimum project duration and determine the amount of schedule flexibility on the logical network paths within the schedule model
Early Start Date (ES)	最早开始日期	在关键路径法中，基于进度网络逻辑、数据日期和进度制约因素，某进度活动未完成部分可能开始的最早时点 In the critical path method, the earliest possible point in time when the uncompleted portions of a schedule activity can start based on the schedule network logic, the data date, and any schedule constraints
Late Start Date (LS)	最晚开始日期	在关键路径法中，基于进度网络逻辑、项目完成日期和进度制约因素，某进度活动未完成部分可能的最晚开始时点 In the critical path method, the latest possible point in time when the uncompleted portions of a schedule activity can start based on the schedule network logic, the project completion date, and any schedule constraints
Early Finish Date (EF)	最早完成日期	在关键路径法中，基于进度网络逻辑、数据日期和进度制约因素，某进度活动未完成部分可能完成的最早时点 In the critical path method, the earliest possible point in time when the uncompleted portions of a schedule activity can finish based on the schedule network logic, the data date, and any schedule constraints

续表

英文名词 English noun	中文名词 Chinese noun	重要概念 Important concept
Late Finish Date (LF)	最晚完成日期	在关键路径法中，基于进度网络逻辑、项目完成日期和进度制约因素，进度活动未完成部分可能的最晚完成时点 In the critical path method, the latest possible point in time when the uncompleted portions of a schedule activity can finish based on the schedule network logic, the project completion date, and any schedule constraints
Start-to-Start (SS)	开始到开始	只有紧前活动开始，紧后活动才能开始的逻辑关系 A logical relationship in which a successor activity cannot start until a predecessor activity has started
Start-to-Finish (SF)	开始到完成	只有紧前活动开始，紧后活动才能完成的逻辑关系 A logical relationship in which a successor activity cannot finish until a predecessor activity has started
Finish-to-Start (FS)	完成到开始	只有紧前活动完成，紧后活动才能开始的逻辑关系 A logical relationship in which a successor activity cannot start until a predecessor activity has finished
Finish-to-Finish (FF)	完成到完成	只有紧前活动完成，紧后活动才能完成的逻辑关系 A logical relationship in which a successor activity cannot finish until a predecessor activity has finished
Actual Duration	实际持续时间	进度活动的实际开始日期与数据日期（如果该进度活动尚未完成）或实际完成日期（如果该进度活动已经完成）之间的日历时间 The actual start date and data date (if the progress activity is not completed) or the actual completion date (if the schedule has been completed) calendar time
Dummy Activity	虚活动	项目管理中使用的一种特殊类型的活动，它在项目网络图中用于表示依赖关系，而没有实际的工作内容或时间耗费 A special type of activity used in project management that is used in the project network diagram to represent dependencies without actual work content or time consumption

续表

英文名词 English noun	中文名词 Chinese noun	重要概念 Important concept
Schedule Network Analysis	进度网络分析	识别项目活动未完部分的最早和最晚开始日期,以及最早和最晚完成日期的一种技术 The earliest and latest date of identification projects, as well as the earliest and latest technologies
Project network diagram	项目网络图	一种图形化工具,用于表示和可视化项目中各个任务之间的依赖关系和流程顺序。它是项目管理中的一种重要技术,能够帮助项目团队理解和规划项目的时间计划、资源分配和进度控制 A graphical tool used to represent and visualize the dependencies and sequence of processes between individual tasks in a project. It is an important technique in project management, which can help project teams understand and plan the project schedule, resource allocation and schedule control
Analogous Estimating	类比估算	一种用于估算项目工作量、时间和成本的方法。它基于过去的经验和已完成的类似项目的数据,将当前项目与以往的项目进行比较,从而进行估算 A technique for estimating the duration or cost of an activity or a project using historical data from a similar activity or project
Three-point Estimating	三点估算法	一种估算技术。当单个活动的成本或持续时间估算不易确定时,取其乐观估算、悲观估算和最可能估算的平均值或加权平均值 A technique used to estimate cost or duration by applying an average or weighted average of optimistic, pessimistic, and most likely estimates when there is uncertainty with the individual activity estimates
Milestone	里程碑	项目、项目集或项目组合中的重要时点或事件 A significant point or event in a project, program, or portfolio
Milestone Schedule	里程碑进度计划	用于显示里程碑的计划实现日期的一种进度计划类型。参见"主进度计划" A type of schedule that presents milestones with planned dates. See also master schedule

续表

英文名词 English noun	中文名词 Chinese noun	重要概念 Important concept
Master Schedule	主进度计划	标明了主要可交付成果、主要工作分解结构组件和关键进度里程碑的概括性项目进度计划 A summary-level project schedule that identifies the major deliverables and work breakdown structure components and key schedule milestones
Crashing	赶工	通过增加资源，以最小的成本代价来压缩进度工期的一种技术 By increasing resources and a technology at a minimum cost to compress the scientific period of progress
Schedule Compression	进度压缩	在不缩小项目范围的前提下缩短进度工期的技术 The technology that shortens the schedule without narrowing the scope of the project

课后习题 / After-class Exercises

一、选择题 Multiple Choice Questions

(1)以下哪个工具或技术有助于评估和确定项目范围内的工作量？(   )

A. 工作分解结构（WBS）　　B. 控制图　　　　C. 偏差分析　　　　D. 变更控制系统

(2)在项目时间管理中，工作包是指：(   )

A. 项目中的所有活动　　　　　　　　　　B. 项目的总工期

C. 项目的最终交付成果　　　　　　　　　D. 工作分解结构（WBS）的最底层任务

(3)在项目时间管理中，下列哪个工具或技术可用于估算活动持续时间？(   )

A. 资源优化技术　　　　B. 储备分析　　　　C. 专家判断　　　　D. 影响图

(4)在网络计划技术中，下列哪项是计算活动总浮动时间的公式？(   )

A. 最早开始时间——最晚开始时间　　　　B. 最早结束时间——最晚结束时间

C. 最晚开始时间——最早开始时间　　　　D. 最晚结束时间——最早结束时间

(5)在网络计划技术中，下列哪种关系表示一个活动必须在另一个活动之前完成？(   )

A. 开始——开始（SS）　　　　　　　　　B. 结束——结束（FF）

C. 开始——结束（SE）　　　　　　　　　D. 结束——开始（FS）

(6)在项目活动定义中，常用的方法包括：(   )

A. 问卷调查法　　　　　　　　　　　　　B. 工作分解技术

D. 项目活动平台界定法　　　　　　　　　D. 头脑风暴法　　　　E. 关键路径法

(7)以下哪些方法和工具可用于活动持续时间估算？(   )

A. 三点估算法　　　　　　　　　　　　　B. 网络图分析

C. 参数估算　　　　　　　　　　　　　　D. 类比估算网络图分析

E. 专家判断

(8)某分部工程双代号网络计划如下图所示，其作图错误包括：(   )

A. 多个起点节点　　　　　　　　　　　　B. 多个终点节点

C. 节点编号有误　　　　　　　　　　　　D. 存在循环回路

E. 有多余虚工作

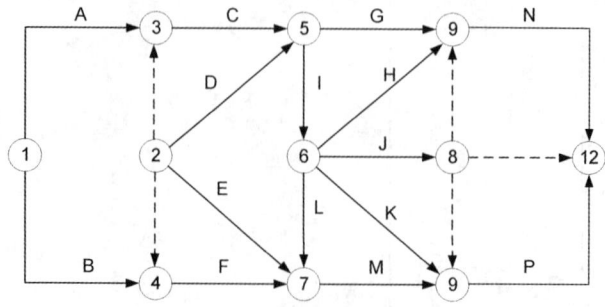

第七章 项目成本管理 Chapter 7 Project Cost Management

学习目标 / Learning Objectives

（1）描述项目成本控制的基本概念，能够说明成本控制的重要性和其在项目管理中的作用。

（2）描述项目成本及项目成本管理的相关概念，阐释项目成本在项目成功中的重要性。

（3）明确成本估算在项目规划和预算中的作用，学会运用项目成本估算的一般过程和方法。

（4）能够复述项目成本预算的概念、主要内容和一般过程，并运用成本预算方法解决实际问题。

本章结构导图 / Chapter 7 Structure

本章结构导图见图 7-1。

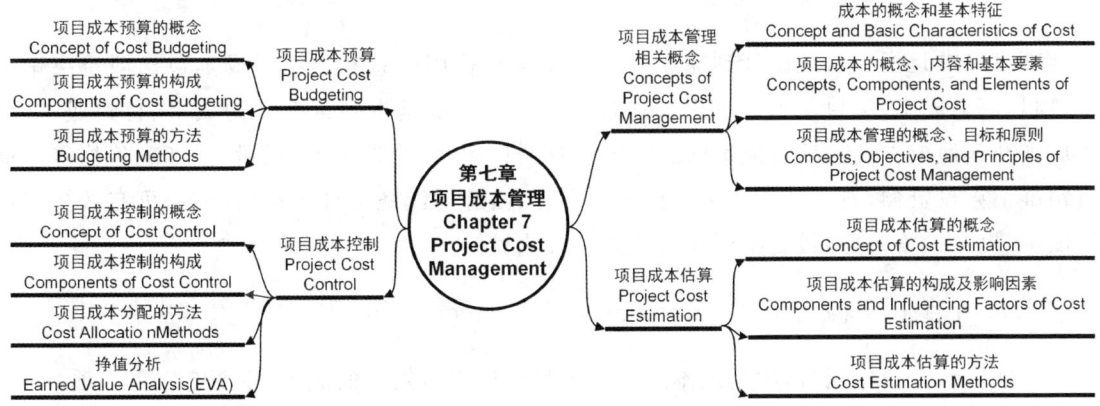

图 7-1　本章结构导图 Chapter 7 Structure

第一节　项目成本管理相关概念
Concepts of Project Cost Management

一、成本的概念和基本特征 Concept and Basic Characteristics of Cost

（一）成本的概念 Concept of Cost

关于成本的概念，存在不同的看法。马克思主义政治经济学原理认为，成本是指以货币表现的、为生产产品所耗费的物化劳动的转移价值和活劳动的转移价值之和。财务会计将成本定义为在一定条件下，企业为生产一定种类产品所发生的各种资财耗费的货币表现。管理会计认为，成本是指企业在生产经营过程中对象化的、以货币表现的、为达到一定经济目的而应当或可能发生的各种经济资源的价值牺牲或付出的代价。

综合以上观点,可将成本定义为为达到一定目标而付出的、可用货币计量的代价。

(二)成本的基本特征 Basic Characteristics of Cost

第一,目的性:任何经营活动都是有目的的活动,成本的发生是为了使该项经营活动能够按照经营人员的活动预期进行下去所发生的支出;第二,相关性:成本作为生产经营过程中的各项付出,不仅与一定的生产经营活动量有关,而且与生产经营活动对象直接相关,它总是表现为一定对象的资源耗费;第三,可计量性:成本作为在经营活动中发生的各项支出,其发生金额必须是可以计量的,这是人们进行成本核算的基础;第四,综合性:成本是企业生产经营管理水平的综合反映。

二、项目成本的概念、内容和基本要素 Concepts, Components, and Elements of Project Cost

(一)项目成本的概念 Concept of Project Cost

项目成本是指项目从设计到完成期间所需全部费用的总和。项目成本包括项目决策成本、项目启动成本、项目实施成本以及项目终结成本。其基本要素有人力成本、材料成本、设备成本和其他成本等。项目成本的影响因素有项目规模、管理水平、质量、工期和价格等。通过精准估算投资额、科学规划资金筹措方案,并严格遵循经济法规与价格政策,可有效控制计划成本、提升投资效益,最终实现项目效益最大化目标。

(二)项目成本的内容 Components of Project Cost

从项目的生命周期看,项目成本应包括项目全过程所发生的成本,主要有以下4项。

1. 项目决策成本

决策是项目形成的第一个阶段,对项目建成后的经济效益与社会效益会产生重要影响。为了对项目进行科学决策,在这一阶段要进行翔实的市场调查,收集、掌握第一手资料,进行可行性研究,最终做出决策。完成这些工作耗费的人力、财力、物力等,构成项目的决策成本。

2. 项目启动成本

对项目进行可行性分析,认为项目可行并决定实施这一项目后,就开始进入项目启动阶段,这一阶段主要是对项目进行规划和设计,制定详细、具体的实施方案,该阶段发生的设计费等费用构成项目的启动成本。

3. 项目实施成本

制定好具体的实施方案后,便进入项目实施阶段。项目实施成本是指在项目实施过程中,为完成"项目产出物"所耗用的各项资源。这既包括在项目实施过程中所耗费的物质资源的成本,也包括项目实施中所消耗的劳动的成本。项目实施成本包括采购费、研制费、开发费、建设费及分包费等。

4. 项目终结成本

项目完工验收前为项目终结阶段。此阶段会发生竣工验收费、调试测试费及试生产费等，这些费用构成项目终结成本。在各项目成本中，项目实施成本是项目总成本的主要组成部分，实施成本一般占总成本的90%以上。因此，项目成本管理，在这种意义上讲实际上是实施成本的管理。在对项目进行成本估算时，不仅要关心整个项目各阶段工作所需的成本，还要关注使用过程中发生的各种成本，力求在相同收益的情况下，项目的完工成本与使用成本之和最低。这种全面考虑项目所有阶段，包括项目完成后投入使用阶段的总成本的估价叫作"全生命周期成本估算"。图7-2为项目生命周期中典型的成本与人力投入成本。

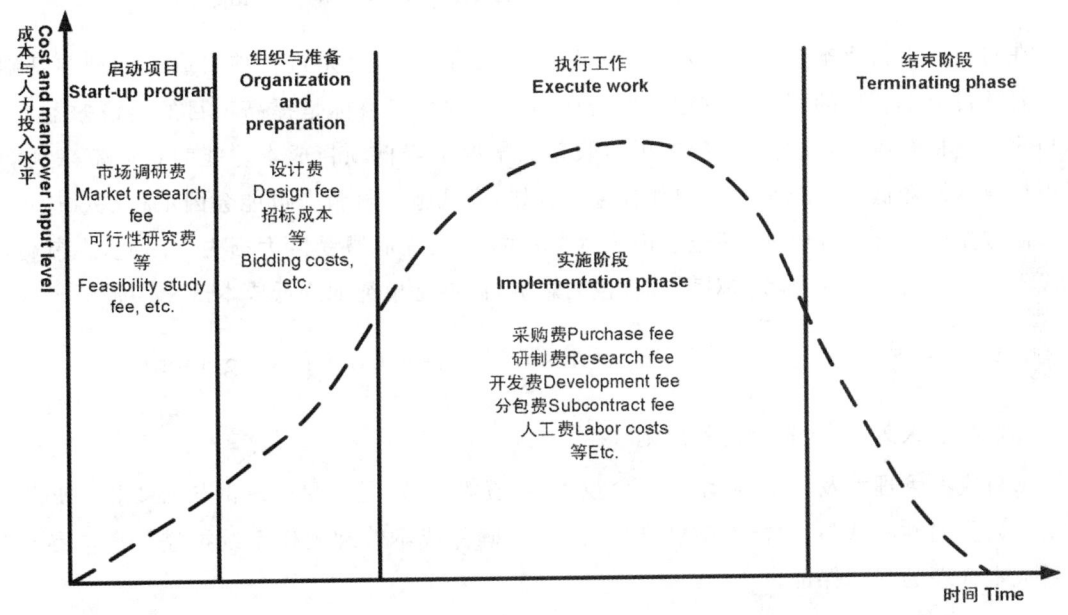

图7-2 项目生命周期中典型的成本与人力投入成本 Typical costs and labor input costs in the project life cycle

（三）项目成本的基本要素 Fundamental Elements of Project Cost

第一，人力成本：人力成本是指完成整个项目所花费的人工工资及报酬。项目完成过程中需聘请工作人员，均需支付工资、津贴及奖金等酬劳，这构成了项目的人力成本。人是项目管理中首要的因素；第二，材料成本：材料成本是指项目组织或项目团队为实施项目所购买的各种原料、材料的成本。如建设施工项目中所需的钢筋、水泥、木料等材料成本；第三，设备成本：设备成本是指项目完成过程中，使用的各种设备、机械器具的折旧费。经营租赁租入设备的租赁费也包括在设备成本之内；第四，其他成本：其他成本是指在项目完成过程中，发生的上述成本之外的些许零星开支及不可预见的成本支出。

三、项目成本管理的概念、目标和原则 Concepts, Objectives, and Principles of Project Cost Management

(一)项目成本管理的概念 Concept of Project Cost Management

项目成本管理,是指在项目实施的各个阶段中,通过系统管理和控制各项过程,旨在保证项目能够按照预定的成本预算、时间节点和质量标准,实现既定目标,并确保其经济高效性的一种管理活动。

(二)项目成本管理的目标 Objectives of Project Cost Management

在对项目进行成本管理时必须有明确的成本管理目标,这是进行项目成本管理的基础,决定着项目成本管理的程序与方法。项目成本管理的最终目标是提高项目的经济效益。成本与收益是相对应的,只有在不影响项目收益的情况下降低项目成本才能为企业带来利润,但项目成本的降低未必总是不影响其收益。例如,降低施工材料费可能会因工程质量达不到要求而被扣掉部分工程收入,甚至会因成为"豆腐渣"工程而遭受巨大损失。因此,在制订项目成本管理的目标时还要考虑对项目收益的影响,而不是单纯地降低成本。

(三)项目成本管理的原则 Principles of Project Cost Management

1. 坚持以人为本、全员参与的原则

项目成本管理涉及进度、质量、安全、技术、物资等环节,是项目管理的核心工作。必须通过全体人员的共同参与,才能有效整合管理资源,确保成本管理工作系统推进。全员参与是项目成本管理的基本保证。

2. 坚持制度化管理的原则

制度化管理是指管理者必须建立明确的项目成本管理制度,明确各部门、班组及岗位的消耗标准和责任要求。通过制度规范管理行为,使各级人员清晰成本管理职责,保障管理措施有效落地。建立项目成本管理制度是管理者进行项目成本管理的前提。

3. 坚持责、权、利相结合的原则

进行项目成本管理时,必须坚持责、权、利相结合的原则,将项目成本管理与项目参与者的切身利益结合起来,使他们不仅在思想上认识到项目成本管理的重要性,还会积极主动地将各项成本管理措施落到实处,使项目成本管理达到良好的效果。

4. 坚持重点管理与全面成本管理相结合的原则

管理者在进行项目成本管理时,重点管理要求管理者抓住项目成本管理的核心和关键;全面管理是指管理者在制订相应的成本管理制度和执行管理措施时,对影响成本的每个方面都要有所考虑,管理中不能存在"死角"和明显的漏洞。

第三节 项目成本预算
Project Cost Budgeting

一、项目成本预算的概念 Concept of Cost Budgeting

项目成本预算是制定项目成本控制标准的项目管理工作,具体包括:根据成本估算向项目各项具体工作和活动分配预算定额;确定项目成本控制的基线(项目预算定额)等。项目成本预算是编制项目各项活动的预算定额、制定项目成本控制标准、规定项目不可预见成本的划分和使用规则的综合项目管理工作。

二、项目成本预算的构成 Components of Cost Budgeting

项目预算和成本基准的各个组成部分如图 7-4 所示。先汇总各项目活动的成本估算及其应急储备,得到相关工作包的成本;然后汇总各工作包的成本估算及其应急储备,得到控制账户的成本;接着再汇总各控制账户的成本,得到成本基准。

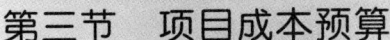

图 7-4 项目预算的组成 Project Budget Components

项目成本预算的依据主要来自 3 个方面。

(1)项目成本估算文件(Project Cost Estimation Document)

项目成本估算文件是对项目各项工作和资源需求进行估算的文档。它包括对项目工作量、资源使用、成本分解结构等进行估算的详细信息。项目成本估算文件是制定项目成本预算的重要依据之一。

(2)项目工作结构分解(Work Breakdown Structure,WBS)

项目工作结构分解是将项目的工作范围分解为可管理的、层次化的工作包的过程。WBS 将项目工作划分为不同的组成部分和子任务,形成一个清晰的层次结构,便于对项目成本进行控制和管理。基于 WBS,可以识别出各个工作包的成本,并汇总计算出整个项目的成本预算。

(3)项目的工期进度计划(Project Schedule)

项目的工期进度计划是规划项目活动开始和结束时间的安排。工期进度计划中包含了项目中各个任务和活动的时间安排和顺序。通过工期进度计划，可以确定项目各个阶段和活动所需的资源和工时，从而为成本预算提供依据。

在项目成本预算的构成中，需明确区分两类储备金以应对风险：应急储备（Contingency Reserves）与管理储备（Management Reserves）。表7-1为应急储备与管理储备的核心差异。

表7-1 应急储备与管理储备的核心差异

The core difference between emergency reserve and management reserve

对比维度 Contrast dimension	应急储备 Contingency reserves	管理储备 Management reserves
用途 Usage	应对已知风险 Addressing known risks	应对未知风险 Coping with unknown risks
归属预算 Belonging to budget	属于成本基准（BAC） Belongs to the cost basis (BAC)	属于总预算，但超出成本基准 Belongs to the total budget, but exceeds the cost benchmark
管理权限 Supervisor authority	项目经理可直接使用 The project manager can use it directly	需经变更控制委员会审批 Subject to approval by the Change Control Committee
计算依据 Calculation basis	基于风险登记册的定量分析 Quantitative analysis based on risk registers	基于历史数据或管理层经验 Based on historical data or management experience
示例场景 Example scenario	供应商涨价、工期延误 Supplier price increase, time delay	突发疫情、重大技术故障 Sudden epidemics, major technical failures

应急储备是包含在成本基准内的一部分预算，专门用于应对已识别的风险。它可以是成本估算值的某一百分比、某个固定值，或者通过定量分析确定。随着项目进展和信息不断明确，应急储备可以根据实际情况进行动用、减少或取消。因此，应急储备需要在成本文件中清楚地列出。

管理储备则是为了管理控制而特别留出的项目预算，用于应对项目范围中不可预见的工作，主要是为了应对未知风险。管理储备不属于成本基准，但属于项目总预算和资金需求的一部分。当动用管理储备资助不可预见的工作时，这部分资金需增加到成本基准中，从而导致成本基准的变更。项目经理使用管理储备通常需要获得批准，且管理储备不参与挣值分析。

三、项目成本预算的方法 Budgeting Methods

项目成本预算的方法是多种多样的，一般常用的是参数模型法、自上而下预算法、自下而上预算法、基于活动的成本预算法和计算机辅助预算法。

（一）绩效指标与趋势分析 Performance Metrics and Trend Analysis

了解三大基准值后，就可以进行绩效指标的计算与趋势的分析。

(1) 成本偏差(Cost Variance, CV)＝EV－AV。当 CV>0 时：成本节支(实际花费比完成工作的预算少)；当 CV<0 时：成本超支。

(2) 进度偏差(Schedule Variance, SV)＝EV－PV。当 SV>0 时：进度超前；当 SV<0 时：进度滞后。

(3) 成本绩效指数(Cost Performance Index, CPI)＝EV/AC。当 CPI>1 时：成本效率高(每花 1 元完成大于 1 元的工作)；当 CPI<1 时：成本效率低。

(4) 进度绩效指数(Schedule Performance Index, SPI)＝EV/PV。当 SPI>1 时：进度效率高；当 SPI<1 时：进度效率低。

（二）成本预测技术 Cost Forecasting Techniques

根据相关绩效指标，我们可以对成本进行预测。

(1) 完工估算(Estimate at Completion, EAC)。完工估算时指根据当前绩效来预测项目总成本。根据不同情景，有 4 种常用的计算公式，详见表 7-2。

表 7-2 完工估算常用计算公式 Common calculation formulas for completion estimation

情景假设 Scenario Assumption	公式 Formula	适用场景 Applicable scenarios
未来按计划执行 Implemented as planned in the future	EAC＝AC＋(BAC－EV)	当前偏差为偶然事件 The current deviation is an accidental event
未来按当前 CPI 执行 In the future, according to the current CPI implementation	EAC＝BAC/CPI	成本绩效将持续 Cost performance will continue
未来同时受 CPI 和 SPI 影响 In the future, both CPI and SPI are affected	EAC＝AC＋(BAC－EV)/(CPI * SPI)	进度与成本均需纠偏 Both schedule and cost need to be corrected
重新估算剩余工作 Re-estimate the remaining work	EAC＝AC＋新 ETC	原始计划完全不可信 The original plan is completely unbelievable

(2) 完工尚需估算(Estimate to Complete, ETC)＝EAC－AC。

(3) 完工偏差(Variance at Completion, VAC)＝BAC－EAC。

(4) 完工尚需绩效指数(TCPI)＝(BAC－EV)/(BAC－AC)，表示剩余工作每单位成本需达到的效率水平。

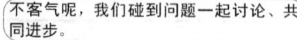

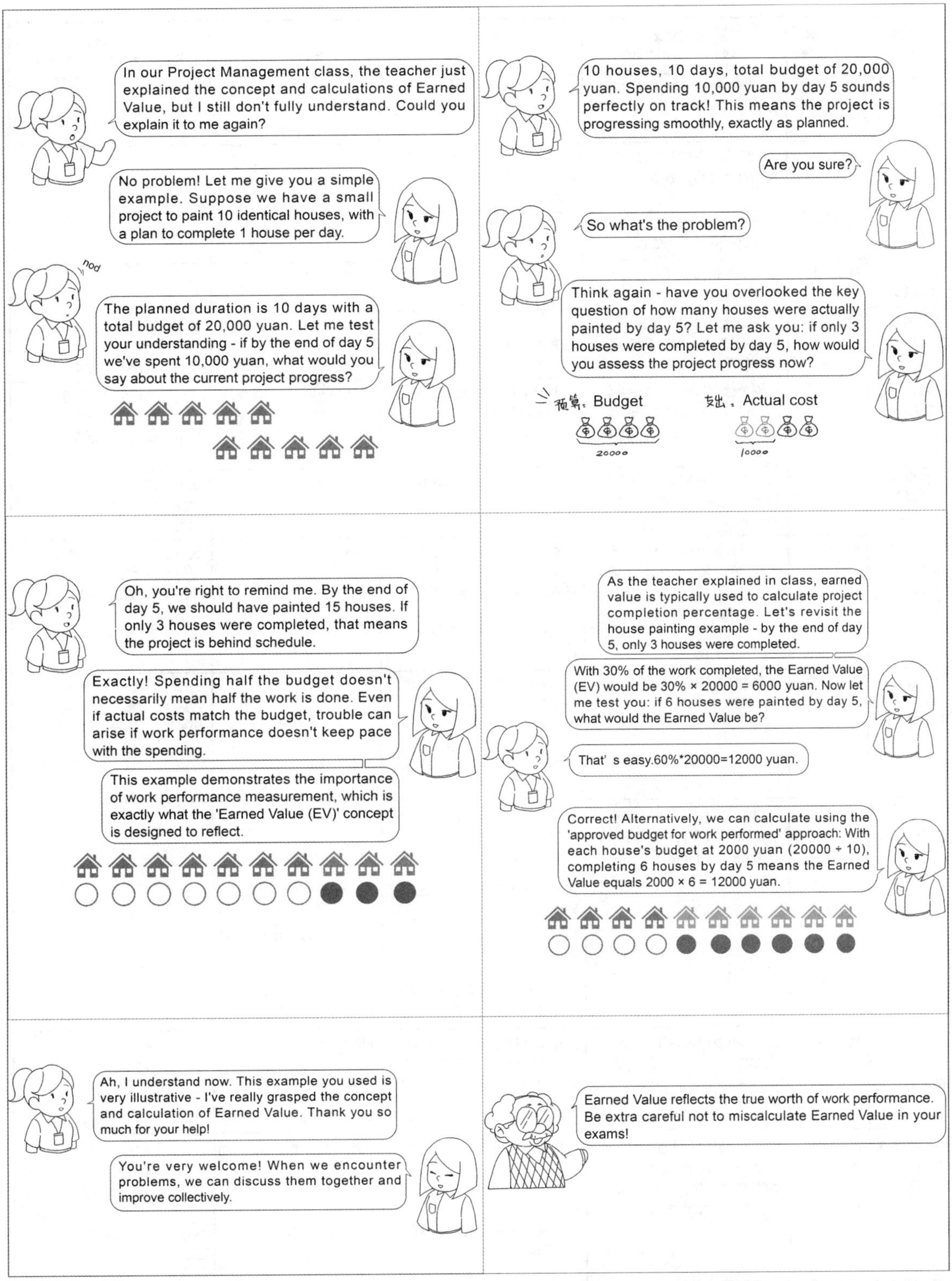

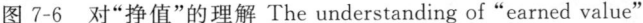

图 7-6 对"挣值"的理解 The understanding of "earned value"

表 7-3 挣值计算汇总表

缩写 Abbreviation	名称 Name	词汇定义 Lexicon Definition	使用方法 How Used	公式 Equation	结果说明 Interpretation of Result
计划价值 PV	计划价值	为计划工作分配的经批准的预算	某时间点（通常为数据日期或项目完成日期）计划完成的工作的价值		
挣值 EV	挣值	对已完成工作的测量，用该工作的批准预算来表示	某时间点（通常为数据日期）所有已完成工作的计划价值（挣值），与实际成本无关	EV = 已完成工作的计划价值之和	
实际成本 AC	实际成本	在给定时间段内，因执行项目活动而实际发生的成本	某时间点（通常为数据日期）所有已完成工作的实际成本		
完工预算 BAC	完工预算	为将要执行的工作所建立的全部预算的总和	总计划工作的价值，项目成本基准		
成本偏差 CV	成本偏差	在某个给定时间点，预算亏空或盈余量，表示为挣值与实际成本之差	某时间点（通常为数据日期）已完成工作的价值与同一时间点的实际成本之差	CV = EV − AC	正值 = 低于计划成本 0 = 按计划成本 负值 = 超出计划成本
进度偏差 SV	进度偏差	在某个给定时间点，项目与计划交付日期相比的亏空或盈余量，表示为挣值与计划价值之差	某时间点（通常为数据日期）已完成的工作与同一时间点计划完成的工作之差	SV = EV − PV	正值 = 比进度计划提前 0 = 按进度计划进行 负值 = 比进度计划滞后
完工偏差 VAC	完工偏差	对预算亏空量或盈余量的一种预测，是完工预算与完工估算之差	项目完工时的成本估算差距	VAC = BAC − EAC	正值 = 低于计划成本 0 = 按计划成本 负值 = 超出计划成本
成本绩效指数 CPI	成本绩效指数	测量预算资源的成本效率的一种指标，表示为挣值与实际成本之比	成本绩效指数 (CPI) 为 1.0 意味着项目完全按照预算进行，目前实际完成的工作与成本完全相同。其他值表示已完成工作的成本超出或低于预算的比例	CPI = EV/AC	大于 1.0 = 低于计划成本 正好 1.0 = 按计划成本进行 小于 1.0 = 超出计划成本
进度绩效指数 SPI	进度绩效指数	测量进度效率的一种指标，表示为挣值与计划价值之比	进度绩效指数 (SPI) 为 1.0 意味着项目完全按进度计划进行，目前实际完成的工作与计划完成的工作完全相同。其他值表示计划的工作超出或低于预算成本的比例	SPI = EV/PV	大于 1.0 = 比进度计划提前 正好 1.0 = 按进度计划进行 小于 1.0 = 比进度计划滞后
完工估算 EAC	完工估算	完成所有工作所需的预期总成本，等于截至目前的实际成本加上完工尚需估算	如果预期项目剩余部分的 CPI 不变，完工估算 (EAC) 可利用以下方法进行： 如果未来工作将按计划速度完成，则使用： 如果最初计划不再有效，则使用： 如果 CPI 和 SPI 都会影响剩余工作，则使用：	EAC = BAC/CPI EAC = AC +（BAC − EV） EAC = AC + 自下而上的 ETC EAC = AC + [(BAC − EV)/(CPI × SPI)]	
完工尚需估算 ETC	完工尚需估算	完成所有剩余项目工作的预计成本	假设工作继续按计划进行，完成批准的剩余工作的成本可利用以下方法计算： 重新自下而上估算剩余工作	ETC = EAC − AC ETC = 重新估算	
完工尚需绩效指数 TCPI	完工尚需绩效指数	为了实现特定的管理目标，剩余资源的使用必须达到的成本绩效指标，是完成剩余工作所需成本与可用预算之比	为完成计划必须保持的效率 为完成当前完工估算必须保持的效率	TCPI = (BAC − EV)/(BAC − AC) TCPI = (BAC − EV)/(EAC − AC)	大于 1.0 = 难以完成 正好 1.0 = 等于完成 小于 1.0 = 轻易完成 大于 1.0 = 难以完成 正好 1.0 = 等于完成 小于 1.0 = 轻易完成

第七章 项目成本管理 Chapter 7 Project Cost Management

表 7-3 Earned Value Calculations Summary Table

缩写 Abbreviation	名称 Name	词汇定义 Lexicon Definition	使用方法 How Used	公式 Equation	结果说明 Interpretation of Result
PV	Planned Value	The authorized budget assigned to scheduled work.	The value of the work planned to be completed to a point in time, usually the data date, or project completion.		
EV	Earned Value	The measure of work performed expressed in terms of the budget authorized for that work.	The planned value of all the work completed (earned) to a point in time, usually the data date, without reference to actual costs.	EV = sum of the planned value of completed work	
AC	Actual Cost	The realized cost incurred for the work performed on an activity during a specific time period.	The actual cost of all the work completed to a point in time, usually the data date.		
BAC	Budget at Completion	The sum of all budgets established for the work to be performed.	The value of total planned work, the project cost baseline.		
CV	Cost Variance	The amount of budget deficit or surplus at a given point in time, expressed as the difference between the earned value and the actual cost.	The difference between the value of work completed to a point in time, usually the data date, and the actual costs to the same point in time.	CV = EV – AC	Positive = Under planned cost Neutral = On planned cost Negative = Over planned cost
SV	Schedule Variance	The amount by which the project is ahead or behind the planned delivery date, at a given point in time, expressed as the difference between the earned value and the planned value.	The difference between the work completed to a point in time, usually the data date, and the work planned to be completed to the same point in time.	SV = EV – PV	Positive = Ahead of Schedule Neutral = On schedule Negative = Behind Schedule
VAC	Variance at Completion	A projection of the amount of budget deficit or surplus, expressed as the difference between the budget at completion and the estimate at completion.	The estimated difference in cost at the completion of the project.	VAC = BAC – EAC	Positive = Under planned cost Neutral = On planned cost Negative = Over planned cost
CPI	Cost Performance Index	A measure of the cost efficiency of budgeted resources expressed as the ratio of earned value to actual cost.	A CPI of 1.0 means the project is exactly on budget, that the work actually done so far is exactly the same as the cost so far. Other values show the percentage of how much costs are over or under the budgeted amount for work accomplished.	CPI = EV/AC	Greater than 1.0 = Under planned cost Exactly 1.0 = On planned cost Less than 1.0 = Over planned cost
SPI	Schedule Performance Index	A measure of schedule efficiency expressed as the ratio of earned value to planned value.	An SPI of 1.0 means that the project is exactly on schedule, that the work actually done so far is exactly the same as the work planned to be done so far. Other values show the percentage of how much costs are over or under the budgeted amount for work planned.	SPI = EV/PV	Greater than 1.0 = Ahead of schedule Exactly 1.0 = On schedule Less than 1.0 = Behind schedule
EAC	Estimate At Completion	The expected total cost of completing all work expressed as the sum of the actual cost to date and the estimate to complete.	If the CPI is expected to be the same for the remainder of the project, EAC can be calculated using: If future work will be accomplished at the planned rate, use: If the initial plan is no longer valid, use: If both the CPI and SPI influence the remaining work, use:	EAC = BAC/CPI EAC = AC + BAC – EV EAC = AC + Bottom-up ETC EAC = AC + [(BAC – EV)/ (CPI x SPI)]	
ETC	Estimate to Complete	The expected cost to finish all the remaining project work.	Assuming work is proceeding on plan, the cost of completing the remaining authorized work can be calculated using: Reestimate the remaining work from the bottom up.	ETC = EAC – AC ETC = Reestimate	
TCPI	To Complete Performance Index	A measure of the cost performance that must be achieved with the remaining resources in order to meet a specified management goal, expressed as the ratio of the cost to finish the outstanding work to the budget available.	The efficiency that must be maintained in order to complete on plan.	TCPI = (BAC – EV)/(BAC – AC)	Greater than 1.0 = Harder to complete Exactly 1.0 = Same to complete Less than 1.0 = Easier to complete
			The efficiency that must be maintained in order to complete the current EAC.	TCPI = (BAC – EV)/(EAC – AC)	Greater than 1.0 = Harder to complete Exactly 1.0 = Same to complete Less than 1.0 = Easier to complete

自测题 Self-assessment Questions

项目成本控制中,使用直接成本分配方法有两种追溯法,它们分别是什么?

第七章 项目成本管理 Chapter 7 Project Cost Management

本章知识点导图 / Mindmap of Key Concepts

本章知识点导图见图 7-7。

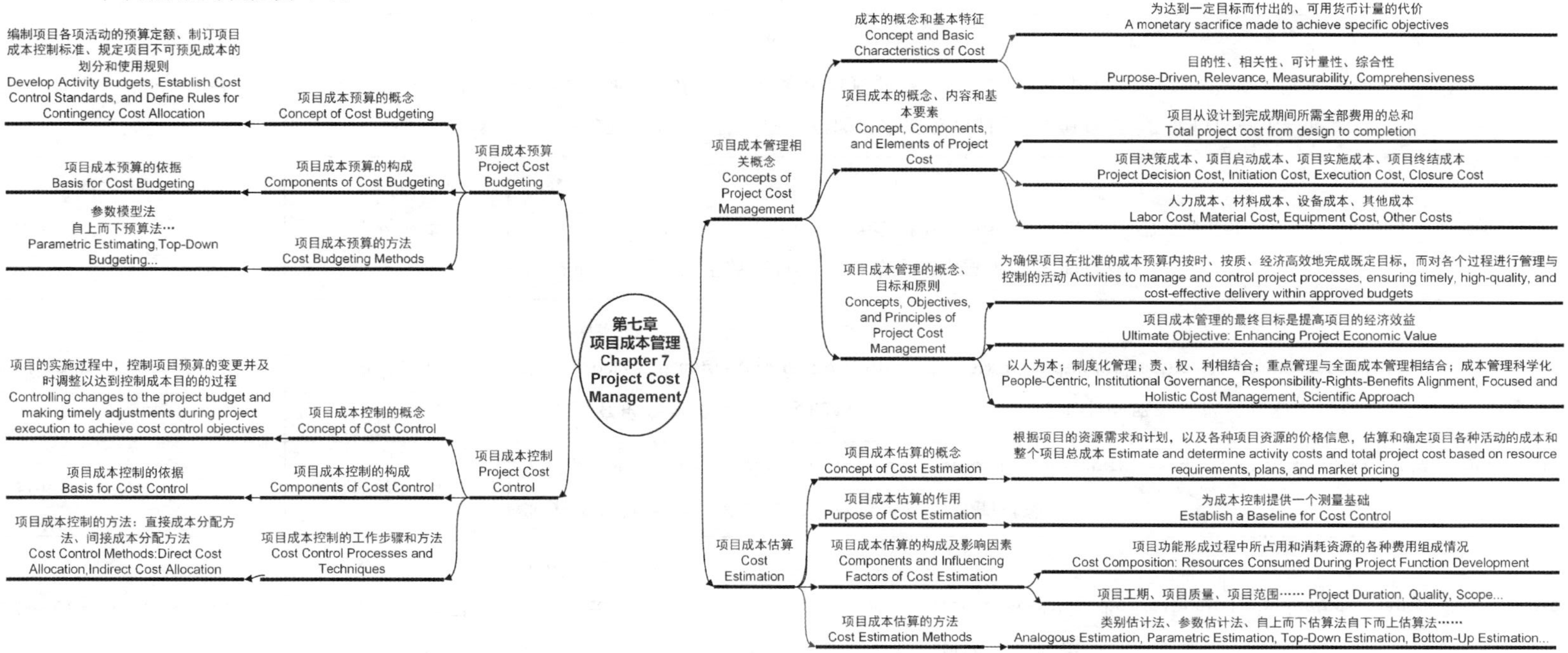

第七章 项目成本管理 Chapter 7 Project Cost Management

- **项目成本管理相关概念 Concepts of Project Cost Management**
  - 成本的概念和基本特征 Concept and Basic Characteristics of Cost —— 为达到一定目标而付出的、可用货币计量的代价 A monetary sacrifice made to achieve specific objectives；目的性、相关性、可计量性、综合性 Purpose-Driven, Relevance, Measurability, Comprehensiveness
  - 项目成本的概念、内容和基本要素 Concept, Components, and Elements of Project Cost —— 项目从设计到完成期间所需全部费用的总和 Total project cost from design to completion；项目决策成本、项目启动成本、项目实施成本、项目终结成本 Project Decision Cost, Initiation Cost, Execution Cost, Closure Cost；人力成本、材料成本、设备成本、其他成本 Labor Cost, Material Cost, Equipment Cost, Other Costs
  - 项目成本管理的概念、目标和原则 Concepts, Objectives, and Principles of Project Cost Management —— 为确保项目在批准的成本预算内完成，按质、经济高效地完成既定目标，而对各个过程进行管理与控制的活动 Activities to manage and control project processes, ensuring timely, high-quality, and cost-effective delivery within approved budgets；最终目标是提高项目的经济效益 Ultimate Objective: Enhancing Project Economic Value；以人为本；制度化管理；责、权、利相结合；重点管理与全面成本管理相结合；成本管理科学化 People-Centric, Institutional Governance, Responsibility-Rights-Benefits Alignment, Focused and Holistic Cost Management, Scientific Approach

- **项目成本估算 Cost Estimation**
  - 项目成本估算的概念 Concept of Cost Estimation —— 根据项目的资源需求和计划，以及各种项目资源的价格信息，估算和确定项目各种活动的成本和整个项目总成本 Estimate and determine activity costs and total project cost based on resource requirements, plans, and market pricing
  - 项目成本估算的作用 Purpose of Cost Estimation —— 为成本控制提供一个测量基础 Establish a Baseline for Cost Control
  - 项目成本估算的构成及影响因素 Components and Influencing Factors of Cost Estimation —— 项目功能形成过程中所占用和消耗资源的各种费用构成情况，项目工期、项目质量、项目范围…… Cost Composition: Resources Consumed During Project Function Development, Project Duration, Quality, Scope, ...
  - 项目成本估算的方法 Cost Estimation Methods —— 类比估算法、参数估算法、自上而下估算法、自下而上估算法…… Analogous Estimation, Parametric Estimation, Top-Down Estimation, Bottom-Up Estimation ...

- **项目成本预算 Project Cost Budgeting**
  - 项目成本预算的概念 Concept of Cost Budgeting —— 编制项目各活动的预算定额，制订项目成本控制标准，规定项目不可预见成本的划分和使用规则 Develop Activity Budgets, Establish Cost Control Standards, and Define Rules for Contingency Cost Allocation
  - 项目成本预算的依据 Basis for Cost Budgeting
  - 项目成本预算的构成 Components of Cost Budgeting
  - 项目成本预算的方法 Cost Budgeting Methods —— 参数模型法、自上而下预算法…… Parametric Estimating, Top-Down Budgeting, ...

- **项目成本控制 Project Cost Control**
  - 项目成本控制的概念 Concept of Cost Control —— 项目实施过程中，控制项目预算的变更并及时调整以达到控制成本目的的过程 Controlling changes to the project budget and making timely adjustments during project execution to achieve cost control objectives
  - 项目成本控制的依据 Basis for Cost Control
  - 项目成本控制的构成 Components of Cost Control
  - 项目成本控制的方法：直接成本分配方法、间接成本分配方法 Cost Control Methods: Direct Cost Allocation, Indirect Cost Allocation
  - 项目成本控制的工作步骤和方法 Cost Control Processes and Techniques

图 7-7 本章知识点导图 Mindmap of key concepts of chapter 7

名词列表与重要概念 Key Terms and Important Concept

英文名词 English noun	中文名词 Chinese noun	重要概念 Important concept
Plan Cost Management	规划成本管理	确定如何估算、预算、管理、监督和控制项目成本的过程 The process of defining how the project costs will be estimated, budgeted, managed, monitored and controlled
Estimate Costs	估算成本	对完成项目活动所需资源成本进行近似估算的过程 The process of developing an approximation of the monetary resources needed to complete project work
Determine Budget	制定预算	汇总所有单个活动或工作包的估算成本，建立一个经批准的成本基准的过程 The process of aggregating the estimated costs of individual activities or work packages to establish an authorized cost baseline
Control Costs	控制成本	监督项目状态，以更新项目成本和管理成本基准变更的过程 The process of monitoring the status of the project to update the project costs and manage changes to the cost baseline
Cost Management Plan	成本管理计划	成本管理计划是项目管理计划的组成部分，描述将如何规划、安排和控制项目成本 A component of a project or program management plan that describes how costs will be planned, structured, and controlled
Planned Value (PV)	计划价值	为计划工作分配的经批准的预算 The authorized budget assigned to scheduled work
Budgeted Cost for Work Scheduled(BCWS)	计划工作预算成本	计划工作预算成本是指在项目计划中为完成特定工作或活动所分配的预算成本。参见"计划价值" Budgeted Cost of Work Scheduled (BCWS) is the budgeted cost allocated in a project plan to complete a specific work or activity. See Planned Value (PV)

课后习题 / After-class Exercises

一、选择题 Multiple Choice Questions

(1)项目成本管理的最终目标是？（　　）
A. 缩短工期　　　　B. 提高质量　　　　C. 降低成本　　　　D. 项目审计

(2)属于项目实施阶段的成本管理活动是？（　　）
A. 资源计划　　　　B. 成本估算　　　　C. 成本预算　　　　D. 成本核算

(3)我国工程建设中由设计单位根据初步设计图纸预先计算和确定项目从筹建到竣工验收、交付使用的建设费用称作？（　　）
A. 投资估算　　　　B. 设计估算　　　　C. 施工图预算　　　　D. 控制估算

(4)以下哪项不属于成本控制的输出？（　　）
A. 成本基准计划　　B. 变更请求　　　　C. 完工估算　　　　D. 附加计划编制

(5)PDCA 环依据的是项目成本管理的（　　）原则
A. 目标管理　　　　B. 全面管理　　　　C. 例外管理　　　　D. 成本最低化

(6)在进行成本估算时，你必须考虑直接成本、间接成本和应急费。以下（　　）是直接成本？（　　）
A. 融资费用　　　　B. 设备费用　　　　C. 项目所用的材料　D. 项目经理的工资

二、判断题 True/False Questions

(1)任何项目活动的变更都会造成项目活动成本的变动。（　　）

(2)项目变更是指项目组织在项目实施过程中遇到某种发展变化时，为了保全项目组织的利益而对项目计划和安排所进行的修订或更新。（　　）

(3)项目业主与承包商的成本预算之间不存在紧密关系。（　　）

(4)德尔菲法是一种需要专家见面的方法。（　　）

(5)狭义的项目成本是指在为实现项目目标而开展的各种项目活动中因消耗资源而形成的花费。（　　）

三、思考题 Critical Thinking Questions

(1)项目成本管理的最终目标是什么？如何平衡成本与收益？

(2)应急储备与管理储备的核心区别是什么？

(3)挣值管理中如何计算成本偏差（CV）和进度偏差（SV）？

(4)全生命周期成本估算的意义是什么？举例说明其应用场景。

(5)项目成本超预算时，如何结合应急储备进行纠偏？

案例 / Case Study

多方协同下的住宅项目成本控制挑战

一家建筑公司正在筹备一个大型住宅开发项目。公司的项目经理张伟（Zhang Wei）召集了财务经理李华（Li Hua）、采购经理王丽（Wang Li）和工程经理赵刚（Zhao Gang），在会议室讨论项目的成本管理问题。张伟首先发言："这个项目对我们公司意义重大，我们必须确保在预算内完成所有工作。"

"我们需要制订详细的成本预算，涵盖材料、人工和设备等所有费用。"李华建议道。

王丽提出："采购成本也很关键，我们要在保证质量的前提下，以最低价采购材料。"

"我们目前的预算有限，如何在不牺牲质量的情况下控制成本？"赵刚问道。

"我们需要大约1亿元的资金来完成这个项目。"张伟回答："我们希望在一年内完成所有工作。"

"除了资金，我们还需要考虑施工过程中的各种成本因素，例如，天气、劳动力短缺等。"王丽补充说。

"我认为优化施工计划和采购策略可以降低成本，这虽是挑战，但也是机遇！"李华兴奋地说。

"这个项目一直在扩大，我们可能永远也无法完全实现所有的成本目标。"赵刚表示担忧。

张伟回应说："我们要制定切实可行的成本管理计划，明确各团队职责。"

"我们是否真的需要这个项目？未来发展方向是什么？我们还面临激烈竞争，如何脱颖而出？"王丽问道。

赵刚插话说："我们需要创新的施工技术和成本控制方法，同时关注质量和进度。"

"好了，"张伟总结道，"大家的想法都不错，但我们资金和资源有限，机会稍纵即逝。我们必须采取行动，明确目标和策略，抓住这个机遇。"

案例问题：

（1）已识别的成本需求是什么？

（2）项目成本管理的目标是什么？

（3）如果有的话，对要从事的项目应做一些什么成本管理假定？

（4）项目成本管理牵涉的风险是什么？

本章复习 / Chapter Review

（1）项目成本管理的概念是什么？

项目成本管理是在项目实施的各个阶段，通过系统管理和控制各项过程，确保项目按照预定的成本预算、时间节点和质量标准实现目标，并保证其经济高效性。它涵盖成本估算、预算编制和成本控制等活动，以确保项目在预算内顺利完成。

第七章 项目成本管理 Chapter 7 Project Cost Management

(2)项目成本管理的目标是什么？

项目成本管理的最终目标是提高项目的经济效益，在不影响项目收益的前提下降低项目成本，从而为企业创造利润。它不仅关注成本节约，还注重成本与收益的平衡，以实现项目整体效益的最大化。

(3)项目成本估算的方法包括哪些？

项目成本估算的方法包括类比估算法、参数估计法、自上而下估算法、自下而上估算法、标准定额法、工料清单法和软件工具法等。这些方法各有优缺点，适用于不同类型和不同阶段的项目，项目团队可根据具体情况选择合适的方法。

(4)项目成本控制的方法有哪些？

项目成本控制的方法包括直接成本分配方法、间接成本分配方法、成本分析、成本基准计划、变更请求管理和完工估算等。通过这些方法，项目团队可以监控实际成本，及时发现偏差并采取纠偏措施，确保项目成本在预算范围内得到有效控制。

拓展阅读和学习 / Further Reading and Learning

- 《制造业成本倍减 42 法：61 个工厂案例全程解析》，作者：王天江。此书以制造业为场景，通过 61 个真实案例系统解析 42 种降本策略，涵盖流程优化、资源调配等核心环节。作者王天江以实战视角手把手指导成本管控，为制造业管理者提供可复用的高效解决方案。
- 《建设项目成本管理与控制实战宝典》，作者：匡仲发。此书聚焦工程领域，从招投标到竣工决算全流程拆解成本控制要点。匡仲发结合 30 余年工程管理经验，提炼出合同风险管控、动态成本监测等工具方法，帮助项目经理构建全周期成本防火墙。

第八章 项目质量管理
Chapter 8 Project Quality Management

引例 / Introductory Case

中亚天然气管道工程始于土库曼斯坦格达依姆,途经乌兹别克斯坦和哈萨克斯坦,最终抵达中国霍尔果斯,与中国西气东输二线相连。中国石油天然气管道局中亚地区工程项目部(EPC)承担了该管道建设的重要任务,包括在乌兹别克斯坦修建668km管道、在哈萨克斯坦修建1310km管道以及在中国修建8km管道。乌兹别克斯坦段和哈萨克斯坦段管道施工分别于2008年6月30日和7月9日开始,2009年12月1日单线投产运行,2010年8月全线竣工。

在项目质量管理方面,PMT(Project Management Team,项目管理组)发挥了关键作用。PMT建立完善质量管控体系,制定质量标准,明确各岗位责任。在执行层面,PMT严格监督总承包商,把控技术文件审批,定期检查质量管理体系。专业监理机构MOODY公司全程监督现场施工,从材料验收到最终验收,每个关键环节都有专人把关,发现问题立即整改,必要时停工。每周质量会议成为各方沟通协调的重要平台。此外,德国咨询商ILF公司参与压缩机采办、站场建设等关键工作,为项目质量提供保障。

为了确保项目的质量,乌兹别克斯坦、哈萨克斯坦国家建委、技术监督局、油气技术监督局还组成了联合检查组,每月对项目进行监督检查。对于检查出的问题,PMT将出具书面报告并要求承包商在规定期限内完成整改。对于整改完成的问题,PMT将进行闭合处理,确保问题得到彻底解决。面对如此艰巨的工程任务和紧张的工期,我国的2500多名员工并未退缩。他们克服了沙漠、山区、沼泽以及酷暑和严寒等极端气候条件,按计划完成了建设任务,创造了在大口径、长距离管道建设史上的一个奇迹。

学习目标 / Learning Objectives

(1)描述质量、项目质量、质量管理及项目质量管理的基本概念。
(2)厘清项目质量管理的基本过程,能够说明项目质量计划和项目质量保障的概念与方法。
(3)理解项目质量控制的概念,能够合理使用项目质量控制的工具与方法。
(4)明确项目质量监督、项目质量审计与项目质量管理组织的相关内容。

第三节 项目质量控制
Quality Control

项目质量控制是在项目质量保障工作前提下所开展的一项针对项目质量事中控制的工作,项目质量控制工作的概念、方法和结果分别讨论如下。

一、项目质量控制的概述 Overview of Quality Control

项目质量控制是指对于项目质量实施过程和情况的监督与管理,它有自己的概念和内容。项目质量控制所使用的技术和方法与项目质量保障不同。

(一)项目质量控制的概念 Concept of Project Quality Control

项目质量控制是事中对于项目产品和工作质量的监督与管理工作,使用的是一种即时性、过程性、纠偏性和把关性的质量管理工作和方法。虽然项目质量保障和项目质量控制的目标是一致的,都是为了满足项目相关利益主体对于项目质量的需要。但是有关项目质量控制的概念,人们还必须严格明确和区分以下不同概念。

1. 项目质量核检工作和项目质量检验工作

项目质量核检工作属于对项目工作质量的控制工作,是一种为保障项目产品质量的事前管理和控制工作。但是,项目质量检验工作属于对项目产品质量的控制,是一种项目产品质量的事中控制工作。前者属于项目质量保障的范畴,后者属于项目质量控制的范畴,所以前者在很大程度上是一种"惩后"的工作和方法,而后者是一种"惩前"的工作和方法。

2. 项目产品质量问题的特异原因和系统原因

项目质量控制中的项目产品质量问题有 2 种不同的原因,其中特异原因是一种没有任何规律可循的随机性原因,它造成的项目质量事故很难预防;而系统原因是一种有规律可循的原因,人们可以根据它所表现出的规律和趋势采取必要控制措施。

3. 项目质量要求或目标和项目质量控制界限

在项目质量控制中,人们不能使用项目质量要求或目标作为项目质量控制的界限或标准,因为一旦项目质量实际触碰到项目质量要求或目标会导致项目质量失控或失效,所以质量控制界限或控制标准更为严格,从而使得项目质量要求或目标与项目质量控制界限或标准之间形成"容忍区间",及时发出需要纠偏的信号。

4. 项目质量的抽样样本和项目质量的总体

在项目质量控制过程中,人们经常需要使用抽样检验的方法,此时人们使用项目总体中一定数量的样本所具有的质量属性去推断项目总体的质量属性,所以人们在使用这种方法时必须严格区分项目质量的总体和项目质量的抽样样本,因为这种项目质量控制方法的置信区间(或可信度)是有限的,其置信区间的大小与抽样样本的多少有关。

（二）项目质量控制的内容 Content of Project Quality Control

项目质量控制工作的主要内容包括：项目质量控制界限或标准的制定，项目质量实施情况的度量，项目质量实际结果与项目质量控制标准的比较，项目质量误差的分析与问题确认，项目质量问题的原因分析，采取改善项目质量实际或修订项目质量标准的纠偏措施等一系列项目质量控制活动。这些项目质量控制工作构成了一个项目"计划、实施、检验、行动"的质量控制工作循环，贯穿项目全过程。需要特别指出的是，项目的一次性等特性使得某些项目质量问题一旦出现就具有后果不可挽回的性质，所以人们需要采取修订项目质量目标、要求和度量标准的应对措施。有关项目质量控制工作的内容和环节以及它们之间的相互关联和项目衔接的关系见图 8-7。

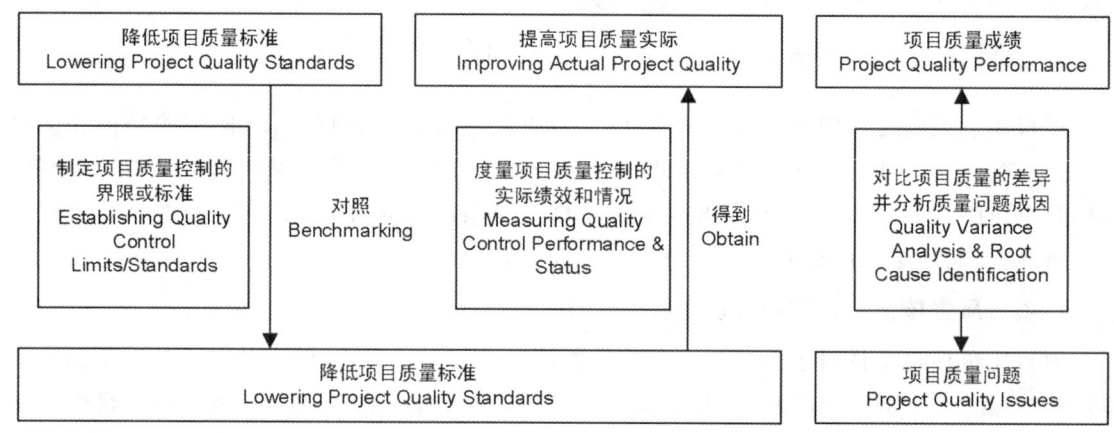

图 8-7　项目质量控制工作内容或环节间的相互关联关系示意图
Interrelationship Diagram of Project Quality Control Activities

由图 8-7 可知，在项目质量控制工作中人们首先需要制定项目质量控制用的界限或标准，然后对照这种项目质量控制界限或标准去度量项目质量控制的实际绩效情况，进一步找出项目质量控制实际和标准之间的差异并分析这种差异是项目质量控制的成果还是问题。如果出现的是项目质量控制的问题，那么人们就需要进一步开展项目质量控制的纠偏措施了，这种项目质量控制的纠偏措施有 2 种：当项目质量控制问题是人们可以通过采取行动而改变的，那么就可以采用"提高项目质量实际"的纠偏措施；当项目质量控制问题不是人们可以通过采取行动而改变的，那么就必须采用"降低项目质量标准"的纠偏措施了，这就是项目质量控制工作的内容或活动之间的相互关系。

二、项目质量监督 Quality Monitoring

（一）项目质量监督的概念 Concept of Project Quality Monitoring

项目质量监督是指为确保满足规定的要求，对实体的状况进行连续的监视和验证，并对记录进行分析。对项目质量监督应从以下几个方面理解：第一，质量监督的对象是实体，包括

第八章 项目质量管理 Chapter 8 Project Quality Management

产品、活动、过程、组织、体系、人或者他们中的任何组合。第二，质量监督的目的是确保满足规定的要求。规定的要求，可以是标准、规范、法律、规章、制度等。第三，质量监督的手段可以是监视、观察、验证，并对记录进行检查、分析，其方式可以是连续的，也可以是一定频次的；可以是即时的，也可以是延时的。第四，质量监督的主体是顾客、顾客代表或代表顾客利益的人或组织。顾客代表是指顾客授权的代表，如第三方认证机构。代表顾客利益的人或组织是指国家通过立法授权的特定国家机关或社会团体，如质量技术检验检疫局、工商局、消费者协会。

（二）项目质量监督的内容和主要类别 Content and Main Categories of Project Quality Monitoring

项目质量监督的范围包括从项目启动、设计、实施到收尾的全生命周期。对不同类型的项目，质量监督的内容各不相同。对于工程项目，质量监督的主要内容包括：工程开工前，对工程的勘察、设计、施工单位的资质等级和营业服务等进行核查；在工程施工中，按照监督计划对工程质量进行抽查；工程完工后，在施工单位验收的基础上对工程质量等级进行核验等。

项目质量监督可以分为组织内部的微观质量监督和组织外部的宏观质量监督。

组织内部监督是指为了保证满足质量要求，由具备资格且经高层领导授权的员工对程序、方法、条件、产品、过程或服务进行检查，对照规定的质量要求，发现问题予以记录，并督促责任部门分析原因，制定解决措施，直至问题获得解决。组织内部的质量监督涉及各职能部门的工作和活动。尽管组织内部的质量监督涉及各职能部门，但质量监督的主体是企业的质量检验部门和质量保证部门。组织外部的质量监督又可以分为政府监督和社会监督。政府监督是一种行政监督，是政府行政部门、法律授予具有行政监管职能的机构依靠特定的质量法规或行政规章，对组织或项目的质量行为给予的直接管理。社会监督是顾客和非营利社会组织通过质量信息的广泛发布、质量诉讼行动等多种方式进行监督。

三、项目质量控制的工具 Quality Control Tools

近年来，统计方法在商业、工业和科学等领域都比较流行。它们提供了在定量事实基础上进行客观决策的依据，使得决策避免主观独断。

统计过程控制（Statistical Process Control，SPC）利用了过程的自然特征。所有的商业活动都可以用已知公差和可测变差的特殊过程来描述。这些变差的测度和信息结果可以为连续的过程改进提供基础。统计学的程序控制的基本工具是数据表、帕累托分析、因果分析、趋势分析、柱状图、散点图及控制图。这些基本工具提供了过程数据的图形表示和测度，为有效的资料收集提供了服务，可以对资料中的模式进行辨析，并对可变性做出测量。系统地使用这些工具有助于企业控制生产过程和产品，提高自身竞争力。图8-8展示了这7个工具之间的关系，以及它们在质量控制中的辨析和分析功用。

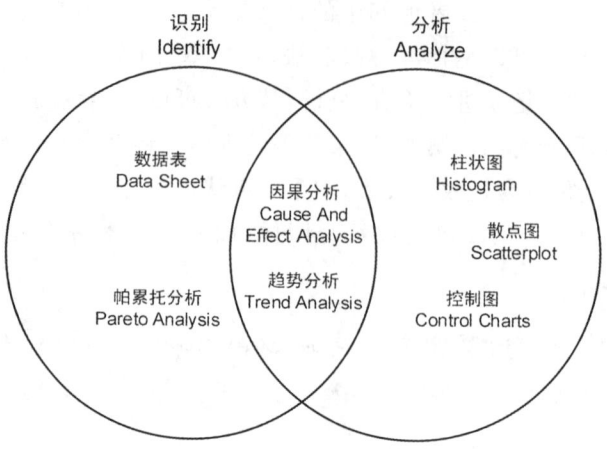

图 8-8　7个质量控制工具 Seven Quality Control Tools

（一）数据表 Data Sheets

数据表和数据队列为数据的分类和展示提供了系统的方法。当没有自动数据时，数据表经常以手工表格的形式出现。数据表或检查表应该设计成需要最小输入信息的样式。简单易懂的表格是成功数据聚类的关键。图 8-9 是一个确认发货单属性（有效或无效）的例子。从该检查单中可以看到：总错误次数是 34、错误最多的供应商是 A、最常出现的错误是试验记录。利用帕累托分析、控制图和其他统计工具，我们可以对这些数据进行一步分析。

错误 Error	供应商 Suppliers				总计 Total
	A	B	C	D	
错误的发货单 Incorrect Delivery Note	////	/		//	7
错误的库存 Inventory Discrepancy	/////	//	/	/	9
材料被损坏 Material Damage	///		//	///	8
错误的试验记录 Erroneous Test Record	/	///	////	//	10
总计 Total	13	6	7	8	34

图 8-9　材料接收和检查的核对表 Material Receiving and Inspection Checklist

（二）因果分析 Cause and Effect Analysis

确定问题后，我们有必要分析其原因。因果分析是通过因果图（鱼骨图）系统追溯问题根源的图形化技术。其实施包含 6 个步骤。

步骤 1：确定问题并对问题进行简洁、清晰的描述。该步骤通常综合运用帕累托分析、柱状图和控制图，以及头脑风暴法。步骤 2：组建跨学科头脑风暴团队。依据问题特性，选取具备技术、管理等多元背景的专家组成分析小组。步骤 3：画问题箱和主箭头。这一步包括用于因果评价的问题说明。主箭头作为主要类别的分类基础。步骤 4：确定主因类别。确定问题

第八章 项目质量管理 Chapter 8 Project Quality Management

本章知识点导图 / Mindmap of Key Concepts

本章知识点导图见图 8-15。

一系列围绕项目质量所开展的指挥、协调与控制活动
A Series of Directing, Coordinating, And Controlling Activities Focused on Project Quality

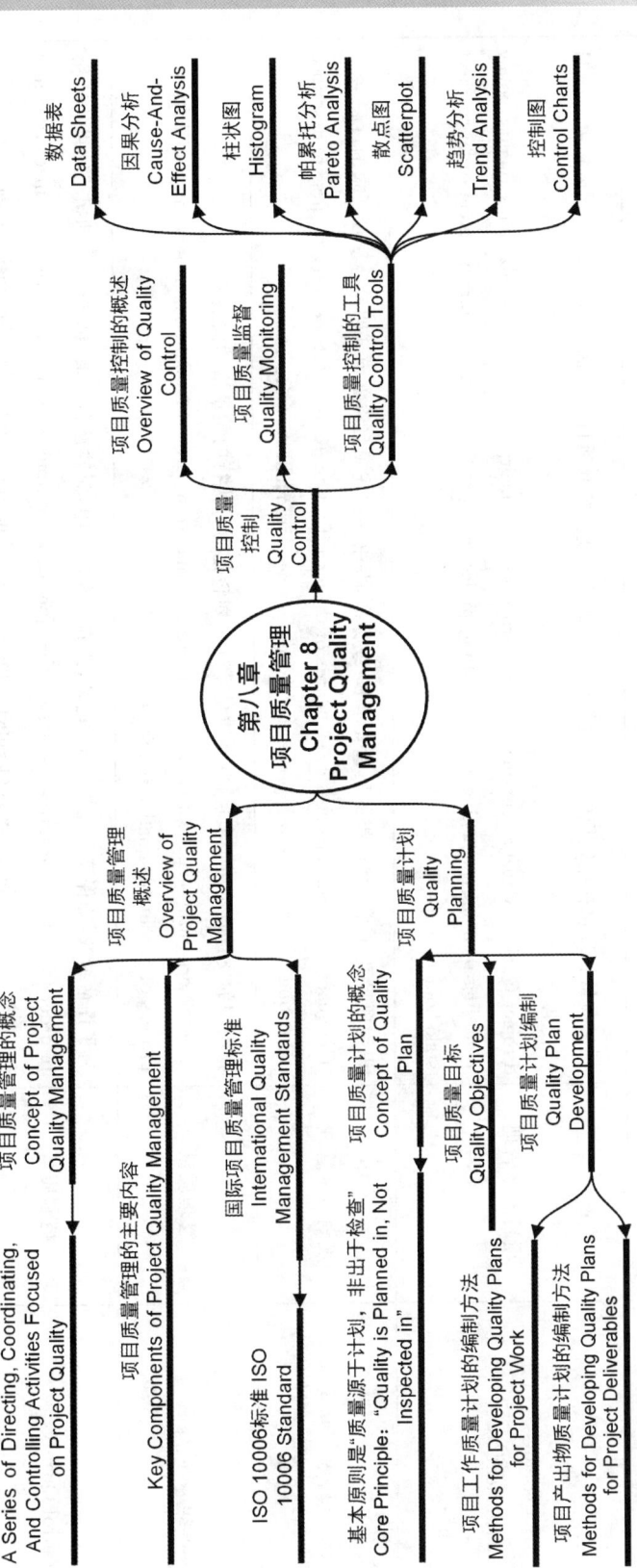

图 8-15 本章知识点导图 Mindmap of key concepts of chapter 8

名词列表与重要概念 Key Terms and Important Concept

英文名词 English noun	中文名词 Chinese noun	重要概念 Important concept
Project Quality Management	项目质量管理	项目质量管理包括把组织的质量政策应用于规划、管理、控制项目和产品质量要求，以满足相关方的期望的各个过程 Project Quality Management includes the processes for incorporating the organization's quality policy regarding planning, managing, and controlling project and product quality requirements, in order to meet stakeholders' expectations
Plan Quality Management	规划质量管理	识别项目及其可交付成果的质量要求和/或标准，并书面描述项目将如何证明符合质量要求的过程 The quality requirements and/or standards of the identification items and its delivery results are described in writing how projects will prove the process of meeting quality requirements
Manage Quality	管理质量	把组织的质量政策用于项目，并将质量管理计划转化为可执行的质量活动的过程 Use the organizational quality policy for projects and transform the quality management plan into the process of executable quality activities
Control Quality	控制质量	为了评估绩效，确保项目输出完整、正确，并满足客户期望，而监督和记录质量管理活动执行结果的过程 In order to evaluate performance, ensure that the project output is complete, correct, and meet customer expectations, and the process of supervising and recording the results of quality management activities
Project Quality Planning	项目质量计划	项目质量计划是确定项目质量目标、标准和方法的文件，详细描述了如何在项目中管理和控制质量 A project quality plan is a document that identifies project quality objectives, criteria, and methods, detailing how quality will be managed and controlled in the project

续表

英文名词 English noun	中文名词 Chinese noun	重要概念 Important concept
Project Quality Assurance	项目质量保障	项目质量保障是确保项目过程和活动遵循适当的质量标准和流程的一系列计划和活动 Project quality assurance is a set of programs and activities to ensure that project processes and activities follow appropriate quality standards and procedures
Project Quality Control	项目质量控制	项目质量控制是监测和验证项目交付物是否符合质量标准和要求的一系列活动,通常包括检查、测试和纠正 Project quality control is a series of activities that monitor and verify that project deliverables comply with quality standards and requirements, usually including inspection, testing and correction
Project Quality Monitoring	项目质量监督	项目质量监督指代项目质量管理过程中的监控活动,以确保项目保持在质量标准内 Project quality monitoring refers to the monitoring activities in the project quality management process to ensure that the project remains within quality standards
Quality Benchmarking	质量标杆法	质量标杆法是一种比较和学习其他组织的最佳实践,以改进自己组织的质量和绩效的方法 Quality benchmarking is a method of comparing and learning from the best practices of other organizations in order to improve the quality and performance of your own organization
Flowcharting	流程图	流程图是一种图形表示方法,用于可视化和描述各种过程、程序或工作流程,以便分析和改进它们 Flowcharting is a graphical representation used to visualize and describe various processes, programs, or workflows in order to analyze and improve them
Design of Experiments (DOE)	实验设计法	实验设计法是一种系统的方法,用于规划和执行实验以确定影响特定结果的因素,并优化这些因素以获得最佳结果 Design of experiments is a systematic approach to planning and performing experiments to identify the factors that influence a particular outcome and to optimize those factors for the best results

续表

英文名词 English noun	中文名词 Chinese noun	重要概念 Important concept
Quality Checklists	质量核对单	用来核实所要求的一系列步骤是否已得到执行的结构化工具 A structured tool used to verify that a set of required steps has been performed
Project Quality Management System	项目质量管理体系	项目质量管理体系是一套文件、程序和流程,用于管理和确保项目达到质量目标的体系结构 Project quality management system is a set of documents, procedures, and processes used to manage and ensure that a project meets its quality objectives
Histogram	直方图	一种展示数字数据的条形图 A bar chart that shows the graphical representation of numerical data
Control Charts	控制表	用于监测过程质量和变化的工具,通常包括上限和下限控制线,有助于识别异常和趋势,以及维持稳定的过程 Tools used to monitor process quality and change, often including upper and lower limit control lines, help identify anomalies and trends, as well as maintain stable processes
Cause And Effect Analysis	因果分析	也称为鱼骨图或石英图,是一种用于识别问题根本原因的工具,通过分析各种因素之间的关系来找出问题的起因 Also known as a fishbone chart or quartz chart, it is a tool used to identify the root cause of a problem by analyzing the relationship between various factors to find the cause of the problem
Trend Analysis	趋势分析	根据历史数据并利用数学模型预测未来结果的一种分析技术 An analytical technique that uses mathematical models to forecast future outcomes based on historical results

针、目标和责任,并通过质量计划编制、质量控制、质量改进和质量保障等措施来确保质量方针的执行、质量目标的完成以及质量责任的履行。

(2)项目质量管理的主要内容包括哪些?

项目质量管理的主要内容包括确定项目质量方针、进行质量策划、制订质量计划、构建质量体系、实施质量保障措施、推动质量改进、加强质量监督以及严格控制质量等。其核心环节主要聚焦于质量计划的制订、质量保障的落实以及质量监控的实施,这些工作共同构成了项目质量管理的基石,确保了项目的质量目标得以实现。

(3)项目质量控制的概念是什么?

项目质量控制是指对于项目质量实施过程和情况的监督与管理,是一种即时性、过程性、纠偏性和把关性的质量管理工作和方法。它通过对项目质量实施情况的度量、比较、分析和问题确认,采取改善项目质量实际或修订项目质量标准的纠偏措施,确保项目质量符合既定要求。

(4)项目质量监督的概念是什么?

项目质量监督是指为确保满足规定的要求,对实体的状况进行连续的监视和验证,并对记录进行分析。其对象是实体,包括产品、活动、过程、组织、体系、人或者他们的任何组合,目的是确保满足规定的要求,手段可以是监视、观察、验证等,并对记录进行检查、分析。

拓展阅读和学习 / Further Reading and Learning

- 《精益思想》,作者:詹姆斯,丹尼尔。此书深入探讨了精益生产的核心原理,包括价值流程图、持续改进和消除浪费等概念。这本书通过丰富的实例和案例分析,指导读者如何在自己的组织中实施精益思想,以提高效率和生产力。
- 《转危为安》,作者:戴明。此书从一个更广泛的视角出发,探讨了质量管理在企业文化中的作用和重要性。戴明通过提出14点管理原则,强调了领导力、员工培训和持续改进的重要性。这本书有助于读者了解如何改变传统管理方式,致力于建立更加人性化、高效和自适应企业文化。

第九章 项目沟通管理
Chapter 9 Project Communications Management

引例 / Introductory Case

SpaceX 的火星计划是该公司创始人埃隆·马斯克提出的一个雄心勃勃的目标,旨在将人类送往火星并建立一个可持续的人类定居点。该计划的核心是开发一种大型重型火箭,名为"星际飞船"(Starship),它将能够运送大量的货物和乘客到火星。

SpaceX 的火星计划是一个庞大的项目,面临许多技术和工程挑战,包括长期太空旅行、火星着陆和定居条件等,需要涉及多个团队和部门之间的协作和沟通。在这个项目中,项目沟通管理是非常重要的。

SpaceX 的火星计划的目标是将人类送上火星,这个目标需要在整个项目中得到明确的传达和理解,以确保所有团队和部门都朝着同一个方向努力。在项目开始之前,需要制订详细的项目计划,包括时间表、资源分配、风险管理等。这些计划需要在整个项目中得到共享和理解,以确保所有团队和部门都知道自己的任务和责任。团队会议是项目沟通管理的重要手段之一。在这个项目中,需要定期组织团队会议,以便团队成员之间交流信息、解决问题和协调工作。在整个项目中,需要建立一个信息共享的平台,以便团队成员之间共享信息、文件和数据。这个平台需要保证信息的安全性和可靠性。在这个项目中,需要对风险进行管理和控制。风险管理需要涉及多个团队和部门之间的协作和沟通,以确保风险得到及时识别和处理。

总之,项目沟通管理是 SpaceX 火星计划中非常重要的一部分。本案例清晰地展示了成功的项目沟通如何在团队、合作伙伴和社会之间建立联系,将愿景转化为现实,为项目的成就创造了有力的推动力。接下来,我们将系统地学习项目沟通的具体概念以及相关的技巧。

学习目标 / Learning Objectives

(1) 解释项目沟通管理的内涵,比较沟通管理与项目沟通管理的区别。
(2) 列出项目沟通过程的子过程,复述各个子过程的流程与目的。
(3) 准确界定沟通活动的类型。
(4) 描述管理沟通的基本原则和具体内涵。
(5) 能够画出 5 种正式沟通渠道的简图,并计算出沟通渠道的数量。

第九章　项目沟通管理 Chapter 9 Project Communications Management

本章结构导图 / Chapter 9 Structure

本章结构导图见图 9-1。

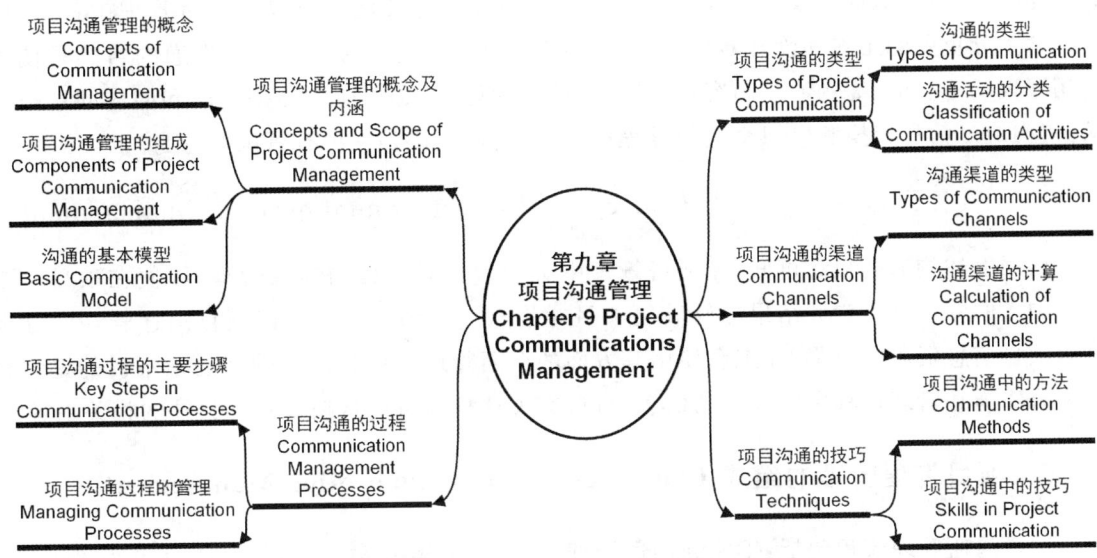

图 9-1　本章结构导图 Chapter 9 Structure

第一节　项目沟通管理的概念及内涵
Concepts and Scope of Project Communication Management

一、项目沟通管理的概念 Concepts of Communication Management

项目沟通管理是项目管理的重要组成部分,它涉及项目团队、相关人员和客户之间的信息交流和协调。项目沟通管理的目标是确保项目信息的及时、准确和有效的传递和理解,从而促进项目的顺利实施和成功完成。

沟通虽然是每个人每天都要做的事情,但却是一项需要努力学习和实践才能学会和做好的事情。一个成功的项目管理者最主要的任务之一就是充分发挥自己的沟通能力,做好沟通工作,使自己的组织或团队更加合理和有效地开展工作。根据哈佛商学院的统计,经理们尤其是项目经理们有 90% 以上的时间是在做沟通及其管理工作,以便获得足够的信息,从而做出正确的管理决策。按照美国联邦调查局的说法,他们的管理者 95% 以上的时间是在做沟通或管理沟通,因为他们就是做情报和信息工作的。

项目沟通管理包括通过开发工件,以及执行用于有效交换信息的各种活动,来确保项目及其相关方的信息需求得以满足的各个过程。项目沟通管理由 2 个部分组成:第一部分是制定策略,确保沟通对相关方行之有效;第二部分是执行必要的活动,以落实沟通策略。

（一）沟通的概念 Concept of Communication

项目的沟通管理比一般运营的沟通管理要重要得多，因为项目存在信息缺口，需要通过更多的沟通去获得这些信息，从而弥补项目存在的信息缺口。同时，项目是以团队的方式开展工作的，项目团队成员及其作业需要更多的沟通和信息交流。所以在项目管理中，沟通成为一项十分重要的工作和管理对象，有关沟通最基本的概念包括以下：①沟通的目的是使人们相互理解和交流；②沟通的内容包括数据、信息和思想；③沟通主要是提出和回应问题或要求；④沟通是信息交换和思想交流的过程；⑤管理沟通应该是一种有意识的行为。

（二）项目沟通管理的概念 Concept of Project Communication Management

根据上述沟通的概念可知，在项目管理中必须包括对项目沟通的管理，以便在项目实施过程中人们的沟通行为和结果能够满足项目对信息资源的需求。所以项目沟通管理实际上是对项目信息资源的收集、加工和使用等方面的全面管理。项目沟通管理的根本目的是弥补在项目实施和管理过程中所存在的信息缺口，有关这种项目信息缺口及其弥补的相关内容。

二、项目沟通管理的组成 Components of Communication Management

项目沟通管理流程包括：①规划沟通管理：基于每个相关方或相关方群体的信息需求、可用的组织资产，以及具体项目的需求，为项目沟通活动制定恰当的方法和计划的过程。②管理沟通：确保项目信息及时且恰当地收集、生成、发布、存储、检索、管理、监督和最终处置的过程。③监督沟通：确保满足项目及其相关方的信息需求的过程。

三、沟通的基本模型 Basic Communication Model

互动沟通模型将沟通描述为由发送方与接收方参与的沟通过程，但它还强调确保信息被理解的必要性。但在发送方和接收方所处的环境中，可能存在会干扰有效沟通的各种噪音和其他障碍。例如，接收方注意力分散、接收方的认知差异，或缺少适当的知识或兴趣。在沟通中，可以通过积极倾听实现反馈。作为沟通过程的一部分，发送方负责信息的传递，确保信息的准确，并需要告知已收到或作出适当的回应。基本沟通模型的主要步骤包括编码、传递信息、解码。互动沟通模型中的主要步骤包括编码、传递信息、解码、确认收到、反馈/响应。具体步骤和传递方式如图9-2所示。

自测题 Self-assessment Questions

（1）为什么项目的沟通管理比一般运营的沟通管理更为重要？
（2）请解释项目沟通管理流程的组成。

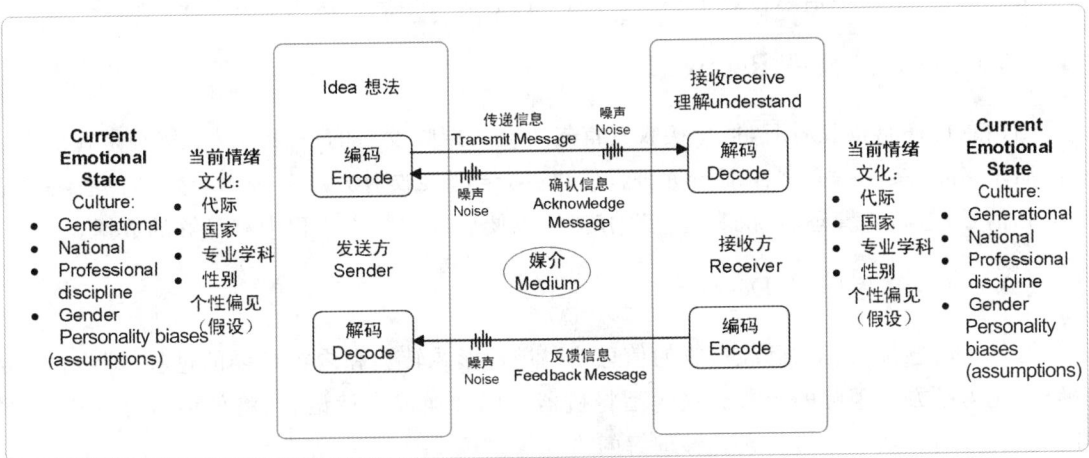

图 9-2　沟通模型图 Communication Model Diagram

第二节　项目沟通的过程
Communication Processes

一、项目沟通过程的主要步骤 Key Steps in Communication Processes

(一)确定沟通的想法 Define Communication Intent

沟通过程中的信息发送者首先要确定自己所要沟通的信息和思想,它们是沟通过程中需要努力使对方接受与理解和实际要发出的内容。但是信息发送者必须按照信息接收者能够接收的编码,对所要发送的信息和思想进行必要和合理的编码处理。

(二)进行发送的编码 Encoding the Message

发送者的编码工作是根据信息接收者的语言、个性、知识水平和理解能力等因素,使用信息接收者能理解的语言和编码,将信息或思想进行编码处理。只有在完成了编码工作以后,信息发送者才能够把自己的信息或思想发送给信息接收者并为他们所接受。

(三)选择传递的方式 Select Transmission Method

信息发送者在完成编码后还必须进行信息传递方式或渠道的选择,以确保使用合适且有效的信息传递方式或渠道将信息发送给信息接收者。人们必须根据信息的特性、信息接收者的情况和噪声干扰等情况来选择在信息传递子过程中所使用的传递方式或渠道。

(四)发送和传送信息 Send and Transmit Information

在人们选定沟通的信息传递方式或渠道以后,就可以使用其将已编码的信息或思想传送给信息接收者了。这种信息的传送过程可以由机器或人工实现。其中,电子型信息传送依靠电子信息网络,书面型信息传送依靠书信邮寄等,思想型信息传送则需要当事人面谈。

(五)接收信息编码 Receive Information

当信息传递给接收者时,信息接收者首先要全面接收发送的信息编码。特别是在面对面的沟通中,信息接收者必须仔细倾听对方的讲述,全部接收对方用各种语言传递的各种信息编码和信号,这就是管理者"沉默是金"的时候,以便后续的解码过程中有足够的数据。

(六)开展信息解码 Decode Information

这是指信息接收者对已经接收的信息编码进行形式转化和内容翻译的过程,即将接收的编码转化为己方可理解的形式。这包括将机器编码转换成自然语言、将外语翻译成中文、将方言或者行话以及手势转化成能够理解的语言等。

(七)全面理解信息 Understand Information

这是指在信息解码的基础上,全面理解所接收信息的过程,包括对所接收的信息和思想感情的全面理解。其一是要弄明白信息发送者所发送信息字面的含义、内容和要求等;其二是全面理解信息发送者的真实意图和实际想法等思想感情方面的内容。

(八)积极开展反馈 Provide Feedback

这是信息接收者根据发送者的要求或自己存在的疑问及要求,反过来向信息发送者提出询问、反诘、确认等反馈行为。这包括对所接收信息或思想的疑问、进一步发送信息的要求等。其属于求证性信息沟通过程,它与信息发送、传递和接收构成了信息沟通的环路。

(九)沟通过程干扰 Communication Interference

在有些沟通过程中会存在干扰,这些干扰可能是人为噪声的干扰,也可能是某种环境因素造成的干扰。人们要保证信息沟通过程的连续性和有效性,就需要努力消除沟通干扰;反之,人们就需要去制造沟通干扰,所以干扰也是信息沟通过程中一个十分重要的环节。

二、项目沟通过程的管理 Managing Communication Processes

项目沟通过程的管理主要涉及对整个沟通过程中发送、传递、接收、反馈和干扰5个子过程的全面管理(图9-3),具体如下。

(一)项目沟通发送子过程的管理 Managing Sending Subprocess

项目沟通发送子过程的管理主要涉及2个方面:其一是对传递信息内容的管理,人们需要根据项目对于信息的需求而制订项目发送信息内容的计划和安排,通常包括"上下(项目领导者和被领导者)、左右(项目团队成员之间)、内外(项目团队与其他项目相关利益主体)"3个方面的信息发送内容的计划和安排;其二是对信息编码的管理,人们需要根据项目信息沟通

第九章 项目沟通管理 Chapter 9 Project Communications Management

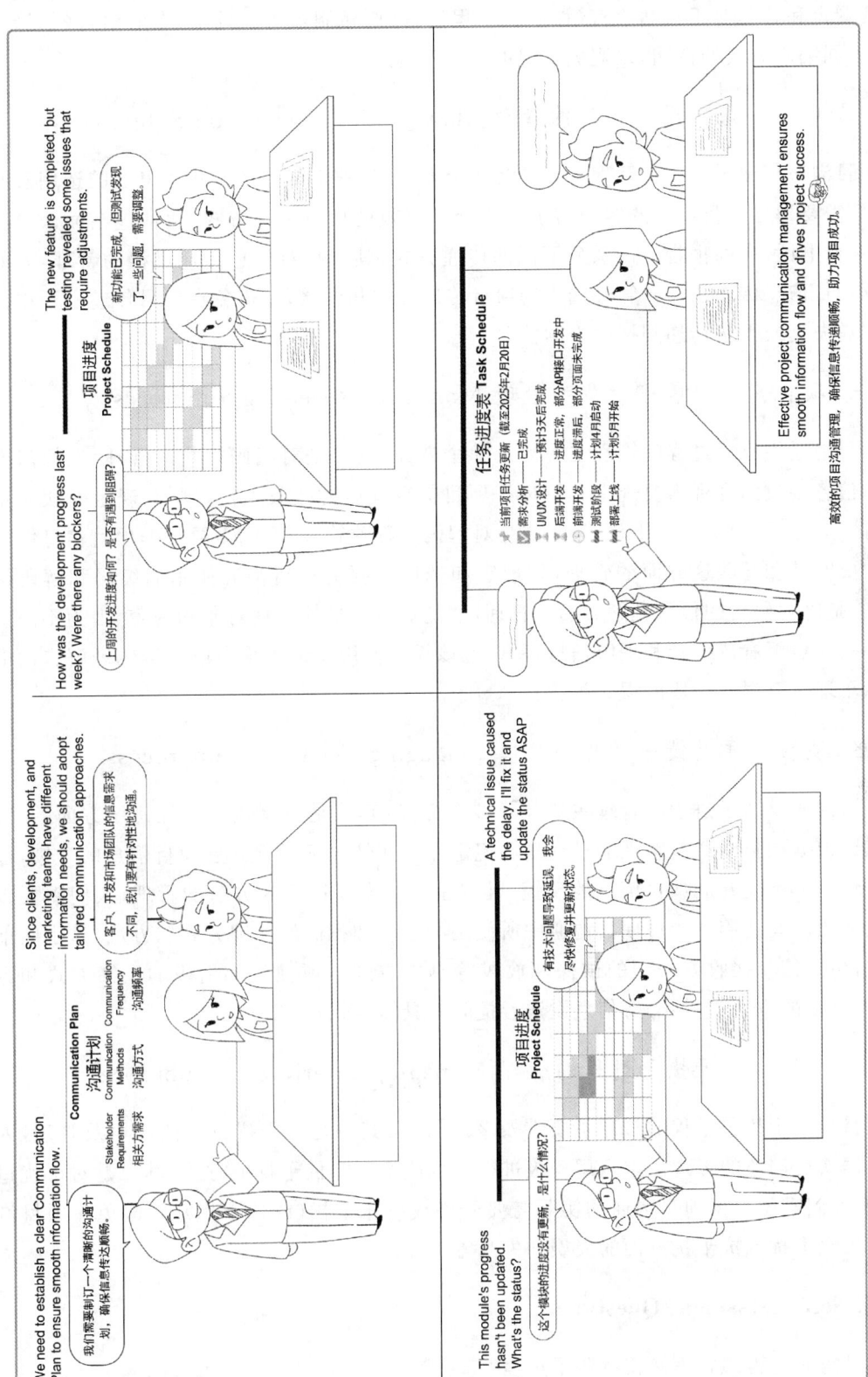

图 9-3 项目沟通计划管理 Communication plan management

的需要规定和管理对于自然语言（母语）、工程语言（机械制图等）、外语、专业语言（如管理图表）等不同编码方式的使用，以避免出现项目管理沟通障碍。

（二）项目沟通传递子过程的管理 Managing Transmission Subprocess

项目沟通传递子过程的管理主要涉及2个方面：其一是对传递方式和渠道的选用及其管理，人们需要根据项目沟通的客观需求选用合理有效的项目传递方式，通常包括面谈、电话、短信、录音电话、书面报告等一系列不同的传递方式；其二是对信息传递过程的管理，人们需要根据项目信息传递的需要管理选用的项目传递方式和渠道，以避免在项目传递过程中出现信息传递失真或无法传递到接收方的情况。

（三）项目沟通接收子过程的管理 Managing Receiving Subprocess

项目沟通接收子过程的管理主要涉及3个方面：其一是对编码接收的管理，人们需要根据项目信息接收的客观需要规定和管理好项目信息编码的接收工作，例如，规定面谈时不能随便打断对方，开会不能打手机等；其二是对解码过程的管理，人们需要根据项目信息解码的实际需要安排和开展这方面的管理，如规定和选用必要的项目沟通使用的编码和解码标准等；其三是对解码后的信息理解方面的管理，这是最为困难的管理对象和内容，因为不同的人会从不同的角度看待事物和理解信息，所以应该规定使用反馈等手段解决编码理解方面的偏差或由于理解有误而造成的误会等。

（四）项目沟通反馈子过程的管理 Managing Feedback Subprocess

项目沟通反馈子过程的管理主要涉及2个方面：其一是对反馈子过程使用方面的管理，人们需要根据项目沟通的客观需求计划和规定在哪些情况下必须开展项目信息的反馈，以及在哪些情况下不能开展项目信息的反馈；其二是对信息反馈方式方法的管理，人们需要根据项目沟通的需要选用和管理项目沟通中所使用的主动和积极的反馈方式和方法（这也叫前馈的方法，包括信息接收方采用的试探和放风等具体方式），或被动和消极的反馈方式和方法（这也叫反馈的方法，包括等待信息发送者提问等具体方式）。

（五）项目沟通干扰子过程的管理 Managing Interference Subprocess

项目沟通干扰子过程的管理主要涉及2个方面：其一是对干扰方式的选用及管理，人们需要根据项目沟通的客观需求选用积极进行干扰或努力降低干扰的方式；其二是对干扰过程的管理，人们需要根据项目沟通的实际需要开展或终止干扰（或抗干扰），以避免在项目沟通过程中出现干扰或抗干扰方面的失误和失当等情况。

自测题 Self-assessment Questions

项目沟通过程的管理涵盖哪些子过程？

第三节　项目沟通的类型
Types of Project Communication

一、沟通的类型 Types of Communication

沟通是指有意或无意的信息交换。交换的信息可以是想法、指示或情绪。信息交换的方法包括书面形式、口头形式、正式或非正式形式（用正式纸质或社交媒体）、手势动作、媒体形式、遣词造句。

二、沟通活动的分类 Classification of Communication Activities

沟通活动可按多种维度进行分类，包括（但不限于）：①内部，对项目内部或组织内部的相关方。②外部，针对外部相关方，如客户、供应商、其他项目、组织、政府、公众和环保倡导者。③正式报告、正式会议（定期及临时）、会议议程和记录、相关方简报和演示。④非正式，采用电子邮件、社交媒体、网站，以及非正式临时讨论的一般沟通活动。

层级沟通相关方或相关方群体相对于项目团队的位置将会以如下方式影响信息传递的形式和内容：①向上沟通，针对高层相关方。②向下沟通，针对承担项目工作的团队和其他人员。③横向沟通，针对项目经理或团队的同级人员。④官方沟通，年报，呈交监管机构或政府部门的报告。⑤非官方沟通，采用灵活（往往为非正式）的手段，来建立和维护项目团队及其相关方对项目情况的了解和认可，并在他们之间建立强有力的关系。⑥书面与口头沟通，口头（用词和音调变化）及非口头（肢体语言和行为），社交媒体和网站、媒体发布。

自测题 Self-assessment Questions

手势动作在沟通中的作用是什么？为什么在跨文化沟通中需要特别注意？

第四节　项目沟通的渠道
Communication Channels

一、沟通渠道的类型 Types of Communication Channels

（一）古代的通信方式 Historical Communication Methods

击鼓传令："击鼓传令"是一种古代传递信息的方式，通常通过鼓声的节奏和编码来传达特定的信息。在历史上，击鼓传令在军事、文化和社会活动中被广泛使用，特别是在没有现代通信技术的时代。

驿站传信：驿站传信是一种古代的信息传递方式，通常通过设立一系列驿站，使消息能够快速地在不同地点之间传递。这种方式在历史上在许多国家和文化中被广泛使用，尤其是在没有现代快速交通工具和通信技术的时代。

烽火传军情：烽火传军情是一种古代的军事通信方式，通过在高地上点燃烽火来传递军情、紧急信息和警报。这种方式在历史上被广泛应用于战争时期，尤其是在没有现代通信技术的情况下，用于传递迅速而重要的消息。

飞鸽传书："飞鸽传书"是一种比喻，用来形容信息传递的速度非常快速，就像飞鸽传递信件一样。这个比喻源自古代人们利用信鸽进行信息传递的实际情况。信鸽是一种训练有素的鸽子，它们可以被带到远处，然后放飞，再回到原地的巢穴，从而将消息从一个地方传递到另一个地方。

（二）现代的通信方式 Modern Communication Methods

邮递：以实物传递为基础。信件是信息传递最简单、最纯朴的方式。快递是人类社会发展的需要，主要是因为随着人类物质生活水平的提高服务需求面也越来越广，但其发展受交通运输制约，无便利的交通运输怎么也快不起来。

电话：电话分固定电话、移动电话与网络电话，其传递方式与网络方式优缺点基本相同，与网络方式不同之处在于电话不能直接传递文字图片，与邮递方式不同在于不能传递实物。

传真：将文字、图表、相片等记录在纸面上的静止图像，通过扫描和光电变换，变成电信号，经各类信道传送到目的地，在接收端通过一系列逆变换过程，获得与发送原稿相似的记录副本的通信方式，称为传真。

卫星电话：基于卫星通信系统来传输信息的电话就是卫星电话。卫星电话是现代移动通信的产物，其主要功能是填补现有通信（有线通信、无线通信）终端无法覆盖的区域，为人们的工作提供更为完善的服务。现代通信中，卫星通信是无法被其他通信方式替代的，现有常用通信所提供的所有通信功能，均已在卫星通信中得到应用。

电报：就是用电信号传递的文字信息。电报是通信业务的一种，是最早使用电进行通信的方法。电报大大加快了消息的流通，是工业社会的一项重要发明。早期的电报只能在陆地上通信，后来使用了海底电缆，开展了越洋服务。到了20世纪初，开始使用无线电拍发电报，电报业务基本上已能抵达地球上的大部分地区。电报主要用于传递文字信息，使用电报技术传送图片称为传真。

数据通信：计算机网络中传输的信息都是数字数据，计算机之间的通信就是数据通信，数据通信是计算机和通信线路结合的通信方式。

（三）沟通渠道的种类 Categories of Channels

1. 5种正式沟通渠道 Five Formal Communication Channels

沟通模式不只是上述图9-4的5种，实际中沟通模式可以多种多样。例如，还有图9-5所示的沟通模式。这种模式可形象地称为"秘书专政"沟通模式。如果就一个项目班子而言，这表明各部门的汇报都要经过总经理的秘书（助理）转交给总经理，而总经理的指示也是通过秘书传达给各个部门。因此，秘书（助理）是沟通的中心。

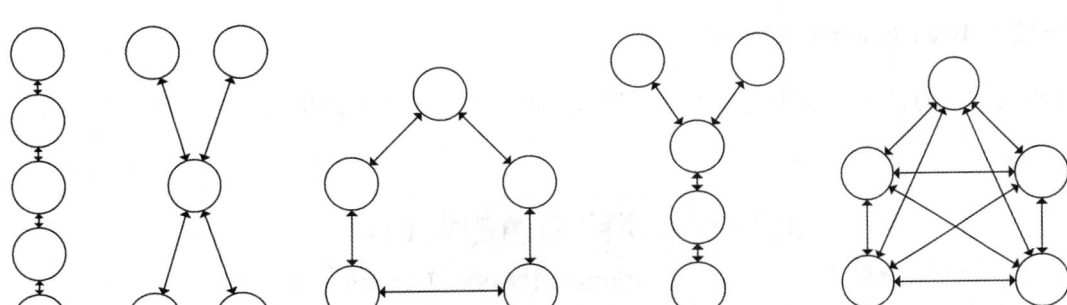

图 9-4　五种沟通渠道 Five Communication Channels

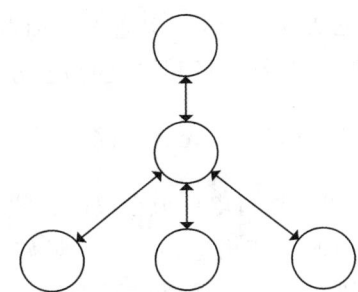

图 9-5　"秘书专政"模式 Secretary-Dictatorship Model

2. 非正式沟通渠道——小道消息 Informal Channels（Grapevine）

在一个组织中,还存在着非正式沟通渠道,有些信息往往是通过非正式渠道传播的,其中包括小道消息。戴维斯(Keith Davis)曾在一家公司对 67 名管理人员采取顺藤摸瓜的方法,对小道消息的传播进行了研究,发现有 4 种传播方式。

(1)单线式。消息由 A 通过一连串的人传播给最终的接收者。

(2)流言式,又叫作闲谈传播式。A 主动地把小道消息传播给其他人,如在小组会上传播小道消息。

(3)偶然式,又叫作机遇传播式。消息由 A 在偶然的机会传播给他人,他人又在偶然的机会传播,并无一定的路线。

(4)集束式,又叫作群集传播式。将消息由 A 有选择地告诉自己的朋友或有关的人,使有关的人也照此办理的信息沟通方式,这种沟通方式最为普遍。

二、沟通渠道的计算 Calculation of Communication Channels

沟通的环境可以被认为是网状的渠道。大多数的渠道都是双向的。双向渠道的数量可以用如下公式计算:

$$N = X(X-1)/2 \tag{9-1}$$

在公式(9-1)中,X 代表项目沟通的人数。

自测题 Self-assessment Questions

沟通渠道的种类有哪些？描述"秘书专政"模式和非正式沟通中的小道消息。

第五节 项目沟通的技巧
Communication Techniques

一、项目沟通中的方法 Communication Methods

在项目沟通中普遍使用的沟通方法和在一般运营管理中所使用的沟通方法基本是一致的，主要有口头沟通方法、书面沟通方法、非语言沟通方法和电子媒介沟通方法。但是，在项目沟通中使用的这些方法具有某些独特性，下面是这些沟通方法的相关讨论。

（一）口头沟通方法 Verbal Communication

口头沟通可以是面对面的，也可以通过电话或会议的方式实现，这种方法既简便快捷，同时可以传递思想和感情。在项目沟通中使用这种方法时最好配合使用图纸等工程语言或专业术语。特别是在采用会议形式进行项目沟通时，最好要有其他沟通方式配合，谨防造成误会或误解。在口头沟通中，信息发送者可以通过接收对方的反馈来检查自己发送信息的准确和有效程度，以及对方接收信息和理解信息的情况，这是一种通过"察言观色"等方法去验证和检查信息发送过程效果的方法。在项目早期，人们使用面对面的口头沟通对于促进项目团队的组建和开发，发展良好的工作关系，以及建立项目团队的共同期望与目标是特别有用的。在项目实施过程中，项目团队以会议方式开展沟通是一种很有利的方法，大家共同讨论问题比逐个打电话要快捷和有效。口头沟通方法在多数情况下是一种时效性很高的信息发送与接收的方法，人们当时就可以知道沟通的效果如何。

（二）书面沟通方法 Written Communication

书面沟通方法一般是指运用书面文件和信函的形式传递信息和交流思想的方法，项目沟通中的书面沟通方法包括使用报告、报表、备忘录和信函等方式开展沟通的各种方法。人们在无法或不方便采用口头沟通方法时，多数选用书面沟通方法作为一种可替代的沟通方式。由于参与一个项目的相关利益主体很多，人们因各种原因很难凑在一起，因此人们会经常选用书面沟通方法。书面沟通方式也要求较高的技巧，因为人们既不愿意也没有时间去看那些书面给出的冗长信息。相关技巧包括书面沟通文件必须格式正确、内容清楚、叙述简洁，书面文件不能过于冗长，书面文件的格式和内容必须为沟通服务等。因为书面沟通相对更为正式和准确，因而书面沟通的这些方面必须由双方确定或按照约定俗成甚至法律规定进行，以实现书面沟通更高的信度和效度，所以，书面沟通是一种对技巧要求更高的项目沟通方法。在项目管理中有些时候要求必须使用书面沟通方法，如项目合同、项目决策和项目计划等都要

第十章 项目风险管理
Chapter 10 Project Risk Management

引例 / Introductory Case

在讨论项目管理时,中国一直以其宏伟的工程项目而成为国际瞩目的焦点。这些项目通常代表了国家现代化进程和经济增长,然而,与之伴随的也是巨大的风险和挑战。我们可以通过一个具体的中国工程项目案例来引入项目风险管理的复杂性和必要性。

中国长江三峡工程便是备受瞩目的一个巨型工程项目,旨在建立一个庞大的水电站,用以控制洪水、发电以及改善航运条件。自1994年动工以来,该项目一直备受争议。尽管在完成后将为中国提供丰富的清洁能源并实现水资源管理,但同时也伴随着众多风险和挑战。

首先,该工程的规模庞大,涉及数百万立方米的混凝土使用、大规模土地征用以及数千名工人的管理。这带来了潜在的质量控制问题和工人安全风险。其次,水电站的建设对江河生态系统和周边社区产生了巨大的影响,引发了环境保护和社会稳定的问题。最后,自然灾害如地震和洪水可能对工程的稳定性和安全性构成威胁,因此需要采取特别的风险管理策略。

这个实际案例突显了在中国工程项目中面临的多种风险类型,包括技术、环境、社会和自然灾害风险。在本章中,我们将深入研究如何在类似情境中有效地识别、评估和管理风险,以确保项目能够按计划完成,达到其预期目标。无论是长江三峡工程,还是其他类型的工程项目,项目风险管理都是确保成功的关键因素。在本章中,我们将分享最佳实践和策略,帮助您在复杂的工程项目中成功地应对风险。让我们一起深入了解这一关键主题。

学习目标 / Learning Objectives

(1)概括项目风险管理的基本概念,阐述风险管理在项目管理中的重要性。

(2)梳理项目风险管理的步骤和方法,能够运用项目风险分类的方法和要点进行准确分类。

(3)能够制订项目风险应对计划,尝试运用风险应对规划、应对策略以及监督与控制的方法和技能。

(4)描述风险管理的过程以及各阶段的具体内容和任务。

本章结构导图 / Chapter 10 Structure

本章结构导图见图 10-1。

图 10-1　本章结构导图 Chapter 10 Structure

第一节　项目风险和项目风险管理
Project Risk and Risk Management

一、风险的含义 Concept of Risk

项目最大的特性是其风险性，因为在项目实现过程中存在的不确定性会导致风险的发生。由于项目具有一次性、创新性和独特性等特性，特别是在项目过程中项目、项目环境、项目条件等方面的发展变化，导致在项目实现过程中存在各种各样的风险。

二、项目风险的定义 Definition of Project Risk

（一）项目风险 Project Risk

项目风险是指由于项目所处环境和条件本身的不确定性和项目相关利益主体主观上不能准确预见或控制项目风险因素，最终导致项目结果与项目相关利益主体的要求或期望产生背离，从而给项目相关利益主体带来损失或收益减小的某种可能性。项目风险产生的根本原因是项目及其环境与条件的发展与变化，以及人们对于这种项目及其环境与条件发展变化情况的认识不足和应对不当。

（二）项目风险管理 Project Risk Management

项目风险管理旨在识别和管理那些未被其他项目管理所覆盖的风险。如果不妥善管理，这些风险有可能导致项目偏离计划，无法达成既定的项目目标。因此，项目风险管理的有效性直接关乎项目成功与否。每个项目都在2个层面上存在风险。每个项目都有会影响项目达成目标的单个风险，以及由单个项目风险和不确定性的其他来源共同导致的整体项目风险。项目风险管理过程同时兼顾这2个层面的风险。

三、项目风险的主要特性 Key Characteristics of Project Risk

项目风险是由项目本身的一次性、独特性和创新性等特性引发的，但是项目风险自身具有一系列的特性，其主要特征有以下几个方面。

（一）项目风险事件的随机性 Randomness of Risk Events

项目风险的发生都是随机的（即偶然的），所以无人能准确预言项目风险发生的确切时间、内容和结果。虽然借助长期统计研究可发现某些事情发生变化的规律，但是这种统计规律也具有随机性。由于项目风险事件具有随机性，所以项目风险后果不确定。

（二）项目风险的相对可预测性 Relative Predictability

不同项目风险具有不同的后果，人们开展项目风险管理就必须预测、认识和应对项目的各种风险。然而由于项目环境与条件的不断变化和人们认识能力所限，无人能确切地预测项目风险及其后果，只能相对预测项目的发展变化，这就是项目风险的相对可预测性。

（三）项目风险的阶段性 Staged Nature

这是指占绝大多数的有预警信息的项目风险（风险口）是分阶段发展变化的，而且这些项目风险阶段有明确的界限和征兆。通常项目风险分为3个阶段：其一是项目风险潜在阶段；其二是项目风险发生阶段；其三是项目风险后果阶段。人们必须按照项目风险的阶段性开展风险管理。

（四）项目风险的渐进性 Progressive Nature

这是指占绝大多数的有预警信息的项目风险会随着环境、条件和自身所具有的客观规律，逐渐发展变化并最终导致项目风险结果的变化。所以项目风险具有很明显的渐进性特性，它是随着项目内外部条件和环境的逐步发展变化而变化的。

（五）项目风险的突变性 Sudden Mutations

这是指占相对较少部分的无预警信息的项目风险是一种突变性的，即当项目及其环境与条件发生突变时,这种项目风险就会发生,而这种项目风险的后果也会随之突然降临(如地震等)。无预警信息的项目风险的突变性是造成项目风险管理十分困难的根本原因。

四、风险的分类 Risk Classification

(一)按风险的来源分为以下4个方面

(1)自然风险。自然力的作用带来的风险,如地震、火灾、暴雨等造成财产损失或人员伤亡的可能性。

(2)社会风险。由个人的行为反常或团体的不可预见行为所导致的风险,如战争等政治因素和汇率变动、经济紧缩等经济因素等对项目造成损失的可能性。

(3)经营风险。指人们在从事经济活动中,由经营不善、决策失误、市场竞争、供求变化等导致项目损失的可能性。

(4)技术风险。指伴随科学技术的发展而带来的风险,如酸雨、化工排放物污染、核燃料泄漏产生核辐射风险等。

(二)按风险的可控性分为以下2个方面

(1)可控风险往往来自项目内部,如项目开发人员的技术水平低下不能胜任工作,会造成项目延期的风险,它可以通过对项目成员的事先评估进行控制。

(2)不可控风险往往来自项目外部,比如社会动荡、经济衰退、市场环境变化等,这些风险是项目管理者无法控制的。

(三)按风险对项目目标的作用,可分为以下5个方面

(1)工期风险:导致项目活动或整个项目工期延长的风险。

(2)费用风险:导致成本超支、收入减少、投资回收期延长、回报率降低的风险。

(3)质量风险:导致项目产出物不能通过验收或项目建成后达不到预定生产能力的风险。

(4)市场风险:导致项目建成后达不到预期的市场份额,不具备市场竞争力的风险。

(5)信誉风险:造成项目组织信誉损失的风险。

举个例子,新能源电动汽车研发项目就可能面临多类风险:从来源看,包括极端天气影响试验进度的自然风险、原材料供应受国际局势影响的社会风险、市场竞争激烈导致定价压力的经营风险或是电池技术突破不及预期的技术风险;从可控性看,可控风险包括团队技术能力不足或管理疏漏,可通过严格选拔和流程优化降低,而不可控风险如政策调整或经济衰退则需制定应急预案;从对项目目标的影响看,可能引发工期风险(技术瓶颈导致研发延迟)、费用风险(供应链成本超支)、质量风险(安全标准不达标)、市场风险(需求波动)及信誉风险(产品召回损害品牌形象)。需采取综合风险管理措施,兼顾内外部因素,确保项目目标实现。

自测题 Self-assessment Questions

下列对概率和影响矩阵的描述中,最好的是(　　)
A. 用于风险优先级排序
B. 为风险优先级排序提供客观标准
C. 用于定性风险分析
D. 由项目管理团队在风险管理计划中事先设定

第二节　风险管理计划
Risk Management Plan

项目风险管理计划是一种有关项目风险管理活动的计划安排,是有关人们如何开展项目风险管理活动的计划和设计,所以其制订工作是项目风险管理的首要工作。项目风险管理计划工作给出的计划书的主要内容包括项目风险管理大政方针和具体政策与方法、项目管理者和项目团队成员的项目风险管理职责计划与安排、项目风险管理的行动方案和行动方法等。

一、风险管理计划的内容 Components of Risk Management Plan

风险管理计划的方法论是确定用于开展本项目的风险管理的具体方法、工具及数据来源。首先要确定以下几个方面:①角色与职责:确定每项风险管理活动的领导者、支持者和团队成员,并明确他们的职责。②预算:确定开展项目风险管理活动所需的资金,并制定应急储备和管理储备的使用方案。③时间安排:确定在项目生命周期中实施项目风险管理过程的时间和频率,确定风险管理活动并将其纳入项目进度计划。

(一)风险类别 Risk Categories

确定对单个项目风险进行分类的方式。通常借助风险分解结构(RBS)来构建风险类别。风险分解结构是潜在风险来源的层级展现。风险分解结构有助于项目团队考虑单个项目风险的全部可能来源,对识别风险或归类已识别风险特别有用。组织可能有适用于所有项目的通用风险分解结构,也可能针对不同类型项目使用几种不同的风险分解结构框架,或者允许项目量身定制专用的风险分解结构。如果未使用风险分解结构,组织则可能采用某种常见的风险分类框架,既可以是简单的类别清单,也可以是基于项目目标的某种类别结构。

(二)风险概率和影响的定义 Probability and Impact Definitions

应在风险管理计划中记录项目关键相关方的风险偏好。他们的风险偏好会影响规划风险管理过程的细节。特别是,应该针对每个项目目标,把相关方的风险偏好表述成可测量的风险临界值。这些临界值不仅将联合决定可接受的整体项目风险敞口水平,而且也用于制定概率和影响定义。以后将根据概率和影响定义,对单个项目风险进行评估和排序。

(三)概率和影响矩阵 Probability and Impact Matrix

根据具体的项目环境,确定组织和关键相关方的风险偏好和临界值,来制定风险概率和影响定义。项目可能自行制定关于概率和影响级别的具体定义,或者以组织提供的通用定义作为出发点。应该根据拟开展项目风险管理过程的详细程度,来确定概率和影响级别的数量,即更多级别(通常为五级)对应于更详细的风险管理方法,更少级别(通常为三级)对应于更简单的方法。

二、风险管理的过程 Risk Management Processes

风险管理应在项目期初制定并贯穿于项目的整个生命周期。风险管理过程包含以下几个互相关联的部分:规划、识别、分析、应对、监控。

(1)风险规划。在该阶段,管理者应制定并记录一些易掌握、条理性强、具有互动性的战略和方法。这些战略和方法主要用来识别并追踪风险,制订风险应对计划,并监控风险是如何变更的。

(2)风险识别。风险的识别过程实际上是对各个领域及关键技术过程的检查,以便识别并记录相关的风险。

(3)风险分析。风险分析过程是对每一项已识别出的风险事件进行检查,以估计风险发生的概率和对项目的影响程度,包括定性风险分析和定量风险分析。

(4)风险应对。这是一个识别、评估、选择、执行各种处理方法以将风险控制在项目本身的约束和目标范围内的过程,包括该做什么、什么时间完成、谁负责及相关的成本和进度。风险或者机会应对战略由各个应对计划组成。风险的应对方式包括接受、规避、缓解(又叫控制)及转移。机会的应对策略则包括接受、加强、开发和共享。最理想的应对计划一旦确定,就要制定具体的实施方案。最后,根据风险应对计划分配资源(比如,预算、员工、设备、设施等),并且执行计划。

(5)风险监控。这实际上是系统地跟踪和评估风险应对计划的绩效与标准之间的差异,可能的话,及时更新风险应对策略。

自测题 Self-assessment Questions

简述风险规划的目的。

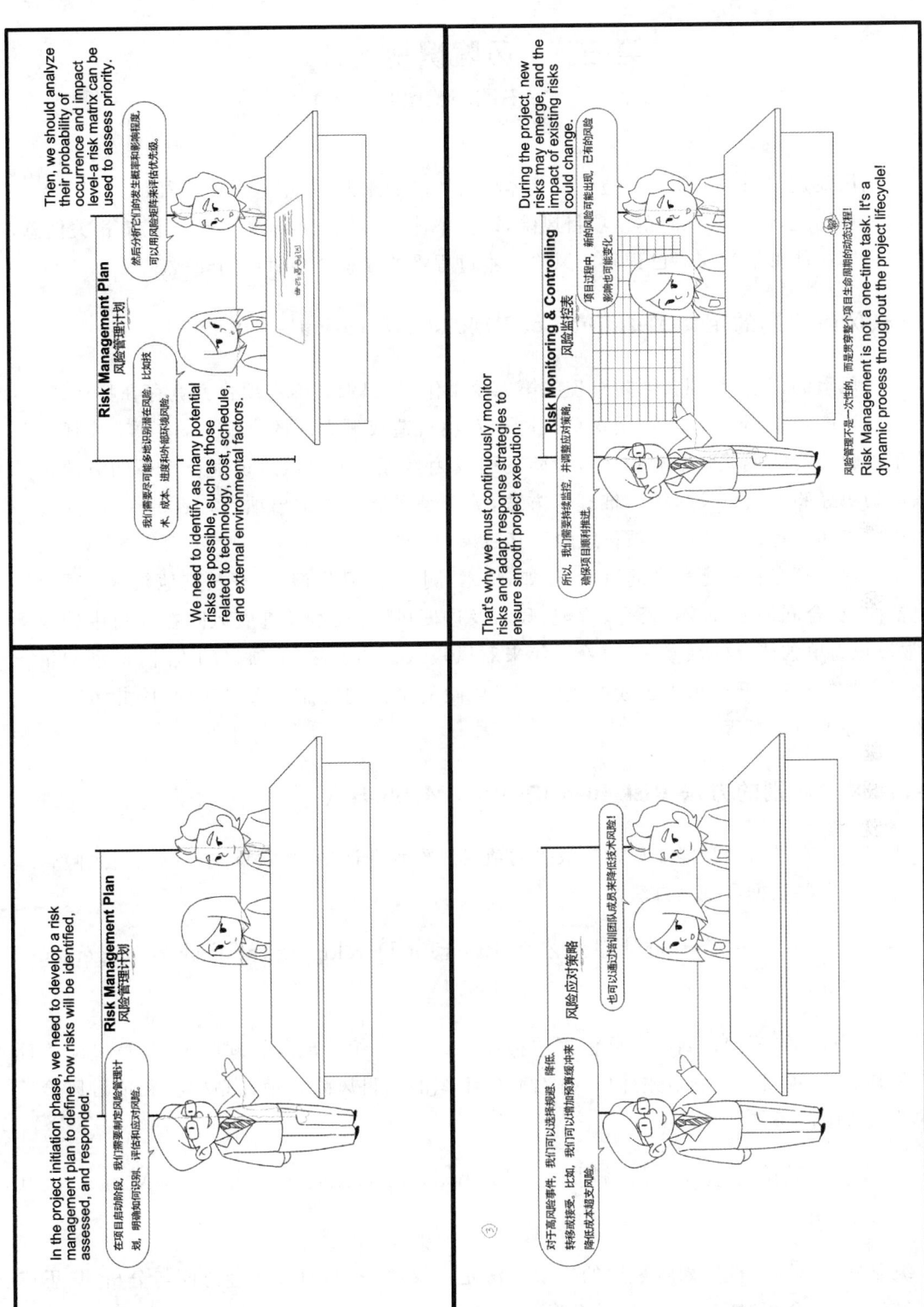

图 10-2 项目风险管理计划 Project risk management plan

第三节 风险识别
Risk Identification

识别风险是识别单个项目风险以及整体项目风险的来源,并记录风险特征的过程。本过程的主要作用是,记录现有的单个项目风险,以及整体项目风险的来源;同时,汇集相关信息,以便项目团队能够恰当应对已识别的风险。本过程需要在整个项目期间开展。

一、风险识别的定义 Definition of Risk Identification

项目风险的识别,是项目风险管理的第二项工作,是识别和确定项目究竟存在哪些风险,这些风险可能带来哪些后果,以及这些风险会对项目造成哪方面的影响等,这项工作任务包括找出项目风险的主关联影响和项目风险的引发因素等。项目风险识别及分析的方法也可以采用历史经验方法以及演绎和推理等方法,关键是要能够识别出项目存在的风险,这是一种通过收集和处理信息来找出项目风险及其后果的工作。

每个项目都存在一定程度的风险,比如,技术、测试、后勤生产、工程及其他领域。项目风险包括商业、合同关系、成本、资金、管理、政治及进度风险(成本及进度风险在项目中较为常见,常被视为单独研究的领域)。随着近年来对风险认识的加深,从项目的设计、原型的生产到最终产品的投产,开始出现了新的风险。对风险的全面理解需要大量时间,因此风险的识别必须贯穿项目全过程。

二、风险识别的方法 Risk Identification Methods

要想制订一份清晰且能取得预期效果的项目风险管理计划,必须首先理解项目风险管理计划编制的主要依据和基本方法。

(一)制订项目风险管理计划的依据 Basis for Developing the Risk Management Plan

制订项目风险管理计划的主要依据包括项目章程、组织的风险管理政策、项目风险管理的角色和责任、项目相关利益主体的风险偏好、组织的项目风险管理计划模板和项目风险管理的约束或限制条件。

(二)项目风险管理计划的编制方法 Methods for Developing the Risk Management Plan

编制项目风险管理计划所采用的主要方法是会议法,人们通过开会协商与分析,集思广益,最终形成一个相对完善的项目风险管理计划。

第十章 项目风险管理 Chapter 10 Project Risk Management

(三)专家判断 Expert Judgment

应考虑了解类似项目或业务领域的个人或小组的专业意见。项目经理应该选择相关专家，邀请他们根据以往经验和专业知识来考虑单个项目风险的方方面面，以及整体项目风险的各种来源。项目经理应该注意专家可能持有的偏见。

(四)数据收集 Data Gathering

适用于本过程的数据收集技术包括(但不限于)以下3个方面。

1. 头脑风暴 Brainstorming

头脑风暴的目标是获取一份全面的单个项目风险和整体项目风险来源的清单。通常由项目团队开展头脑风暴，同时邀请团队以外的多学科专家参与。可以采用自由或结构化的形式开展头脑风暴，在引导者指引下产生各种创意。

2. 核对单 Checklists

核对单是包括需要考虑的项目、行动或要点的清单。它常被用作提醒的工具。基于从类似项目和其他信息来源积累的历史信息和知识来编制核对单。编制核对单，列出过去曾出现且可能与当前项目相关的具体单个项目风险，这是吸取已完成的类似项目的经验教训的有效方式。组织可能基于自己已完成的项目来编制核对单，或者可能采用特定行业的通用风险核对单。

3. 访谈 Interviews

可以通过对资深项目参与者、相关方和主题专家的访谈，来识别单个项目风险以及整体项目风险的来源。应该在信任和保密的环境下开展访谈，以获得真实可信、不带偏见的意见。

(五)数据分析 Data Analysis

适用于本过程的数据分析技术包括(但不限于)：(1)根本原因分析；(2)假设条件和制约因素分析；(3)SWOT分析；(4)文件分析。

(六)人际关系与团队技能 Interpersonal and Team Skills

适用于本过程的人际关系与团队技能包括(但不限于)引导。引导能提高用于许多识别单个项目风险和整体项目风险来源的技术的有效性。熟练的引导者可以帮助参会者专注于风险识别任务、准确遵循与技术相关的方法，有助于确保风险描述清晰、找到并克服偏见，以及解决任何可能出现的分歧。

(七)提示清单 Prompt List

提示清单是关于可能引发单个项目风险以及可作为整体项目风险来源的风险类别的预设清单(图10-3)。在采用风险识别技术时，提示清单可作为框架用于协助项目团队形成想法。可以用风险分解结构底层的风险类别作为提示清单来识别单个项目风险。某些常见的战略框架更适用于识别整体项目风险的来源，如 PESTLE（政治、经济、社会、技术、法律、环境）、TECOP（技术、环境、商业、运营、政治），或 VUCA（易变性、不确定性、复杂性、模糊性）。

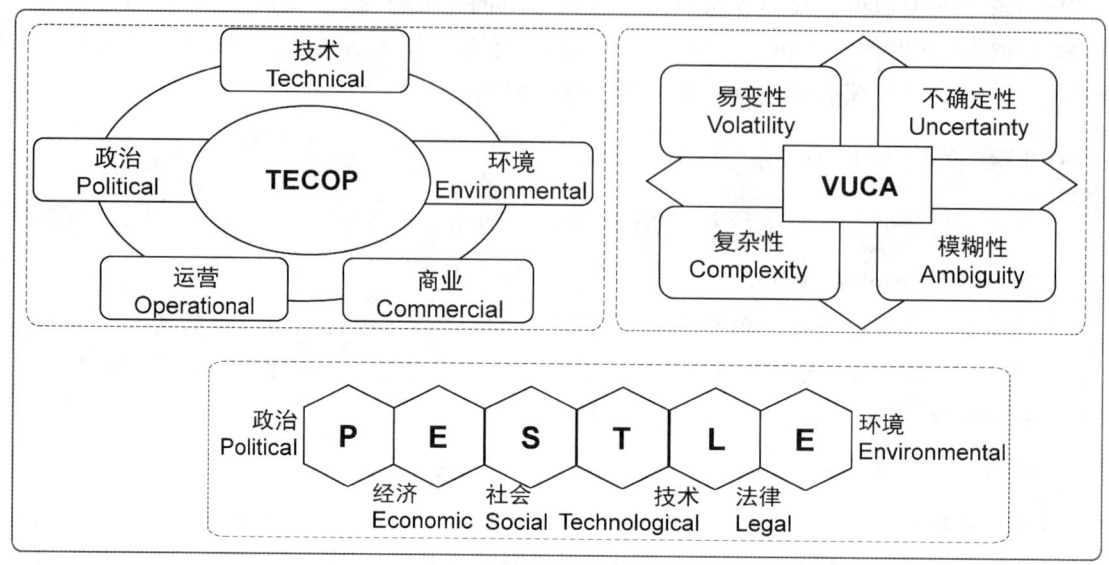

图 10-3　提示清单 Prompt Lists

自测题 Self-assessment Questions

假设您是一家房地产开发公司的项目经理，正在计划建设一个大型住宅社区。您的项目目标是按时完成开发，并确保高质量的住宅建设。请你识别可能影响项目成功的各种风险因素。

第四节　风险分析
Risk Analysis

风险分析是一个系统的过程，用于估计已识别风险的等级水平，包括评估事件发生的概率、事件的结果以及根据结果划分风险等级。分析方法通常依赖于数据的可靠性和项目本身的要求。定性分析方法的最常见方式是将风险事件的发生概率和事件后果的形式与风险映射矩阵结合，进而划分风险等级。定量分析方法包括期望值理论（基于成本计算的货币期望值）、决策树分析（树枝表示具体概率或分布）、支付矩阵或一些其他的模型或模拟方法，但不仅限于此。最重要的是使用一种经批准的、结构化的且能重复的方法，而不是具有不确定性和不精确结果的主观方法。

第十章 项目风险管理 Chapter 10 Project Risk Management

一、实施定性风险分析 Perform Qualitative Risk Analysis

(一)定性分析分析的概念 Concept of Qualitative Analysis

实施定性风险分析,使用项目风险的发生概率、风险发生时对项目目标的相应影响以及其他因素,来评估已识别的单个项目风险的优先级。这种评估基于项目团队和其他相关方对风险的感知程度,因此具有主观性。所以,为了实现有效评估,就需要认清和管理本过程关键参与者对风险所持的态度。风险感知会导致在评估已识别风险时出现偏见,所以应该注意找出偏见并加以纠正。如果由引导者来引导本过程的开展,那么找出并纠正偏见就是该引导者的一项重要工作。同时,评估单个项目风险现有信息的质量,也有助于澄清每个风险对项目的重要性的评估。

(二)定性风险分析方法 Methods for Qualitative Analysis

常用的定性风险分析方法有用于评估风险概率和风险结果的风险等级量表法及风险矩阵图法。风险评估是结合专家意见与所有相关事件的概率,包括3种风险等级的结果(成本、技术绩效和进度),然后将结果转化为风险矩阵图,对风险等级进行划分。风险评估包括基于风险等级的优先级列表及其他考虑因素(发生的频数、时间作用及与其他风险的相互关系)。

有几种不同的风险等级量表划分方式。第一种是名义尺度,其系数没有数学意义,且它的价值通常是一种位置标识符(如高速公路编号)。名义尺度一般不用于风险分析中。

第二种是等距尺度。像华氏度、摄氏度等都是主要的测度标尺,然而其在零度上没有意义,并且在相似尺度的比率上不相同。等距尺度一般不用于风险分析中。

第三种是顺序尺度。顺序尺度仅仅是按照顺序标尺排列的,由于真正的等级之间的值是未知的,因此它们没有太大的意义。

第四种是标准顺序尺度。标准顺序尺度的尺度等级系数是通过评估附加效用功能(或相似的方法)估算的。这些主要评估系数取代序数数值,规定的几种数学运算方法可能得出有效结果。然而,其结果常常是相对值而不是绝对值,并且在零点上可能是没有意义的。

第五种是比率尺度。比率尺度,如 Kelvin 和 Rankine 刻度,有主要的评价系数,对相应的位置和重要程度进行标示,其在零点上也是有意义的。

第六种是对不同概率事件(如高)的主观估计,用术语来说就是估计概率尺度。估计概率尺度可以是顺序的(常用),也可以是基数的(不常用),这是由潜在数据和结构尺度的来源确定的。

二、实施定量风险分析 Perform Quantitative Risk Analysis

(一)定量风险分析的概念 Concept of Quantitative Analysis

实施定量风险分析是就已识别的单个项目风险和不确定性的其他来源对整体项目目标

的影响进行定量分析的过程。本过程的主要作用是量化整体项目风险敞口,并提供额外的定量风险信息,以支持风险应对规划。本过程并非每个项目必需的,但如果采用,它会在整个项目期间持续开展。

(二) 定量风险分析的方法 Methods for Quantitative Analysis

定量风险分析方法包括但不限于支付矩阵、决策分析(典型的是决策树)、期望值和蒙特卡罗过程。构建一个正确的定量风险分析结构应注意两点:制定一个正确的模型结构以及获得准确的概率信息。项目风险管理通常对两者的关注力不够,因此其结果是不准确的。结构模型应该在决策前进行仔细的构建和验证。尽管这对于简单的决策树来说很容易,但是当涉及大量分支及潜在结果的时候,它就变得极为复杂。

(三) 蒙特卡罗过程 Monte Carlo Process

应用于风险管理的蒙特卡罗过程是对潜在风险事件建立一系列概率分布,对这些分布进行随机抽样,再将这些数据转换成能反映现实世界中潜在风险的量化的有用信息,包括关于成本、技术绩效或进度的风险。蒙特卡罗模拟或仿真试验法常被应用于技术领域的各类估算(例如,整合电路技术、地震的结构反应),包括估计服务中心的设计风险,估计项目中完成关键里程碑活动的时间,估计研发、制造、维护项目的成本,库存管理和其他应用等。尽管在不同的应用中,蒙特卡罗过程有细微的差别,但大多数情况都有类似的程序。

自测题 Self-assessment Questions

请对定性风险分析与定量风险分析的特点进行对比分析。

第五节 风险应对
Risk Responses

风险应对是为处理整体项目风险敞口,以及应对单个项目风险,而制定可选方案、选择应对策略并商定应对行动的过程。本过程的主要作用是制定应对整体项目风险和单个项目风险的适当方法;本过程还将分配资源,并根据需要将相关活动添加进项目文件和项目管理计划。本过程需要在整个项目期间开展。

一、风险应对计划 Risk Response Plan

风险应对计划包括用特定的方法和技术处理已知的风险和机会,识别谁对风险或机会负责,并估计应对风险所需要的资源,具体是指将风险降低至理想程度的计划及其实施。

风险应对计划必须与风险规划模板及项目中的其他指南相协调。风险应对计划的关键是对某些风险进行监测识别和选择最合适的处理方法和特定的实施方案。风险应对方法和特定的实施方案构成了风险应对策略,并记录在风险应对计划中。一般制定风险应对策略的过程为:首先在成本、绩效、进度和风险平衡研究的基础上,选择应对的方法,风险可以使用接受、规避、缓解(或控制)及转移,而机会采用接受、提高、利用和共享。若存在多个可行的风险应对策略(如在高风险条件下),则重复上述过程(尽管备选的风险应对手段可能和原始的相同,但是处理方法会有所不同)。同样,在遇到特殊问题时也可以实施应急策略。最后,风险应对策略可以整合成4种可选的应对策略,辅之以相应的处理方法。

最后,尽管制订风险和应对计划能帮助识别潜在机会,但不断寻找机会也会导致不可预测的风险。即使分析了机会因素,其结果也是微乎其微的;而如果不可预测的风险发生了,这会导致对项目的负面影响。

二、风险应对的方法 Plan Risk Response Methods

(一)专家判断 Expert Judgment

应征求具备以下专业知识的个人或小组的意见:威胁应对策略、机会应对策略、应急应对策略、整体项目风险应对策略。可以就具体单个项目风险向特定主题专家征求意见,例如,在需要专家的技术知识时。

(二)数据收集 Data Gathering

适用于本过程的数据收集技术包括(但不限于)访谈。单个项目风险和整体项目风险的应对措施可以在与风险责任人的结构化或半结构化的访谈中制定。必要时,也可访谈其他相关方。访谈者应该营造信任和保密的访谈环境,以鼓励被访者提出诚实和无偏见的意见。

(三)人际关系与团队技能 Interpersonal and Team Skills

适用于本过程的人际关系与团队技能包括(但不限于)引导。开展引导,能够提高单个项目风险和整体项目风险应对策略制定的有效性。熟练的引导者可以帮助风险责任人理解风险、识别并比较备选的风险应对策略、选择适当的应对策略,以及找到并克服偏见。

(四)威胁应对策略 Threat Response Strategies

针对威胁,可以考虑下列5种备选策略。

(1)上报。如果项目团队或项目发起人认为某威胁不在项目范围内,或提议的应对措施超出了项目经理的权限,就应该采用上报策略。被上报的风险将在项目集层面、项目组合层面或组织的其他相关部门加以管理,而不在项目层面。

(2)规避。风险规避是指项目团队采取行动来消除威胁,或保护项目免受威胁的影响。它可能适用于发生概率较高且具有严重负面影响的高优先级威胁。规避策略可能涉及变更项目管理计划的某些方面,或改变会受负面影响的目标,以便彻底消除威胁,将它的发生概率降低到零。

（3）转移。转移涉及将应对威胁的责任转移给第三方，让第三方管理风险并承担威胁发生的影响。采用转移策略，通常需要向承担威胁的一方支付风险转移费用。

（4）减轻。风险减轻是指采取措施来降低威胁发生的概率和（或）影响。提前采取减轻措施通常比威胁出现后尝试弥补更加有效。减轻措施包括采用较简单的流程，进行更多次测试，或者选用更可靠的卖方。还可能涉及原型开发，以降低从试验台模型放大到实际工艺或产品中的风险。

（5）接受。风险接受是指承认威胁的存在，但不主动采取措施。此策略可用于低优先级威胁，也可用于无法以其他方式加以经济有效地应对的威胁。接受策略又分为主动或被动方式。

（五）机会应对策略 Opportunity Response Strategies

针对机会，可以考虑下列5种备选策略。

（1）上报。如果项目团队或项目发起人认为某机会不在项目范围内，或提议的应对措施超出了项目经理的权限，就应该采用上报策略。被上报的机会将在项目集层面、项目组合层面或组织的其他相关部门加以管理，而不在项目层面。

（2）开拓。如果组织想确保把握住高优先级的机会，就可以选择开拓策略。此策略将特定机会的出现概率提高到100%，确保其肯定出现，从而获得与其相关的收益。

（3）分享。分享涉及将应对机会的责任转移给第三方，使其享有机会所带来的部分收益。必须仔细为已分享的机会安排新的风险责任人，让那些最有能力为项目抓住机会的人担任新的风险责任人。

（4）提高。提高策略用于提高机会出现的概率和（或）影响。提前采取提高措施通常比机会出现后尝试改善收益更加有效。通过关注其原因，可以提高机会出现的概率。如果无法提高概率，也许可以针对决定其潜在收益规模的因素来提高机会发生的影响。机会提高措施包括为早日完成活动而增加资源。

（5）接受。接受机会是指承认机会的存在，但不主动采取措施。此策略可用于低优先级机会，也可用于无法以其他方式加以经济有效地应对的机会。接受策略又分为主动或被动方式。

（六）数据分析 Data Analysis

可以考虑多种备选风险应对策略。可用于选择首选风险应对策略的数据分析技术包括（但不限于）：①备选方案分析。对备选风险应对方案的特征和要求进行简单比较，进而确定哪个应对方案最为适用。②成本收益分析。如果能够把单个项目风险的影响进行货币量化，那么就可以通过成本收益分析来确定备选风险应对策略的成本有效性。

（七）决策 Decision-Making

适用于风险应对策略选择的决策技术包括（但不限于）多标准决策分析，列入考虑范围的风险应对策略可能是一种或多种。决策技术有助于对多种风险应对策略进行优先级排序。

多标准决策分析借助决策矩阵,提供建立关键决策标准、评估备选方案并加以评级,以及选择首选方案的系统分析方法。

三、项目风险或威胁的应对策略 Response Strategies for Project Risks or Threats

项目风险监控与应对计划的实施包括一系列的步骤和内容,这些项目风险监控与应对的步骤与内容构成了一个工作流程,有关这些步骤、内容和流程的讨论分述如下。

(一)项目风险监控与应对工作流程图 Risk Monitoring and Response Workflow

项目风险监控与应对的具体步骤、内容与做法所构成的工作流程可见图10-4,具体的分析与说明如下。

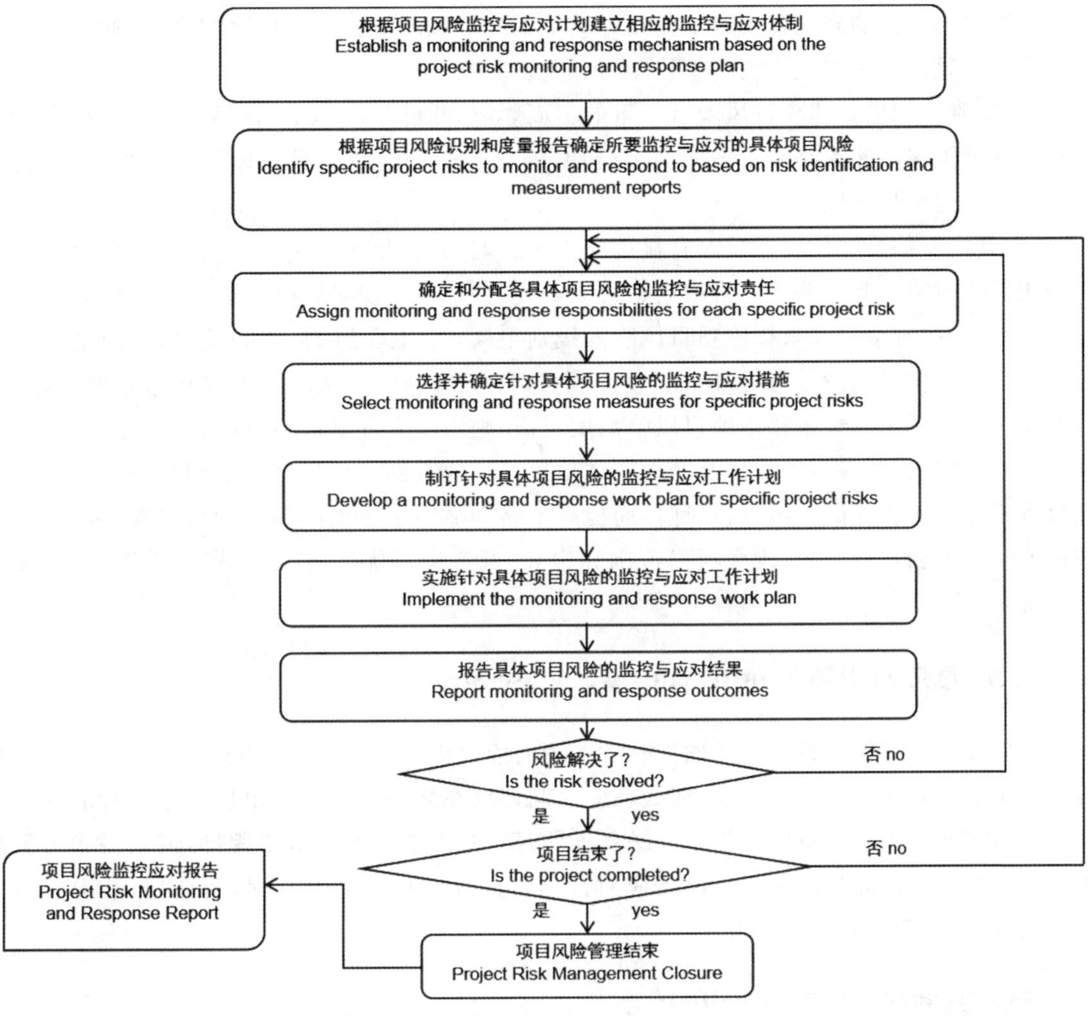

图10-4 项目风险监控与应对工作流程图 Risk Monitoring and Response Workflow Diagram

(二)项目风险监控与应对的内容与做法 Risk Monitoring and Response Content and Practices

项目风险监控与应对的各个步骤如下:①建立项目风险监控与应对体制。②确定所要监控与应对的具体项目风险。③确定和分配各具体项目风险的监控与应对责任。④选择并确定针对具体项目风险的监控与应对措施。⑤制订针对具体项目风险的监控与应对工作计划。⑥实施针对具体项目风险的监控与应对工作计划。⑦跟踪具体项目风险的监控与应对结果。⑧分析和判断项目具体风险是否已经解决。⑨继续对该项目具体风险采取相应的应对措施。⑩直到项目结束并给出项目风险监控与应对工作报告。

(三)整体项目风险应对策略 Holistic Risk Response Strategies

风险应对措施的规划和实施不应只针对单个项目风险,还应针对整体项目风险。用于应对单个项目风险的策略也适用于整体项目风险。

(1)规避。如果整体项目风险有严重的负面影响,并已超出商定的项目风险临界值,就可以采用规避策略。此策略涉及采取集中行动,弱化不确定性对项目整体的负面影响,并将项目风险拉回到临界值以内。

(2)开拓。如果整体项目风险有显著的正面影响,并已超出商定的项目风险临界值,就可以采用开拓策略。此策略涉及采取集中行动,去获得不确定性对整体项目的正面影响。

(3)转移或分享。如果整体项目风险的级别很高,组织无法有效加以应对,就可能需要让第三方代表组织对风险进行管理。若整体项目风险是负面的,就需要采取转移策略,这可能涉及支付风险费用。如果整体项目风险高度正面,则由多方分享,以获得相关收益。

(4)减轻或提高。本策略涉及变更整体项目风险的级别,以优化实现项目目标的可能性。减轻策略适用于负面的整体项目风险,而提高策略则适用于正面的整体项目风险。减轻或提高策略包括重新规划项目、改变项目范围和边界、调整项目优先级、改变资源配置、调整交付时间等。

四、应急应对策略 Contingency Response Strategies

可以设计一些仅在特定事件发生时才采用的应对措施。对于某些风险,如果项目团队相信其发生前会有充分的预警信号,那么就应该制订仅在某些预定条件出现时才执行的应对计划。应该定义并跟踪应急应对策略的触发条件,例如,未实现中间的里程碑,或获得卖方更高程度的重视。采用此技术制订的风险应对计划,通常称为应急计划或弹回计划,其中包括已识别的、用于启动计划的触发事件。

自测题 Self-assessment Questions

请简述整体项目风险应对策略。

第六节 风险监督与控制
Risk Monitoring and Control

一、风险监控的过程 Risk Monitoring and Control Process

风险监控过程是系统化的风险追踪过程,也是运用已建立的标准体系评估风险应对效果的过程。监控结果不仅能为之前的风险管理过程提供反馈,还能为额外的风险应对计划的制订提供依据。此外,风险结果可以帮助分析已知的风险,更新现有的风险应对策略。在某些情况下,监控结果甚至可用来识别已知风险的新方面(或新风险),或对原有的风险计划进行部分修正。监控过程的关键是建立对成本、进度、运营等行为的有效指标系统,项目管理人员可运用这一系统评估项目的状态。指标系统应及时反映潜在风险,以便管理者及时采取措施。

风险监控并非解决问题的技术,而是一种为降低风险而预先主动地获取信息的技术。某些适用于风险监控的技术也可运用到整个项目的监控系统中。这些技术包括以下几种。

(1)挣值。这是采用成本或进度的计划标准与成本和进度的实际情况进行对照、评估。这种行为可以发现风险应对计划是否能达到预期目的。

(2)项目指标。这是对开发过程的一种正式的、定期的评估行为,旨在考察开发过程是否达到了预期目标。这一技术常被用来监控关键项目过程评估中采用的纠正措施是否有效。

(3)进度绩效监控。这是采用项目进度计划表中的数据去评估项目目标完成过程是否状况良好。

(4)技术绩效测度(Technical Performance Measurement,TPM)。这是通过工程分析和检测,评估在采用某种风险应对方法之后取得的某些关键性参数。它实际上是产品设计评估技术。

指标系统和对项目风险的定期重新评估是全面项目管理的一部分。最终,一个高度精确的监测和评估系统会在风险监控和重新评估风险的过程中发挥关键作用。

二、风险监督的措施与计划 Measures and Plans for Risk Oversight

(一)项目风险监控与应对的主要措施 Key Measures

项目风险监控与应对措施是各不相同的,各自所使用的措施主要包括以下几种。

(1)项目风险监控方面的措施。项目风险监控的含义就是风险的监视和控制,所以这方面的措施主要有2种:其一是项目风险监督的措施;其二是项目风险控制的措施。

(2)项目风险应对方面的措施。项目风险应对方面的措施是在项目监控过程中发现项目风险发生的征兆后所采取的各种应对方法和做法,具体包括以下几个方面的措施:①项目风险规避措施。②项目风险容忍措施。③项目风险转移措施。④项目风险分担措施。⑤项目风险消减措施。⑥项目风险激发措施。⑦其他项目风险应对措施。

（二）项目风险监控与应对措施计划 Action Plans

在上述项目风险监控与应对措施制定的基础上，人们还需要进一步制订出项目风险监控与应对的计划，这是一种有关何时使用何种措施来开展项目风险监控与应对的计划。

三、控制风险的方法 Risk Control Methods

（一）人际关系与团队技能 Interpersonal and team skills

适用于本过程的人际关系与团队技能包括（但不限于）影响力。有些风险应对措施可能由直属项目团队以外的人员去执行，或由存在其他竞争性需求的人员去执行。这种情况下，负责引导风险管理过程的项目经理或人员就需要施加影响力，去鼓励指定的风险责任人采取所需的行动。

（二）项目管理信息系统 Project Management Information System(PMIS)

项目管理信息系统可能包括进度、资源和成本软件，用于确保把商定的风险应对计划及其相关活动，连同其他项目活动，一并纳入整个项目。

自测题 Self-assessment Questions

请简述项目风险监控的内涵和目标。

第十章 项目风险管理 Chapter 10 Project Risk Management

本章知识点导图 / Mindmap of Key Concepts

本章知识点导图见图 10-5。

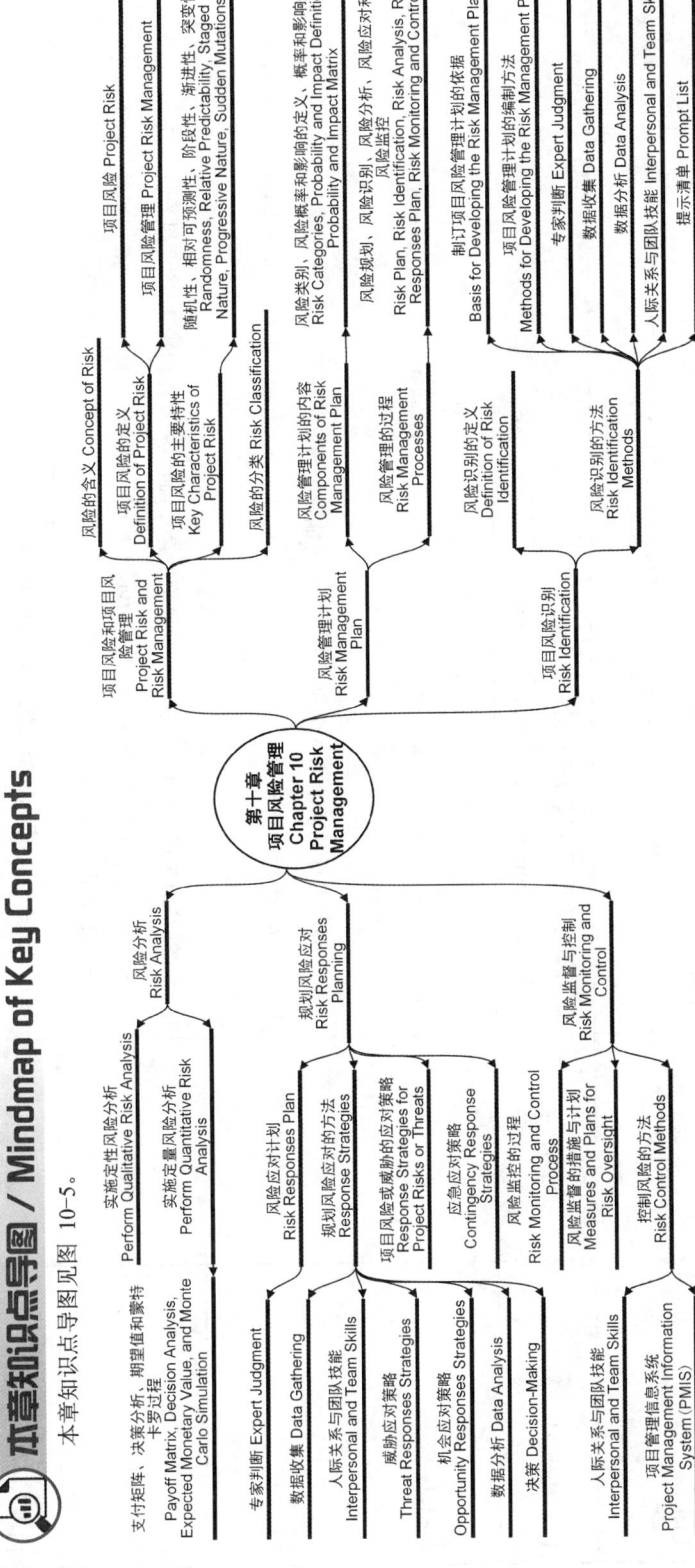

图 10-5 本章知识点导图 Mindmap of key concepts of chapter 10

名词列表与重要概念 Key Terms and Important Concept

英文名词 English noun	中文名词 Chinese noun	重要概念 Important concept
Risk	风险	风险是遭受损失的一种可能性。一旦发生,会对一个或多个项目目标产生积极或消极影响的不确定事件或条件 "An uncertain event or condition that, if it occurs, has a positive or negative effect on one or more project objectives
Plan Risk Management	规划风险管理	定义如何实施项目风险管理活动的过程 Define how to implement project risk management activities
Identify Risks	识别风险	识别单个风险,以及整体风险的来源,并记录风险特点的过程 The process of identifying a single risk, as well as the source of the overall risk, and record the risk characteristics
Project risk	项目风险	为实现项目目标的活动或事件的不确定性和可能发生的危险或机会 Uncertainties associated with activities or events that may affect project objectives, including potential risks or opportunities
Risk Acceptance	风险接受	一种风险应对策略,项目团队决定接受风险的存在,而不采取任何措施,除非风险真的发生 A risk response strategy whereby the project team decides to acknowledge the risk and not take any action unless the risk occurs
Risk Appetite	风险偏好	为了预期的回报,组织或个人愿意承担不确定性的程度 The degree of uncertainty an organization or individual is willing to accept in anticipation of a reward
Risk Audit	风险审计	一种用于评价风险管理过程有效性的审计 A type of audit used to consider the effectiveness of the risk management process

第十章 项目风险管理 Chapter 10 Project Risk Management

续表

英文名词 English noun	中文名词 Chinese noun	重要概念 Important concept
Risk Avoidance	风险规避	一种风险应对策略，项目团队采取行动来消除威胁，或保护项目免受风险影响 A risk response strategy whereby the project team acts to eliminate the threat or protect the project from its impact
Risk Breakdown Structure (RBS)	风险分解结构	对潜在风险来源的一种层级图示 A hierarchical representation of potential sources of risks
Risk Category	风险类别	对潜在风险成因的归组 A group of potential causes of risk
Risk Data Quality Assessment	风险数据质量评估	评估风险数据对风险管理的有用程度的一种技术 Technique to evaluate the degree to which the data about risks is useful for risk management
Risk Enhancement	风险提高	一种风险应对策略，项目团队采取行动提升机会出现的概率或扩大机会造成的影响 A risk response strategy whereby the project team acts to increase the probability of occurrence or impact of an opportunity
Risk Escalation	风险上报	一种风险应对策略，即团队认可风险超出了自身可影响的范围，并将风险责任转移到组织中能更有效管理风险的更高层 A risk response strategy whereby the team acknowledges that a risk is outside of its sphere of influence and shifts the ownership of the risk to a higher level of the organization where it is more effectively managed
Risk Exploiting	风险开拓	一种风险应对策略，项目团队采取行动以确保机会出现 A risk response strategy whereby the project team acts to ensure that an opportunity occurs

续表

英文名词 English noun	中文名词 Chinese noun	重要概念 Important concept
Risk Management Plan	风险管理计划	项目、项目集或项目组合管理计划的组成部分，说明将如何安排与实施风险管理活动 A component of the project, program, or portfolio management plan that describes how risk management activities will be structured and performed
Risk Mitigation	风险减轻	一种风险应对策略，项目团队采取行动以降低威胁发生的概率或削弱威胁造成的影响 A risk response strategy whereby the project team acts to decrease the probability of occurrence or impact of a threat
Risk Owner	风险责任人	负责监测风险，选择并实施恰当的风险应对策略的个人 The person responsible for monitoring the risks and for selecting and implementing an appropriate risk response strategy
Risk Register	风险登记册	记录风险管理过程输出的文件 Documents recording the outputs of the risk management process
Risk Report	风险报告	在整个项目风险管理过程中不断更新的项目文件，用以概述单个项目风险的情况和整体项目风险的程度 A project document developed progressively throughout the Project Risk Management processes, which summarizes information on individual project risks and the level of overall project risk
Risk Transference	风险转移	一种风险应对策略，项目团队把威胁造成的影响连同应对责任一起转移给第三方 A risk response strategy whereby the project team shifts the impact of a threat to a third party, together with ownership of the response

第十章 项目风险管理 Chapter 10 Project Risk Management

课后习题 / After-class Exercises

一、选择题 Multiple Choice Questions

(1) 以下（　　）风险通常被认为是无法预测的？
A. 商务风险　　　B. 金融风险　　　C. 通货膨胀　　　D. 自然灾害

(2) 下列有关风险的陈述中不正确的是？（　　）
A. 风险是指某种损失发生的可能性
B. 风险的存在与客观环境及一定的时空条件有关
C. 风险是风险因素、风险事故与损失的统一体
D. 风险是不可以转移的

(3) 检查情况、辨别并区分潜在风险领域的过程是？（　　）
A. 风险识别　　　　　　　　　　B. 风险反应
C. 总结教训和风险控制　　　　　D. 风险量化
E. 以上都不是

(4) 按照风险来源进行分类，以下哪种是管理风险？（　　）
A. 需求定义模糊　　　　　　　　B. 合同责任界定不清
C. 市场汇率波动　　　　　　　　D. 资源调配的不确定性

(5) 以下哪个措施对于处理"未知—未知"风险没有效果？（　　）
A. 在预算中预留充足的应急储备　　B. 经常留意早期预替信号
C. 采取能够灵活变通的项目管理过程　D. 项目范围内留出应变的余地

(6) 识别风险过程会得到？（　　）
A. 风险分解结构　　　　　　　　B. 风险清单及风险描述
C. 风险责任人　　　　　　　　　D. 风险应对措施

(7) 关于风险应对措施，以下哪个说法是正确的？（　　）
A. 对每个风险都要采取最严厉的应对措施
B. 对重要风险要指定不止一名风险责任人
C. 风险应对措施需要全体相关方的同意
D. 在规划风险管理过程中制定风险应对措施

(8) 团队成员在项目实施过程中发现一个可以为组织盈利的商业机会，为赢得这个机会所采取的行动会超出本项目范围，项目经理应该如何指示？（　　）
A. 这个机会不需要记录在风险登记册中
B. 记录在风险登记册中并向组织汇报
C. 不允许做本项目范围以外的事情
D. 扩大项目范围以便赢取这个机会

(9) 风险管理包括在项目生命周期对不确定性进行（　　）、（　　）和（　　）的过程？

A. 量化、控制、监控　　　　　　　B. 成本计算、计划编制、约束

C. 分析、监控、应对初始化　　　　D. 识别、分析、应对

(10) 购买保险是(　　)风险的例子？(　　)

A. 降低　　　　B. 转移　　　　C. 接受　　　　D. 避免

二、判断题 True/False Questions

(1) 项目风险是完全可以避免的，只要做好充分的计划和准备工作。(　　)

(2) 风险识别只需要在项目开始阶段进行一次就足够了，因为项目风险在开始时就已确定。(　　)

(3) 定性风险分析比定量风险分析更准确，因为它基于专家的经验和判断。(　　)

(4) 对于所有风险，都应该采取规避策略，以确保项目不受任何风险影响。(　　)

(5) 风险监控只是对风险应对计划的执行情况进行监督，不需要对风险进行重新评估。(　　)

三、思考题 Critical Thinking Questions

(1) 请举例说明在一个软件开发项目中可能会遇到哪些技术风险和管理风险？如何应对这些风险？

(2) 结合实际案例，分析风险分类的意义和作用是什么。在项目风险管理过程中如何根据风险分类进行有效的管理？

(3) 假设你是一个工程项目的项目经理，如何组织团队进行有效的风险识别？可以采用哪些方法和工具？

(4) 分析在项目风险管理中，如何平衡风险应对的成本和收益。请举例说明。

(5) 请阐述风险监控在项目风险管理中的重要性，并说明如何建立一个有效的风险监控体系？

案例 / Case Study

某抽水蓄能电站位于皖南山区腹地，距离合肥市直线距离 185km，工程开发任务为承担电网调峰、填谷、调频、调相及备用等。项目实施事关群众切身利益，有可能引发社会稳定风险。为从源头上预防并减少社会矛盾和不稳定因素，系统开展风险调查、风险等级判定等工作，力求科学、客观地分析工程建设社会稳定风险的可接受程度。

根据项目特点和所在地实际情况，风险调查采取资料收集阅研、现场查勘、座谈会、网络公示和现场张贴公告、现场访谈和问卷等方式。结合工程社会稳定风险可能发生的时机，通过问卷调查、座谈会、新闻媒介、公众网络、地方宣传栏等广泛开展社会稳定风险公众参与工作。根据工程相关群体识别、风险调查结果和风险估计判断，对主要风险因素提出综合和专项风险防范和化解措施，制定应急预案。

经分析项目实施可能引起的社会稳定风险的因素主要有申诉机制风险、建设征地移民风

险、生态环境风险、文明施工和质量安全管理风险、社会治安和公共安全风险、交通风险、社会稳定风险、管理体系风险、媒体舆论风险,初始风险等级为 0.288 6,风险等级为低风险。针对各项单因素风险制定了针对性的防范化解措施,风险发生时严格执行相关防范化解措施,可预防相关风险发生或者减少发生风险的影响程度。落实防范和化解措施后,综合风险系数为 0.159 9,风险等级为低风险。结论是,项目社会稳定风险具有可控性。

案例问题:

(1)从项目整体管理的角度看,该抽水蓄能电站在社会稳定风险管理方面可能存在哪些问题?

(2)项目团队为降低社会稳定风险影响,在风险预案中预留了额外的应急资源,这在风险管理中称为?

(3)针对"申诉机制不完善可能引发群众不满"这一风险,请提出具体的防范和化解措施。

本章复习 / Chapter Review

(1)什么是项目风险?

项目风险是指由于项目所处环境和条件本身的不确定性和项目相关利益主体主观上不能准确预见或控制项目风险因素,最终项目结果与项目相关利益主体的要求或期望产生背离,从而给项目相关利益主体带来损失或收益的某种可能性。

(2)项目风险管理的主要步骤有哪些?

风险规划、风险识别、风险分析、风险应对、风险监控。

(3)什么是风险识别?

识别风险是识别单个项目风险以及整体项目风险的来源,并记录风险特征的过程。

(4)风险分析包括哪些方面?

风险分析是一个系统的过程,用于估计已识别风险的等级水平,包括评估事件发生的概率、事件的结果以及根据结果划分风险等级。

(5)什么是风险评估?

风险评估是结合专家意见与所有相关事件的概率,包括 3 种风险等级的结果(成本、技术绩效和进度),然后将结果转化为风险矩阵图,对风险等级进行划分。

(6)项目风险监控与应对有哪些步骤?

项目风险监控与应对的各个步骤如下:①建立项目风险监控与应对机制。②确定所要监控与应对的具体项目风险。③确定和分配各具体项目风险的监控与应对责任。④选择并确定针对具体项目风险的监控与应对措施。⑤制订针对具体项目风险的监控与应对工作计划。⑥实施针对具体项目风险的监控与应对工作计划。⑦跟踪具体项目风险的监控与应对结果。⑧分析和判断项目具体风险是否已经解决。⑨继续对该项目具体风险采取相应的应对措施。⑩直到项目结束并给出项目风险监控与应对工作报告。

拓展阅读和学习 / Further Reading and Learning

- 《风险管理与金融机构》(*Risk Management and Financial Institutions*),John C. Hull;一本金融领域经典教材。
- *The Goal*,Eliyahu M. Goldratt;这本小说讲述了一个工厂经理的故事,他必须解决一系列生产问题,其中包括风险管理。这本书介绍了精益生产和理论约束的概念,这些概念在项目管理中也有广泛应用。

第十一章 项目资源与采购管理
Chapter 11 Project Resource and Procurement Management

 引例 / Introductory Case

小柳最近被任命为"未来之城"智能商业综合体项目的项目经理,这是她职业生涯中接手的最具挑战性的项目。这个融合了高端建筑工程、IT系统和智能家居的综合体项目,不仅需要协调20多个施工团队和50多家供应商,还要管理超过3亿元的采购预算。项目启动会上,小柳就预感到这将是一场硬仗。

果然,开工不到两个月,危机接踵而至。先是主力建材供应商因环保检查而停产,价值800万元的特种玻璃无法按期交付;接着IT团队发现原定的服务器配置根本无法满足智能系统的测试需求;更棘手的是,业主方临时要求增加AI能源管理系统,这意味着要重新调整设计方案和采购计划。小柳的办公桌上堆满了各个部门发来的加急申请单,项目进度表上的红色预警越来越多。

面对这些挑战,小柳展现出了出色的危机处理能力。她立即启动应急预案:一方面组织团队评估替代建材供应商,调整施工工序;另一方面紧急约见云计算服务商,采用弹性付费模式解决服务器资源不足的问题。最令人称道的是,她借鉴海尔SBD(Strategy Business Design,战略业务设计)模式,邀请核心供应商参与AI系统的联合设计,不仅缩短了开发周期,还节省了15%的采购成本。通过建立集中采购平台和优化供应商管理体系,小柳最终带领团队克服了所有困难,项目不仅按时交付,还实现了采购成本比预算降低8%的佳绩。这个案例后来成为公司项目管理培训的经典教材,小柳也因此获得了年度最佳项目经理的荣誉。

该案例特别突出了资源管理与采购管理的协同效应,展示了如何将PMBOK知识领域的理论方法转化为解决复杂项目问题的实践方案,包括运用现代采购理念处理建材供应、IT资源配置和突发需求变更等典型挑战,最终达成项目目标。

 学习目标 / Learning Objectives

(1)阐述项目资源规划的重要性,能够识别和区分项目资源的类型。
(2)描述资源需求计划的制订过程,说明如何管理与解决资源冲突。
(3)认识项目采购管理的基本概念,明确其在项目管理中的重要性和作用。
(4)列出项目采购管理的方法,概述项目合同终结管理的流程和要点。

本章结构导图 / Chapter 11 Structure

本章结构导图见图 11-1。

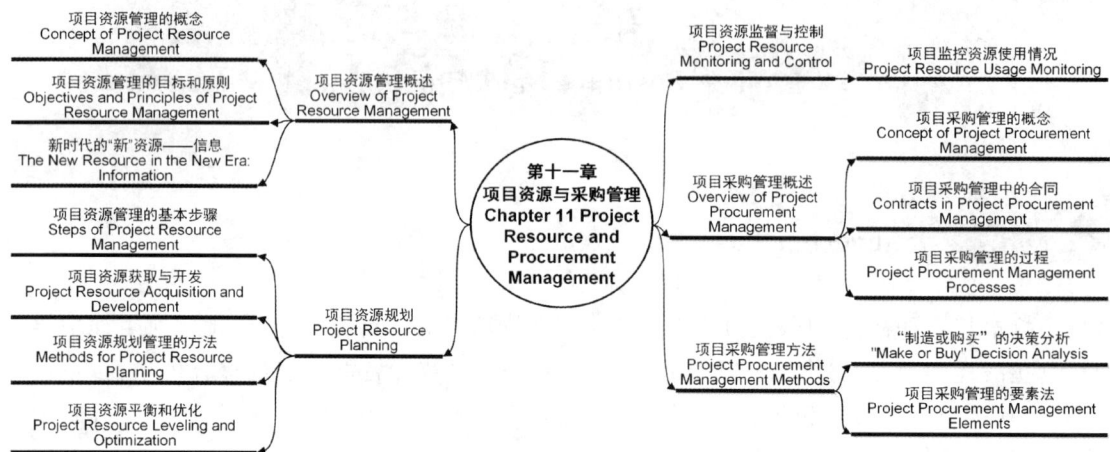

图 11-1　本章结构导图 Chapter 11 Structure

第一节　项目资源管理概述
Overview of Project Resource Management

一、项目资源管理的概念 Concept of Project Resource Management

项目资源管理涉及规划、获取、利用和管理项目所需的各种资源，以确保项目能够获得必要的资源，顺利实现项目目标，并确保资源的有效利用和最大化价值的实现。项目资源包括人员、仪器、机器、工具、设备、场地、信息等各种要素，详见图 11-2。

图 11-2　项目管理过程中可能涉及的资源 Resources Involved in Project Management

二、项目资源管理的目标和原则 Objectives and Principles of Project Resource Management

(一)项目资源管理的目标 Objectives of Resource Management

项目资源管理的主要目标是确保项目能够高效地利用各种资源,以实现项目目标和交付成果。通过科学的资源管理,项目经理能够在项目生命周期内规划、获取、分配和控制资源,以最大化资源的价值,提高项目的成功概率。项目资源管理的全过程包括项目资源的规划、获取开发、分配调度、监督控制和优化回收。

(二)项目资源管理的原则 Principles of Resource Management

为了确保资源的有效利用和项目的成功,项目经理应遵循一系列资源管理的原则。项目资源管理的原则是项目经理在资源管理过程中应遵循的指导准则。遵循这些原则,项目经理能够更好地规划、获取、分配和控制资源,确保资源的有效利用和项目的成功。同时,资源管理的原则也有助于提高团队的协作和整体绩效,为项目的顺利完成奠定坚实基础。

三、新时代的"新"资源——信息 The New Resource in the New Era: Information

随着科技的日新月异和全球化的加速推进,信息资源的地位日益凸显。无论是企业内部的项目管理,还是跨国公司的国际合作项目,都离不开信息的搜集、处理、分析和应用。信息作为项目资源,具有独特的价值和作用。它能够帮助项目团队及时了解市场动态、掌握竞争对手情况、分析客户需求,为项目决策提供科学依据。同时,信息还能促进项目团队内部的沟通协作,提高项目执行效率,减少不必要的资源浪费。然而,随着信息量的爆炸式增长,如何有效管理和利用信息资源成为项目管理领域面临的一大挑战。传

项目资源管理的原则

一、透明和全面的规划是基础
项目经理从项目规划阶段开始就要与干系人充分沟通,确保对资源需求和目标有清晰的认识。

二、灵活性和适应性是关键
资源需求随项目进展变化,根据实际情况调整和优化,确保资源的及时满足和合理利用。

三、综合平衡和优先级是核心
考虑项目各个方面,明确项目资源的优先级和关键任务,合理分配资源以优化整体项目目标。

四、合理分配和公平待遇是激励手段
项目经理应根据任务的紧急性、重要性和资源的可用性来分配资源,激励团队成员协作共赢。

五、持续监控和优化是提升绩效的手段
项目经理需持续监控资源使用情况,及时调整,优化资源利用效率。

六、合作与共享是提高效率的途径
资源管理涉及与供应商、其他部门或项目团队的合作;资源共享和互惠能提高组织资源利用效率。

七、风险管理和灾备措施是保障
资源管理存在潜在风险,项目经理应制定风险管理措施和灾备计划,应对资源供应的突发情况。

统的项目管理方法往往只关注物质资源和人力资源的管理,而忽视了信息资源的重要性。

(一)信息资源的定义与特点 Definition and Characteristics of Information Resources

信息资源,简言之,是指在项目实施过程中所涉及的各类数据、知识、情报等。它不仅包括文字、数字、图表等显性信息,还包括存在于人们脑海中的隐性知识、经验等。这些信息资源在项目决策、执行、监控等各个环节中发挥着重要作用,是项目成功的关键因素之一。信息资源的来源广泛,可以来自项目团队内部,如团队成员的沟通交流、经验分享等;也可以来自项目团队外部,例如,市场研究报告、行业统计数据、竞争对手情报等。无论是内部还是外部的信息资源,都需要项目团队进行有效的收集、整理、分析和利用。

信息资源具有以下特点:信息资源具有时效性,这意味着信息资源的价值会随时间流逝而递减,因此项目团队必须保持对信息的敏感度,及时捕捉和利用关键的市场信息和技术动态。信息资源具有共享性,这使得一旦某个团队成员获取信息,就可以通过各种方式与其他成员共享,这有助于促进沟通和协作,提高项目执行效率。信息资源具有可复制性,从而允许它们以低成本被复制和传播,为项目团队提供了灵活性和便利性,使他们能够在不增加额外成本的情况下分享有价值的信息给更多的团队成员或合作伙伴。信息资源还具有不确定性,这要求项目团队在使用时进行深入分析和判断,因为信息来源的多样性和复杂性可能导致偏差或误导,确保信息的准确性和可靠性是至关重要的。

(二)信息资源的分类与获取 Classification and Acquisition of Information Resources

信息资源根据项目需求的不同,可以划分为多种类型。这些类型包括但不限于市场数据、技术资料、政策法规、行业趋势、客户需求、竞争对手情报等。获取信息资源是项目团队进行有效决策和执行的基础。

获取信息的途径多种多样,根据项目特点和团队需求,可以选择适合的获取方式。

(1)网络搜索。通过搜索引擎和专业的信息检索平台,项目团队可以快速找到大量相关信息。然而,在使用网络搜索时,需要注意信息的真实性和可靠性,避免被误导或误用。

(2)专业数据库。这些数据库通常包含经过筛选和整理的高质量信息,如行业报告、专利数据库、市场研究数据等。通过查询这些数据库,项目团队可以获取到更为准确和深入的信息。

(3)行业交流、会议和展览等活动。参加这些活动,项目团队可以与行业内的专家、学者和企业代表进行面对面的交流,获取最新的行业动态和趋势。

(4)与利益相关者建立合作关系。与合作伙伴、供应商和客户等利益相关者建立合作关系,也是获取信息资源的重要途径。通过共享信息和资源,项目团队可以更好地了解市场需求和竞争态势,为项目的成功实施提供有力支持。

（三）信息资源的处理与应用 Processing and Application of Information Resources

获取到大量信息资源后,项目团队需要进行深入的处理和分析,以提取出有价值的信息。处理信息资源的过程包括筛选、整理、分析和解释4个关键步骤。

处理好的信息资源在项目执行和管理中发挥着重要作用。以下是一些主要的应用领域:在决策阶段,通过分析市场数据、客户需求和竞争情报,辅助评估项目可行性和风险;在规划执行环节,依托技术资料和行业趋势制订计划,并利用实时数据监控进度,及时调整策略;在团队协作方面,借助共享平台促进信息互通,减少沟通障碍;在项目评估时,通过数据分析总结经验,优化后续工作。

（四）信息资源的安全与保护 Security and Protection of Information Resources

随着信息技术的迅猛发展,加强信息资源的安全保护,确保信息的完整性、保密性和可用性,是项目团队必须面对的重要挑战。信息资源是项目决策、执行和监控的基础,一旦信息被泄露或篡改,可能导致项目团队无法准确判断市场动向、客户需求或竞争态势,从而做出错误的决策,甚至带来法律风险和商业纠纷。项目团队必须建立完善的信息安全管理体系,包括制定安全制度和行为规范、实施严格的访问权限和采用数据加密技术保护重要信息等。同时,加强信息安全的培训和宣传,提高团队成员的信息安全意识和防范技能。随着信息安全技术的不断发展,项目团队需要保持对信息安全领域的关注,及时了解最新的安全威胁和防范措施,必要时与相关安全机构、专家或服务提供商进行合作,共同应对信息安全问题。此外,在行使保护信息资源权利的同时,项目团队还需要履行相应的义务,遵守法律法规、尊重他人的知识产权和隐私权等。

> **信息资源处理的4个关键步骤**
>
> 一、筛选是信息处理的起始环节
> 　项目团队根据项目需求和目标,去除无关或重复的信息,保留与项目紧密相关的信息,以减少信息过载并提高处理效率。
>
> 二、整理作为第二步骤
> 　整理是对筛选后的信息进行分类、排序和归纳,使信息更加有序和易于理解,为构建清晰的信息框架和后续分析打下基础。
>
> 三、分析是核心环节
> 　项目团队运用各种工具和方法深入剖析整理后的信息,挖掘规律和趋势,以更好地了解项目环境、市场需求和竞争态势,为决策提供科学依据。
>
> 四、解释是将分析结果转化为易于理解的形式的过程
> 　项目团队将分析结果以报告、图表、演示等形式呈现,使团队成员和利益相关方能够更好地理解和应用这些信息。

自测题 Self-assessment Questions

(1)资源管理的原则中,什么原则有助于促进资源的共享和互惠?(　　)
　　A. 透明和全面的规划　　　　　　　　B. 灵活性和适应性
　　C. 合作与共享　　　　　　　　　　　D. 持续监控和优化

(2)资源管理的全过程是从项目的哪个阶段开始的?(　　)
　　A. 执行阶段　　　　B. 规划阶段　　　　C. 收尾阶段　　　　D. 监控阶段

第二节　项目资源规划
Project Resource Planning

一、项目资源规划的基本步骤 Steps of Project Resource Management

项目资源规划是确保项目能够获得必要的资源,以顺利实现项目目标,项目经理需要仔细评估项目的需求和资源情况,制定详细的资源规划,以确保资源的适时供应和有效利用。以下是项目资源规划的基本步骤。

1. 明确项目范围和目标

项目资源规划的第一步是明确项目的范围和目标。项目经理与项目干系人一起明确项目要达成的成果,确定项目的范围、阶段、关键目标和交付物。不同的项目目标和需求会影响所需资源的类型和数量。

2. 识别项目资源需求

项目经理需要仔细识别项目的资源需求,包括人力、物资、设备、技术和财务资源等。同时,还需考虑到资源的时间要求,即何时需要资源以支持项目的各个阶段和任务。

3. 资源需求估计与分析

资源需求估计与分析是一个细致和复杂的过程,需要根据项目的任务和工作量,评估每种资源的数量和规模。通过合理的估计,项目经理可以获得所需资源的预期量,为后续的资源获取和分配提供依据。

4. 资源获取分析与决策

在项目资源规划中,项目经理需要对资源获取进行分析和决策,涉及判断哪些资源可以从内部获得,哪些资源需要从外部采购或租赁。同时,还要与供应商和合作伙伴进行协商,确保所需资源能够及时供应,并达成合理的价格和服务协议。

5. 资源分配计划

资源分配计划是将资源合理分配到不同任务和阶段的过程,确保每个任务都有足够的资源支持。资源分配计划还需要考虑资源之间的依赖关系和优先级,以确保整个项目的资源平

第十一章 项目资源与采购管理 Chapter 11 Project Resource and Procurement Management

衡和协调。

6. 资源平衡和优化

资源规划还包括资源的平衡和优化。项目经理需要平衡不同资源的需求，确保资源的合理分配和利用效率，优化资源的利用，避免资源的浪费和低效，从而提高项目的绩效和成功率。

二、项目资源获取与开发 Project Resource Acquisition and Development

为满足项目需求，在项目执行过程中，项目团队需要获取和开发适当的人力、物力、财力和技术等资源，以确保项目能够按时、按质地完成。通常情况下，项目资源的来源主要有3个主要依据：第一，供应商或承包商的提案。提案是供应商或承包商介绍其能力、经验、解决方案以及为何是最佳选择的文件，通常包括供应商的公司背景、项目计划、预算估算等信息。通过仔细审查提案，决策者可以了解供应商或承包商的优势、能力和对项目的理解，从而更好地进行评估和比较。第二，相应的评价标准。评价标准是资源选择的量化基准，包括价格、交付周期等定量指标，以及经验、服务等定性要素。制定时需结合项目需求，通过权重分配反映各标准的重要性，确保最优选择。第三，组织的相关政策。组织的相关政策和规定可能包括采购流程、供应商合格标准、合同条款等。确保选择过程遵循组织的规定可以确保决策的合法性和透明性。有些组织可能有特定的供应商审查流程，以确保所选择的供应商或承包商具有所需的资质和背景。

三、项目资源规划管理的方法 Methods for Project Resource Planning

项目资源获取与开发后需要对其进行合理的规划管理，主要可以通过专家判断和数据表现来实现。

（一）专家判断 Expert Judgment

专家判断是指在项目资源规划管理时应征求具备专业知识或接受过相关培训的个人或小组的意见，征询内容可以涵盖协调组织内部资源优化配置、人才管理与发展、评估项目资源投入水平、制定符合组织文化的报告机制、基于市场条件预测资源需求、识别资源获取与管理的潜在风险、遵守政府及工会相关法规，以及管理供应商确保物资及时供应等关键环节，从而提升资源规划的科学性和可行性。

（二）数据表现 Data Representation

适用于项目资源规划过程的数据表现技术主要采用图表形式。数据表现的常用格式包括层级型、矩阵型和文本型。无论使用什么格式，数据表现的目的都是要确保每个工作包都有明确的责任人，确保全体团队成员都清楚地理解其角色和职责。层级型可用于表示高层级角色，而文本型则更适合用于记录详细职责。

1. 层级型

层级型格式的数据表现可以采用传统的组织结构图，自上而下地显示各种职位及其相互关系。

（1）工作分解结构（WBS）。工作分解结构用来显示如何把项目可交付成果分解为工作包，有助于明确高层级的职责。

（2）组织分解结构（OBS）。工作分解结构显示项目可交付成果的分解，而组织分解结构则按照组织现有的部门、单元或团队排列，并在每个部门下列出项目活动或工作包。各部门只需要找到其在组织分解结构中的位置，就能看到自己的全部项目职责。

（3）资源分解结构。资源分解结构是按资源的类别和类型，对团队和实物资源的层级列表，用于规划、管理和控制项目工作。每向下一个层次都代表对资源的更详细描述，直到信息细到可以与工作分解结构相结合。

2. 责任分配矩阵

责任分配矩阵（RAM）是明确项目资源与任务分配的重要工具，通过矩阵形式直观展示工作包与团队成员之间的对应关系。该工具可分层级应用：高层级 RAM 界定团队或部门在 WBS 中的责任范围，低层级 RAM 则细化到具体活动的角色分工。矩阵图能反映与每个人相关的所有活动，以及与每项活动相关的所有人员，它也可确保任何一项任务都只由一个人负责，从而避免职权不清。RAM 的一个例子是 RACI（执行、负责、咨询和知情）矩阵，如表 11-1 所示。表中最左边的一列表示有待完成的工作（活动）。分配给每项工作的资源可以是个人或小组，项目经理也可根据项目需要，选择"领导"或"资源"等适用词汇来分配项目责任。如果团队是由内部和外部人员组成，RACI 矩阵对明确划分角色和职责特别有用。

表 11-1 RACI 矩阵示例 RACI Matrix Example

RACI 矩阵 RACI Matrix	人员 Notify Personnel				
活动 Activity	安 Ann	本 Ben	卡洛斯 Carlos	迪娜 Dina	艾德 Ed
创建章程 Create Charter	A	R	I	I	I
收集需求 Gather Requirements	I	A	R	C	C
提交变更请求 Submit Change Request	I	A	R	R	C
制订测试计划 Develop Test Plan	A	C	I	I	R
R=负责 A=问责 C=咨询 I=通知 R=Responsible A=Accountability C=Consult I=Notify					

3. 文本型

文本型文件通常以概述的形式,提供诸如职责、职权、能力和资格等详细的团队成员职责信息。这种文件通常被称作职位说明书或角色—职责—职权表等,它可以作为未来项目的模板,特别是在根据当前项目的经验教训对其内容进行更新之后。

四、项目资源平衡和优化 Project Resource Leveling and Optimization

在项目执行阶段,项目经理需要持续监控资源的使用情况,并根据项目的进展和需求,进行资源的平衡和优化,确保资源的有效利用和项目的成功,如图 11-3 所示。资源平衡意味着合理分配资源,确保每个任务和阶段都能得到适当的资源支持,避免资源过度或不足。资源优化则是指不断寻求提高资源利用效率的方法,以获得更好的项目绩效,图 11-3 是资源平衡和资源优化的对比。

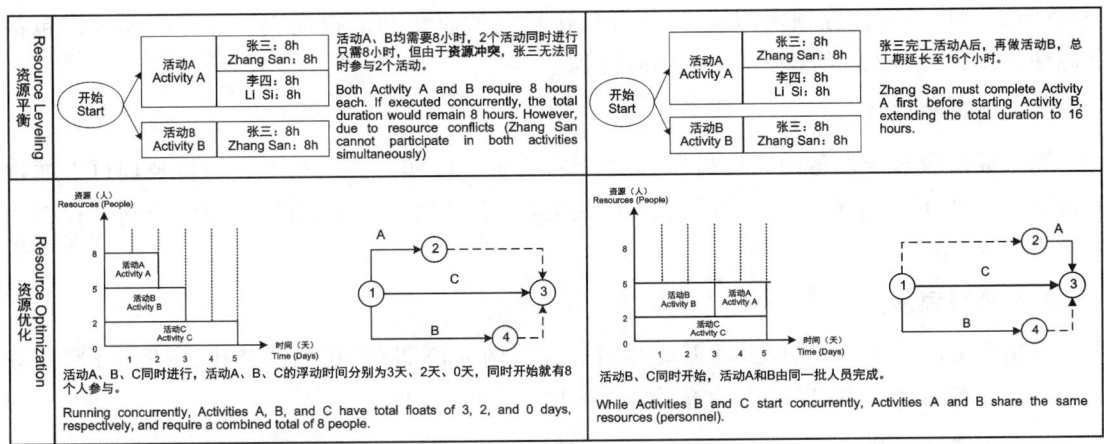

图 11-3 资源平衡和资源优化的对比 Comparison:Resource Leveling vs. Optimization

自测题 Self-assessment Questions

(1)在项目资源规划中,什么是资源的获取和开发阶段涉及的内容?(　　)

A. 与团队成员沟通

B. 与相关部门或供应商合作,确保所需资源能够及时供应

C. 制订项目计划

D. 制定项目预算

(2)为了降低资源浪费和低效,项目经理在资源规划中需要做什么?(　　)

A. 灵活调整资源分配

B. 透明和全面的规划

C. 合理分配和公平待遇

D. 持续监控和优化

第三节　项目资源监督与控制
Project Resource Monitoring and Control

一、项目监控资源使用情况 Project Resource Usage Monitoring

资源是项目成功的基础，项目资源监控是确保资源高效利用的关键管理活动。项目经理需要实时监控资源的使用情况，以确保资源按照计划合理地分配和调度。项目监控资源使用情况包括设立资源监控机制、实时收集数据、处理资源冲突、调整资源优化和报告与决策5个重要方面。

1. 设立资源监控机制

为了及时发现资源问题并采取相应措施，项目经理在项目启动阶段应该设立资源监控机制，确定监控指标和监控频率，并建立资源使用数据的收集和汇报流程。监控指标可以包括资源使用率、资源冲突情况和资源空闲时间等。

2. 实时收集数据

团队成员应按照设定的监控指标，记录和报告资源的实际使用情况。项目经理可以通过项目管理工具、时间追踪系统或其他数据收集方法，实时收集数据，及早发现资源利用存在的问题，并进行干预。

3. 处理资源冲突

当出现资源冲突时，项目经理需要与团队成员沟通协调，寻找资源替代、资源平滑、任务优先级调整等解决方案，以确保关键任务能够按时完成，详见图11-4。

4. 调整资源优化

当发现某些资源使用率较低或资源空闲时，项目经理可以重新分配资源，使其更好地服务于项目的紧要任务，从而高效地利用资源。

5. 报告与决策

资源使用情况的监控结果需要及时向利益相关者汇报。通过透明的报告，项目经理可以向项目团队和相关干系人展示资源的使用情况和存在的问题，并讨论可能的资源调整和优化方案，使决策过程更加科学和明确。

自测题 Self-assessment Questions

（1）在资源监控过程中，什么是关键路径分析的作用？（　　）

A. 识别项目的主要风险　　　　　　B. 确定项目进度的关键因素

C. 控制项目质量　　　　　　　　　D. 评估团队绩效

（2）项目中的资源冲突通常是指（　　）

A. 人员之间的意见分歧　　　　　　B. 对项目目标的不同理解

C. 资源需求超过可用资源的情况　　D. 技术问题导致的延期

第十一章 项目资源与采购管理 Chapter 11 Project Resource and Procurement Management

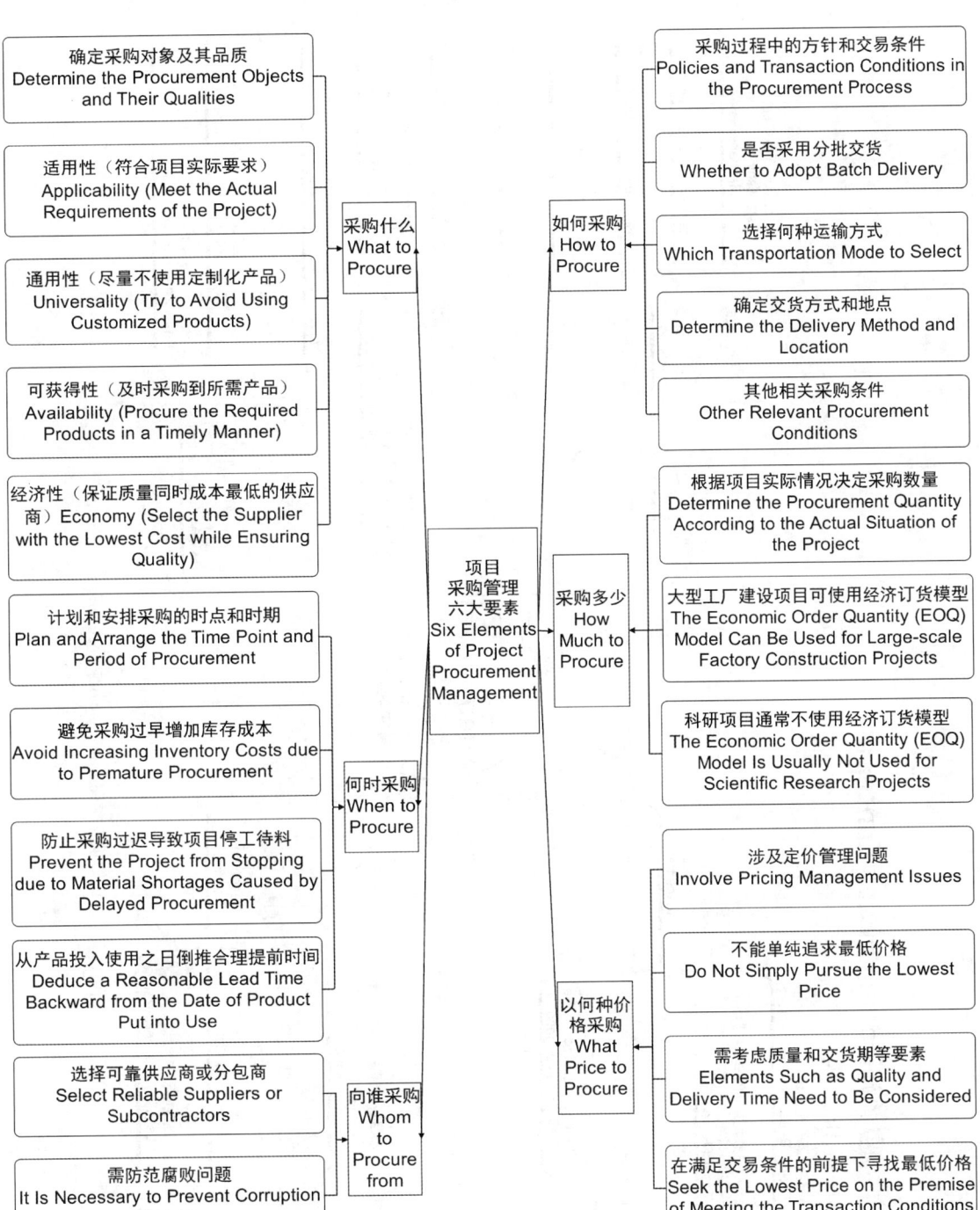

图 11-6 项目采购管理六大要素 Six Key Elements of Project Procurement Management

自测题 Self-assessment Questions

项目采购管理包含哪六大要素？

本章知识点导图 / Mindmap of Key Concepts

本章知识点导图见图 11-7。

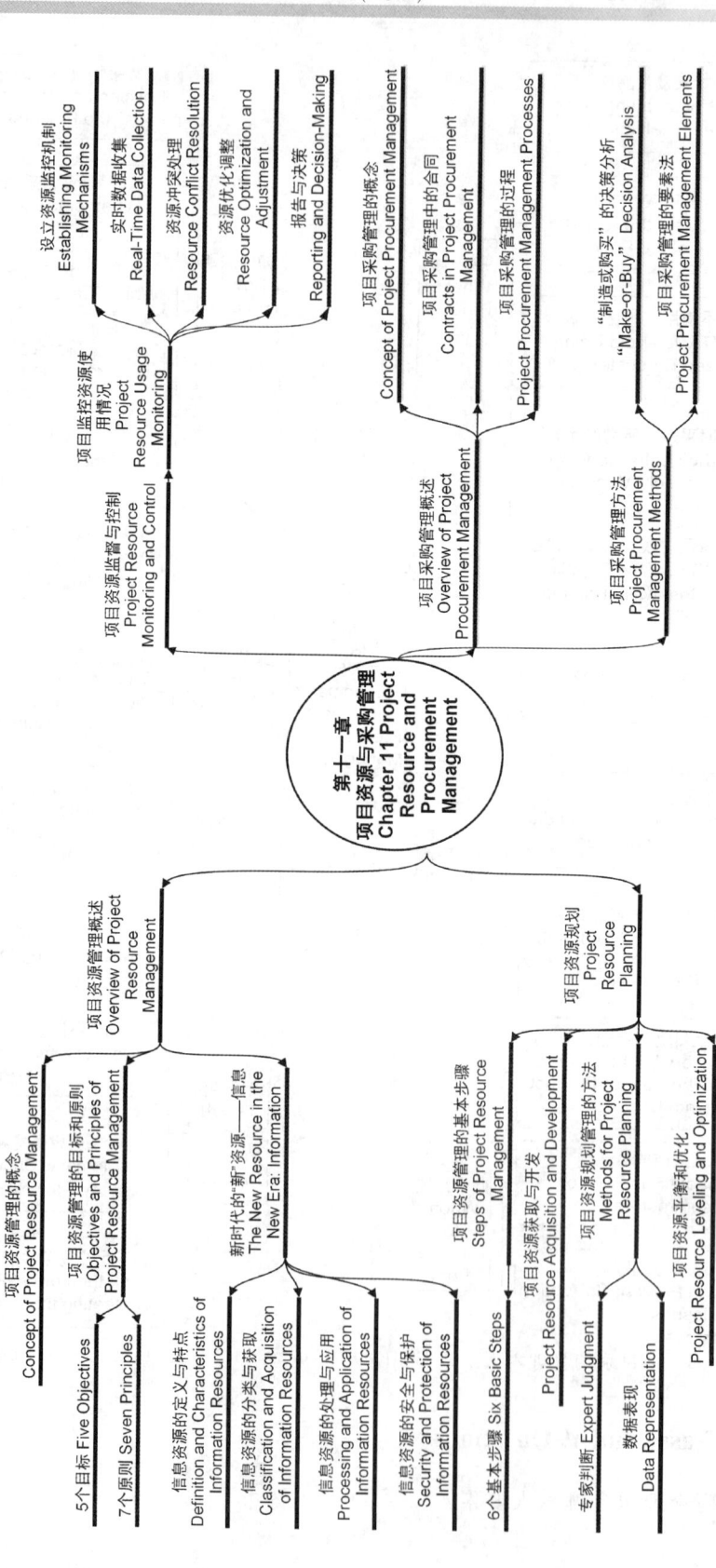

图 11-7 本章知识点导图 Mindmap of key concepts of chapter 11

名词列表与重要概念 Key Terms and Important Concept

英文名词 English noun	中文名词 Chinese noun	重要概念 Important concept
Resource	资源	完成项目所需的团队成员或任何实物 A team member or any physical item needed to complete the project
Acquire Resources	获取资源	获取项目所需的团队成员、设施、设备、材料、用品和其他资源的过程 The process of obtaining team members, facilities, equipment, materials, supplies, and other resources necessary to complete project work
Project Resource Management	项目资源管理	包括识别、获取和管理所需资源以成功完成项目的各个过程 Includes the processes to identify, acquire, and manage the resources needed for the successful completion of the project
Responsibility Assignment Matrix (RAM)	责任分配矩阵	一种展示项目资源在各个工作包中的任务分配的表格 A grid that shows the project resources assigned to each work package
Parametric Estimating	参数估算	基于历史数据和项目参数，使用某种算法来计算成本或持续时间的一种估算技术 An estimating technique in which an algorithm is used to calculate cost or duration based on historical data and project parameters
Project Management Information System (PMIS)	项目管理信息系统	由收集、整合和传播项目管理过程成果的工具和技术所组成的信息系统 An information system consisting of the tools and techniques used to gather, integrate, and disseminate the outputs of project management processes
Control Resources	控制资源	确保按计划为项目分配资源，以及根据资源使用计划监督资源实际使用情况，并采取必要纠正措施的过程 The process of ensuring that the physical resources assigned and allocated to the project are available as planned, as well as monitoring the planned versus actual utilization of resources and performing corrective action as necessary

续表

英文名词 English noun	中文名词 Chinese noun	重要概念 Important concept
Plan Resource Management	规划资源管理	定义如何估算、获取、管理和利用实物以及团队资源的过程 The process of defining how to estimate, acquire, manage, and utilize physical and team resources
Resource Calendar	资源日历	表明每种具体资源的可用工作日或工作班次的日历 A calendar that identifies the working days and shifts upon which each specific resource is available
Resource Histogram	资源直方图	按一系列时间段显示某种资源的计划工作时间的条形图 A bar chart showing the amount of time that a resource is scheduled to work over a series of time periods
Resource Leveling	资源平衡	一种资源优化技术，对项目进度计划进行调整以优化资源分配，并可能会影响关键路径。参见"资源优化技术"和"资源平滑" A resource optimization technique in which adjustments are made to the project schedule to optimize the allocation of resources and which may affect critical path. See also resource optimization technique and resource smoothing
Resource Management Plan	资源管理计划	项目管理计划的一个组成部分，描述如何获取、分配、监督和控制项目资源 A component of the project management plan that describes how project resources are acquired, allocated, monitored, and controlled
Resource Manager	资源经理	具有管理一项或多项资源权限的个人 An individual with management authority over one or more resources
Resource Optimization Technique	资源优化技术	根据资源的供求情况来调整活动开始和完成日期的一种技术。参见"资源平衡"和"资源平滑" A technique in which activity start and finish dates are adjusted to balance demand for resources with the available supply. See also resource leveling and resource smoothing

续表

英文名词 English noun	中文名词 Chinese noun	重要概念 Important concept
Resource Requirements	资源需求	工作包中的每个活动所需的资源类型和数量 The types and quantities of resources required for each activity in a work package
Resource Breakdown Structure	资源分解结构	资源依类别和类型的层级展现 A hierarchical representation of resources by category and type
Resource Smoothing	资源平滑	一种资源优化技术，在不影响关键路径的情况下使用自由浮动时间和总浮动时间。参见"资源平衡"和"资源优化技术" A resource optimization technique in which free and total float are used without affecting the critical path. See also resource leveling and resource optimization technique
Develop Team	建设团队	提高工作能力，促进团队成员互动，改善团队整体氛围，以提高项目绩效的过程 Improve work ability, promote team members interaction, improve the overall atmosphere of the team, to improve project performance
Manage Team	管理团队	跟踪团队成员工作表现，提供反馈，解决问题并管理团队变更，以优化项目绩效的过程 Follow the work performance of members of the team, provide feedback, solve problems and manage the team changes, to optimize the process of project performance
Project Resource Monitoring and Control	项目资源监控与控制	对项目实施过程中的人力、物资、财力等资源进行实时跟踪、评估和调整 The real-time tracking, evaluation, and adjustment of human, material, and financial resources during the project implementation process
Contract	合同	合同是指对双方都有约束力的协议，强制卖方提供规定的产品、服务或成果，以及强制买方支付相应的费用 A contract is a mutually binding agreement that obligates the seller to provide the specified product or service or result and obligates the buyer to pay for it

续表

英文名词 English noun	中文名词 Chinese noun	重要概念 Important concept
Breach	违约	违约指的是合同或协议中的一方未能履行其规定的义务、责任或承诺 Breach refers to the failure of a party to fulfill its obligations, responsibilities, or promises as stipulated in a contract or agreement
Solicitation	询价	询价指的是为购买货物、服务或工程而向潜在供应商或承包商寻求、邀请或请求提案、投标或报价的过程 Solicitation refers to the process of seeking, inviting, or requesting proposals, bids, or quotations from potential suppliers or contractors for the purpose of purchasing goods, services, or works
Termination	终止	终止指的是合同或协议的结束，这可能是由于双方同意、违约、合同期满或其他指定原因 Termination signifies the end of a contract or agreement, either by mutual consent or due to breach of contract, expiration of the contract term, or other specified reasons
Plan Procurement Management	规划采购管理	记录项目采购决策，明确采购方法，识别潜在卖方的过程 Record project procurement decisions, clarify procurement methods, and identify the process of potential sellers
Conduct Procurements	实施采购	获取卖方应答，选择卖方并授予合同的过程 The process of obtaining the seller's response, selection of the seller and award the contract
Control Procurements	控制采购	管理采购关系，监督合同绩效，实施必要的变更和纠偏，以及关闭合同的过程 Manage procurement relationships, supervise contract performance, implement necessary changes and corrections, and close the process of closing the contract

课后习题 / After-class Exercises

一、选择题 Multiple Choice Questions

(1)项目资源管理的主要目标是（　　）
A. 最大程度地利用项目资源　　　　B. 扩大项目范围
C. 减少项目风险　　　　　　　　　D. 提高项目复杂性

(2)以下哪项不属于项目资源管理的基本过程之一？（　　）
A. 规划资源管理　　B. 项目资源计划　　C. 项目资源获取　　D. 项目资源监控与控制

(3)在项目资源监控过程中，什么是关键绩效指标（KPI）的一个例子？（　　）
A. 项目完成时间　　B. 团队建设活动　　C. 项目范围变更　　D. 项目许可证

(4)在项目资源管理中，以下哪个不是资源获取的常用方法？（　　）
A. 采购　　　　　　B. 租赁　　　　　　C. 自行生产　　　　D. 随机分配

(5)当项目资源需求超出可用资源时，项目经理应优先考虑哪种策略？（　　）
A. 延长项目工期　　B. 增加项目预算　　C. 优化资源使用　　D. 减少项目范围

(6)采购是从（　　）获取资源的过程。
A. 供应商　　　　　B. 资源市场　　　　C. 批发市场　　　　D. 厂家

(7)（　　）是市场经济下一种最重要、最主流的采购。
A. 容家庭采购　　　B. 企业采购　　　　C. 有形采购　　　　D. 政府采购

(8)为了确保不同相关材料领域的有效整合，采购管理正被逐渐纳入（　　）管理中？
A. 供应链　　　　　B. 供应商　　　　　C. 企业　　　　　　D. 客户

(9)由于产品中价值的60%是经采购由供应商提供，毫无疑问，产品的"生命"由采购品的（　　）控制得到确保。
A. 数量　　　　　　B. 质量　　　　　　C. 交期　　　　　　D. 价格

(10)购货协议中最重要的内容包括交货（　　）以及交货条件。
A. 地点　　　　　　B. 时间　　　　　　C. 价格　　　　　　D. 方式

(11)招标投标是一种（　　）竞争的采购方式。
A. 最高　　　　　　B. 一般　　　　　　C. 最低　　　　　　D. 没有

(12)投标文件正本和副本如有不一致，应以（　　）为准。
A. 正本文件　　　　　　　　　　　　B. 副本文件
C. 正本或副本文件　　　　　　　　　D. 对正文和副本进行综合考查

二、判断题 True/False Questions

(1)项目资源管理主要关注的是项目所需资金的筹集和使用，而非其他类型的资源。（　　）
(2)在项目资源管理中，资源的分配应优先满足项目的关键路径任务。（　　）
(3)采购就是采购管理。（　　）

(4)采购是企业经济活动的主要组成部分,所以必须遵循经济规律,追求经济效益。(   )

(5)在产品或设备交货以后,必须对其进行检查以确保它们能够满足规定的要求。(   )

三、思考题 Critical Thinking Questions

(1)资源分配的含义和重要性是什么?

(2)为什么资源监控是必要的?

(3)项目资源管理涉及处理紧急情况和变更请求。那么如何有效地处理紧急情况,以及变更请求对资源管理的潜在影响有哪些?

(4)在企业数字化图书馆建设项目中,如何运用"制造或购买"的决策分析来确定图书馆管理系统是自行开发还是采购?需要考虑哪些因素?

(5)结合实际案例,分析项目采购计划的制订过程中,如何确保采购需求的准确性和完整性?

案例 / Case Study

某重大项目即将动工,所需混凝土总量约 1063 万 m^3,钢筋钢材总量约 69.78 万 t,水泥约 195.26 万 t,粉煤灰约 46.55 万 t,止水铜约 110.40 km,柴油约 42.13 万 t,炸药约 5.40 万 t。为保障本项目物资设备供应,需结合拟所需物资在技术含量、产品质量、市场供应、竞争程度等方面的市场特征,选择技术导向、质量导向、供应导向、价格导向等单一或组合式的采购策略,以满足项目实施需求。

行业目前普遍采取甲供、甲控 2 种物资管理模式。甲供模式是指全部或部分设备、材料、动力由发包方或业主单位自行采购,并将自行采购的设备、材料、动力交给承包商进行施工,从管理机制上更有利于工程建设的进度与质量保障。甲控模式是指由乙方(即施工单位)购买建筑施工材料,由甲方(即建设方或其监理代表)认定价格、质量等的材料,施工单位物资进场、资金支付等独立负责。

2 种模式的区别主要表现为:一是物资供应保障与质量管控的主体责任单位不同;二是物资设备的计价方式不同,对工程建设成本的影响不同;三是销售合同签订与发票接收主体单位不同。考虑项目物资需求量大、需求品种质量要求高、供应管理难度大,甲供模式更有利于工程进度和质量保障以及整体风险的管控,提高供应厂商履约积极性,项目物资管理采用甲供模式。采取定价调拨方式,制定严格的检查、考核与处罚措施,定期进行物资消耗核查,防止出现甲供物资浪费和非正常流失等情况。

案例问题:

(1)该项目已识别的关键物资需求有哪些?

(2)各类物资的采购规模如何影响供应策略的选择?

(3)为什么选择"甲供模式"而非"甲控模式"?其优势如何支持项目目标的实现?

(4)针对不同物资(如高价值钢材 vs 大宗混凝土),应如何选择技术导向、质量导向或价格导向的采购策略?

第十一章 项目资源与采购管理 Chapter 11 Project Resource and Procurement Management

本章复习 / Chapter Review

(1)项目资源管理的概念是什么？

项目资源管理是指在项目管理过程中,对项目所需的各种资源进行规划、获取、分配、调度、监控和优化回收等一系列活动的管理过程。它包括确保项目能够获得必要的资源,以顺利实现项目目标,并确保资源的有效利用和最大化价值的实现。

(2)项目资源管理的目标有哪些？

项目资源管理的主要目标包括确保资源的可用性和适时供应、优化资源的利用效率、平衡资源分配、降低项目风险以及提高项目团队的协作和绩效。通过科学的资源管理,项目经理能够在项目生命周期内合理分配和控制资源,以提高项目的成功率和效率。

(3)项目所需的两种主要资源是什么？

项目所需的资源主要有两种:一种是有形的商品(goods);一种是无形的劳务(services)。

(4)项目采购管理常用的决策分析技术方法是什么？

"制造或购买"的决策分析是最常用的项目采购管理决策分析技术方法。

(5)项目采购管理的首要任务是什么,后续工作与之有何关联？

项目采购管理的首要任务是制订项目采购计划,然后按项目采购计划开展项目采购工作并实现项目采购的目标。

拓展阅读和学习 / Further Reading and Learning

- 《华为奋斗密码》,作者:杨爱国。此书以内部视角揭秘华为组织文化内核,深度解析"以奋斗者为本"的管理哲学与激励机制。书中融合战略解码、人才裂变等实战案例,为管理者锻造高凝聚力团队提供可迁移的方法论体系。
- 《心流:最优体验心理学》,作者:米哈里·契克森米哈赖。此书从心理学视角揭示专注力与幸福感的关系,提出"心流"理论框架。书中阐释如何通过目标拆解与挑战平衡,使个体进入高效沉浸状态,为项目管理者的压力调适与团队效能提升注入科学思维。

第十二章 项目管理前沿
Chapter 12 Fronters in Project Management

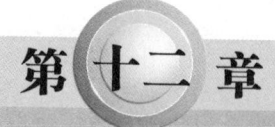

引例 / Introductory Case

在阿联酋迪拜举办的"阿联酋 2020 年迪拜世界博览会（第 45 届世界博览会）"是一个大型国际项目，展示了现代项目管理的前沿实践。该项目涉及 190 多个国家的展馆建设与活动组织，吸引了全球数百万参观者。为确保项目顺利实施，主办方采用了多种前沿项目管理技术：建筑信息建模（BIM）：通过 BIM 技术实现展馆设计、施工和运营的全过程管理，有效减少了设计变更和施工冲突；大数据与物联网（IoT）集成：实时监控建设进度、资源消耗与安全状况，确保各环节无缝对接；人工智能与机器学习应用：分析项目数据，预测潜在风险，优化资源分配和成本控制；区块链智能合约：实现供应链管理与合同执行的透明化和自动化，增强了项目的公正性和可靠性。

第 45 届世界博览会不仅是建筑与创新的杰作，更是项目管理数字化转型的典范，展示了全球领先的项目管理方法在实际环境中的成功应用。

项目管理一直以来都是企业和组织成功实现战略目标不可或缺的一环。然而，随着全球商业环境的不断演变和技术的快速发展，项目管理领域也在不断前进，迎接新的挑战和机遇。在这个不断变化的时代，我们必须不断关注项目管理的前沿，以确保项目能够在激烈的市场竞争中脱颖而出。

本章将探讨项目管理领域的一些最新趋势，涵盖了各个方面，从新兴技术的应用到变革管理的策略等。同时将深入探讨项目管理的前沿问题，以帮助项目经理、团队成员和决策者更好地应对当前的挑战，并利用新的机会。通过不断学习和适应，可以确保项目管理实践保持在行业的前沿，以取得更大的成功和可持续的竞争优势。本章将为您提供洞见和工具，帮助您了解项目管理前沿。

学习目标 / Learning Objectives

（1）了解项目管理领域的最新趋势，并分析其对项目管理实践的影响和在不同行业或组织中的应用情况。

（2）尝试使用敏捷方法、Scrum 等灵活的项目管理方法，比较它们与传统项目管理方法之间的差异。

第十二章　项目管理前沿 Chapter 12 Fronters in Project Management

（3）学习灵活的项目管理方法的基本知识，能够根据项目需求选择合适的方法论。
（4）了解当前数字化时代中广泛使用的项目管理工具和平台，例如，Jira、Trello 等。
（5）分析跨文化项目管理的挑战和机遇，并尝试解决因文化差异而产生的问题。
（6）学习项目管理中的创新思维和领导力。

本章结构导图 / Chapter 12 Structure

本章结构导图见图 12-1。

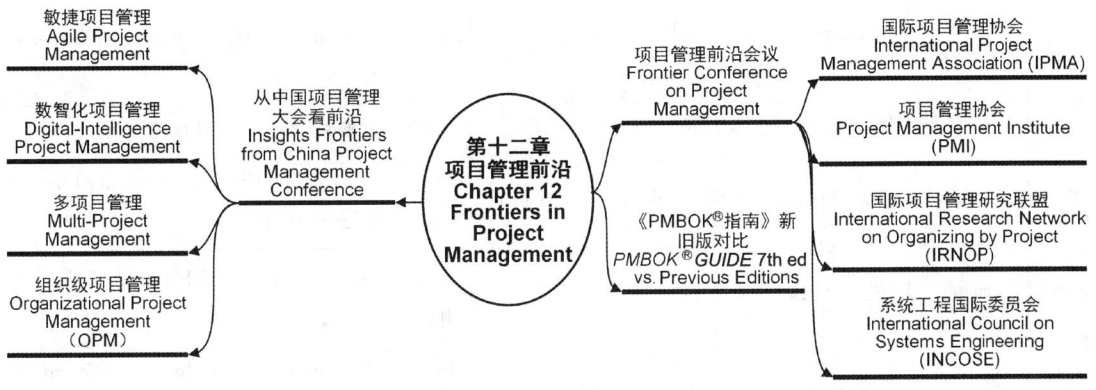

图 12-1　本章结构导图 Chapter 12 Structure

第一节　从中国项目管理大会看前沿
Insights Frontiers from China Project Management Conference

中国项目管理大会是由中国（双法）项目管理研究委员会（PMRC）发起的全国性、公益性、综合性项目管理盛会，旨在促进项目管理学科建设和应用发展，是国内项目管理从业人员学术探讨与实践交流的重要平台。PMRC 是中国科协主管的唯一跨行业、跨地区项目管理专业组织，也是中国唯一代表加入国际项目管理协会（IPMA）的组织，其宗旨是促进中国项目管理的专业化、职业化和国际化发展。

中国项目管理大会是在 PMRC 组织的全国性项目管理会议基础上演变而来，历届会议的主题信息见表 12-1。当前项目管理的前沿主要包括敏捷项目管理、数智化项目管理、多项目管理和组织级项目管理的相关内容，项目管理发展趋势尽显。

表 12-1　中国项目管理大会历届会议主题 Theme of previous sessions of China Project Management Conference

时间	地点	历届会议	会议主题
1991	西安	第一次国内学术会议	网络计划技术的应用与发展

续表12-1

时间	地点	历届会议	会议主题
1991	Xi'an	The first domestic academic conference	Application and Development of Network Planning Technique
1993 1993	沈阳 Shenyang	第二次国内学术会议 The second domestic academic conference	中国的项目管理——实践与方法 Project Management in China: Practices and Methods
1995 1995	西安 Xi'an	第一次国际学术会议 The first international academic conference	项目管理的时代——中国和世界 The era of project management: China and the world
1997 1997	泰安 Tai'an	第三次国内学术会议 The third domestic academic conference	发展中的项目管理——时代与变革 Project management in development: The era and transformation
2000 2000	西安 Xi'an	第二次国际学术会议 The second international academic conference	21世纪的项目管理——知识经济与西部大开发 Project Management in the 21st Century: Knowledge Economy and Western Development
2002 2002	北京 Beijing	第四次国内学术会议 The fourth domestic academic conference	项目管理与企业发展 Project management and enterprise development
2004 2004	南京 Nanjing	第三次国际学术会议 The third international academic conference	项目管理发展的全球化和专业化 Globalization and specialization of project management development
2005 2005	天津 Tianjin	第五次国内学术会议 The fifth domestic academic conference	新投资体制下的项目管理 Project management under the new investment system
2006 2006	上海 Shanghai	IPMA/PMRC全球项目管理大会 IPMA/PMRC World Congress on Project Management	项目管理——创新时代发展的关键 Project management: the key to the development of the innovation era
2007 2007	北京 Beijing	第六届中国项目管理大会 6th China Congress on Project Management	项目管理与构建和谐社会 Project Management and Building a Harmonious Society

续表 12-1

时间	地点	历届会议	会议主题
2008	北京	第七届中国项目管理大会	浮现中的项目导向型社会：战略、结构与实践
2008	Beijing	7th China Congress on Project Management	Emerging project-oriented society: strategy, structure and practice
2009	北京	第八届中国项目管理大会	项目管理——经济复苏与企业成长的关键
2009	Beijing	8th China Congress on Project Management	Project management: the key to economic recovery and enterprise growth
2010	上海	第九届中国项目管理大会	项目——组织与社会发展的动力
2010	Shanghai	9th China Congress on Project Management	Project: the driving force of organization and social development
2011	西安	第十届中国项目管理大会	崛起的项目管理
2011	Xi'an	10th China Congress on Project Management	Rising Project Management
2012	北京	第十一届中国项目管理大会	聚焦项目管理能力发展
2012	Beijing	11th China Congress on Project Management	Focus on Developing Project Management Competence
2013	武汉	第十二届中国项目管理大会	项目管理的效率与效益
2013	Wuhan	12th China Congress on Project Management	Project Management: Efficiency and Effectiveness
2014	北京	2014 亚太项目管理大会	通过项目实现价值
2014	Beijing	Asia Pacific Congress on Project Management in 2014	Driving Business Value through Delivering Project Success
2015	西安	2015 中国项目管理大会暨中国特色与跨文化项目管理国际论坛	项目管理与组织环境
2015	Xi'an	International Forum on Chinese Characteristic and Cross Culture PM and China Congress on Project Management in 2015	Project Management and Organizational Environment
2016	西安	2016 中国项目管理大会暨中国特色与跨文化项目管理国际论坛	项目管理的标准化与个性化

续表 12-1

时间	地点	历届会议	会议主题
2016	Xi'an	International Forum on Chinese Characteristic and Cross Culture PM and China Congress on Project Management in 2016	Project Management：Standardization vs Specialization
2017	昆明	2017 中国项目管理大会暨中国特色与跨文化项目管理国际论坛	战略导向的项目管理
2017	Kunming	International Forum on Chinese Characteristic and Cross Culture PM and China Congress on Project Management in 2017	Strategy-oriented Project Management
2018	上海	2018 中国项目管理大会暨中国特色与跨文化项目管理国际论坛	VUCA 时代的项目管理
2018	Shanghai	China Congress on PM and International Forum on Chinese Characteristic & Cross-culture PM in 2018	Project Management in the era of VUCA
2019	西安	2019 中国项目管理大会暨中国特色与跨文化项目管理国际论坛	项目管理——系统化与敏捷化
2019	Xi'an	China Congress on PM and International Forum on Chinese Characteristic & Cross-culture PM in 2019	Project Management：Systematic and Agile
2023	西安	2023 中国项目管理大会暨中国特色与跨文化项目管理国际论坛	多视角的项目管理
2023	Xi'an	The China Congress on Project Management & International Forum on Chinese Characteristic and Cross-culture Project Management in 2023	Multi-perspective Project Management
2024	大连	2024 中国项目管理大会暨中国特色与跨文化项目管理国际论坛	项目管理新质生产力
2024	Dalian	The China Congress on Project Management & International Forum on Chinese Characteristic and Cross-culture Project Management 2024	Project Management：New Quality Productive Forces

2024年PMI项目管理大会已于11月9—10日在广州香格里拉大酒店成功召开。本届大会以"项有所成,行以致远"为主题(https://pmi2024.svell.cn/),共近千位来自PMI全球和亚洲地区分会的代表、政府机构部门领导、标杆企业代表、行业领袖、权威专家及众多项目管理从业者聚集一堂,共话项目管理美好未来。PMI(中国)项目管理大会的历届会议主题见(表12-2)。

表12-2 PMI(中国)项目管理大会的历届会议主题
Theme of previous sessions of PMI (China) Project Management Conference

时间	地点	历届会议	会议主题
2010	北京	第一届PMI(中国)项目管理大会	项目管理,创造价值
2010	Beijing	PMI (China) Congress in 2010	Project Management, Creates Value
2011	北京	第二届PMI(中国)项目管理大会	项目管理,成就未来
2011	Beijing	PMI (China) Congress in 2011	Project Management, Shift Future
2012	北京	第三届PMI(中国)项目管理大会	项目管理,项目世界
2012	Beijing	PMI (China) Congress in 2012	Project Management, Link to The World
2013	上海	第四届PMI(中国)项目管理大会	项目管理,引领卓越
2013	Shanghai	PMI (China) Congress in 2013	Project Management, Leads to Excellence
2014	上海	第五届PMI(中国)项目管理大会	项目管理——变革·创新
2014	Shanghai	PMI (China) Congress in 2014	Project Management-Change and Innovation
2015	上海	第六届PMI(中国)项目管理大会	项目管理——传承·超越
2015	Shanghai	PMI (China) Congress in 2015	Project Management-Next Generation and Beyond
2016	北京	第七届PMI(中国)项目管理大会	项目管理·中国机遇
2016	Beijing	PMI (China) Congress in 2016	Project Management-Embracing China Opportunity
2017	上海	第八届PMI(中国)项目管理大会	人才·创新·战略——趋势的力量
2017	Shanghai	Project Management Congress in 2017	Talent·Innovation·Strategy-The Power of Trend
2018	北京	第九届PMI(中国)项目管理大会	共享·共识·共赢
2018	Beijing	Project Management Congress in 2018	Together We Share, We Inspire, We Win
2019	上海	第十届PMI(中国)项目管理大会	项目人才·赋能科技
2019	Shanghai	Project Management Congress in 2019	Technology Made Possible by A Project Manager

续表 12-2

时间	地点	历届会议	会议主题
2020 2020	深圳 Shenzhen	第十一届 PMI(中国)项目管理大会 Project Management Congress in 2020	项目经济·共创未来 Creating A Bright Future with The Project Economy
2023 2023	上海 Shanghai	第十二届 PMI(中国)项目管理大会 PMI China Congress in 2023	数智时代·汇创未来 Digital Future, Together We Can
2024 2024	广州 Guangzhou	第十三届 PMI(中国)项目管理大会 PMI China Congress in 2024	项有所成·行以致远 Project Success, Light the Way

一、敏捷项目管理 Agile Project Management

(一)敏捷项目管理原则 Principles of Agile Project Management

(1)敏捷项目管理定义 Definition of Agile Project Management

敏捷,是一种通过创造变化和响应变化在不确定和混乱的环境中取得成功的能力。而敏捷项目管理是指在项目活动中运用敏捷的理念,配合专门的知识、技能、工具和方法,使项目能够在有限资源限定条件下,实现或超过设定的需求和期望的过程。

传统的项目管理模式,一般指的是瀑布模式(表 12-3)。在瀑布模式中,必须完成上一阶段的工作并通过检验才能启动下一阶段的工作,它将整个项目过程划分为五大过程组:启动、规划、执行、监控、收尾。而在敏捷项目管理模式中,一般会包含迭代和增量。它将整个项目过程拆分为若干个迭代,每个迭代负责完成一部分用户可感知的完整功能。一般情况下,每个迭代内的项目过程均遵循五大过程组(图 12-2)。

表 12-3 瀑布模式与敏捷模式的区别 The Differences between the Waterfall Model and the Agile Model

	瀑布模式	敏捷模式
核心驱动 Core Driver	文档和计划驱动 Document and plan-driven	用户可感知的完整功能驱动 Complete functions that users can perceive-driven
计划 Planning	提前对整个项目过程进行详细估算、分析、计划 Conduct detailed estimation, analysis and planning for the entire project process in advance	提前对整个项目做一个粗略的计划。在每个迭代里做每个迭代的详细计划 Make a rough plan for the entire project in advance. Make detailed plans for each iteration in each iteration

续表 12-3

	瀑布模式	敏捷模式
变更 Change	严密的合同来减少变更风险,如果改变需求需要走 CR 流程,整个项目过程需要重新估算和规划 Strict contracts are used to reduce the risk of changes. If the requirements are changed, the CR process needs to be followed, and the entire project process needs to be re-estimated and planned	基于信任,合约使变更变得简单。鼓励变化,聚焦客户价值,将有益于客户价值实现的变更在后续迭代内进行估算和规划 Based on trust, the contract makes changes simple. Encourage changes, focus on customer value, and estimate and plan the changes that are beneficial to the realization of customer value in subsequent iterations
风险 Risk	项目交付晚,意识到风险的时间晚 The project is delivered late, and the time to realize the risk is late	每次迭代都产生可交付的功能,发现风险的时间早 iteration generates deliverable functions, and the risk is discovered early
可视化 Visualization	项目过程是一个"黑盒子",对于客户和供应商来说可视化较差 The project process is a "black box", and the visualization is poor for both customers and suppliers	客户、供应商和开发人员之间是紧密连续的合作关系,项目过程可视化较好 There is a close and continuous cooperative relationship among customers, suppliers and developers, and the project process has good visualization
应用场景 Application Scenarios	消耗成本较高的项目过程。例如,三峡工程、火箭发射 Project processes with high costs. Such as the Three Gorges Project, rocket launches	消耗成本较低的项目过程。例如,软件开发 Project processes with low costs. Such as software development, translation

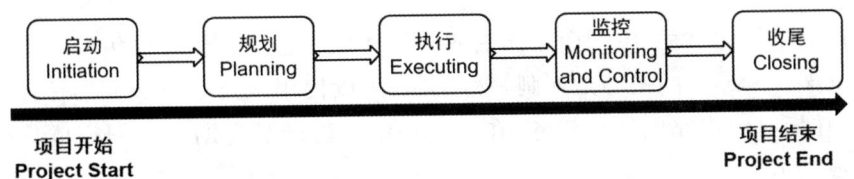

图 12-2 五大过程组 Five Major Process Groups

(2)敏捷项目管理本质

通过敏捷项目管理的定义不难发现,敏捷项目管理的本质是一种理念,它基于这种理念进行不断实践,并在不确定和混乱的环境中取得项目成功,同时将这些实践总结提炼为团队稳定的解决方案。这种理念也被先驱者们总结为敏捷软件开发宣言和敏捷开发十二原则。

(1)敏捷软件开发宣言。我们一直在实践中探寻更好的软件开发方法,身体力行,同时也帮助他人。由此我们建立了如下价值观：个体和互动高于流程和工具。工作的软件高于详尽的文档；客户合作高于合同谈判；响应变化高于遵循计划。也就是说，尽管后者有其价值，但前者的价值更重要。

(2)敏捷开发十二原则。①最重要的目标是通过及早和持续不断地交付有价值的软件来使客户满意。②为了客户的竞争优势，敏捷掌控过程变化，即使在开发后期仍欣然面对需求变化。③在较短的周期内经常地交付可工作的软件。④业务人员和开发人员必须相互合作。⑤激发个体的斗志，以个体为核心搭建项目。提供其所需的环境和支援并辅以信任，从而达成目标。⑥不论团队内外，传递信息效果最好、效率也最高的方式是面对面的交谈。⑦可工作的软件是进度的首要度量标准。⑧敏捷过程倡导可持续开发。责任人、开发人员和用户要能够共同维持其步调稳定延续。⑨坚持不懈地追求技术卓越和良好设计，敏捷能力由此增强。⑩以简洁为本，它是极力减少不必要工作量的艺术。⑪最好的架构、需求和设计出自自组织团队。⑫团队定期地反思如何能提高成效，并依此调整自身的行为表现。

（二）敏捷项目管理工具与技术 Agile Project Management Tools and Techniques

1. 敏捷项目管理工具 Agile Tools

(1)Clickup：新宠项目管理和生产力工具。

(2)JIRA：项目经理中最受欢迎的敏捷工具。

(3)Teamwork：个人或小团队的最佳敏捷软件。

(4)Forecast：适用于敏捷项目的最佳人工智能自动化功能。

(5)Monday.Com：最适合初学者的敏捷软件。

2. 敏捷项目管理技术 Agile Techniques

敏捷项目管理基于集中迭代和增量方法。与传统方法不同，敏捷不遵循线性路径，且可以适应任何情况。虽然敏捷项目管理的本质是理念，但是敏捷先驱们基于这种理念已经开发出了非常多的看得见、摸得着的敏捷管理框架。日常项目管理工作中常见的管理框架有以下几种。

1)Scrum

Scrum 代的增量化过程，用于产品开发或工作管理。它是一种可以集合各种开发实践的经验化过程框架。Scrum 的核心是冲刺，管理人员可以使用该技术将更大的任务分解成小部分，帮助团队在短时间内完成每项任务，在 sprint 中构建产品有助于他们完成任务并避免不必要的混乱或延迟。

2)看板管理(Kanban)

看板管理源自日本汽车工程师 Taiichi Ohno 的准时制(JIT)原则，是一种在工业企业的工序管理中，以卡片为凭证，定时定点交货的管理制度。看板是 IT 行业流行的敏捷框架之一。

3)极限编程 Extreme Programming (XP)

XP方法论注重的核心是沟通、简明、反馈和勇气。因为知道计划永远赶不上变化，XP 无需开发人员在软件开发初期做出很多的文档。XP 提倡测试先行,为了将以后出现漏洞(bug)的概率降到最低。简而言之,极限编程(XP)意味着以极快的工作流程速度处理复杂问题。XP 在提高项目效率方面有着良好的记录,它突破了开发生命周期的限制并增加了行业最佳实践的强度。

4)Crystal Clear 方法论 Crystal Clear Methodology

并非所有敏捷框架都严格遵循固定的逐步过程。Crystal Clear 方法论就是这样一种框架,它提倡一种适应性的工作方法,更少的文档或报告,更多地关注人和协作。

二、数智化项目管理 Digital-Intelligence Project Management

(一)数智化转型对项目管理的影响 Impact of Digital Intelligence Transformation

数字化、数智化转型已成为企业转型的关键。国家"十四五"规划和 2035 年远景目标纲要强调以数字化转型驱动变革。数智化转型浪潮席卷全球,成为企业转型的核心命题。埃森哲 2021 年研究显示,数字化转型成效显著的中国企业比例从 2020 年的 11% 上升至 16%。在新形势下,企业需创新管理、提质增效,控制成本、提高效率、提升技术和质量水平,增强竞争力。数智化转型对项目管理提出了更高要求,促使项目管理向数智化融合转型(图 12-3)。

(二)项目管理工具与平台 Digital Tools and Platforms

随着数智化发展,出现了多种项目管理工具与平台,例如,Monday.com、Clickup、Smartsheet、Jira、Teamwork 等。这些工具帮助项目工作人员深入了解项目细节,促进团队交流,清晰管理进度,减轻压力,确保按时交付项目。在这一小节将具体介绍 monday.com 这一项目管理软件。

Monday.com:成立于 2012 年,是一家以色列特拉维夫云计算公司。提供团队管理工具,支持实时创建和更改项目列表、分配任务、设置截止日期、添加评论和附件、生成报告等功能。其工作管理团队通过集成、板视图、小部件、任务自动化等功能构建敏捷工作流,支持 Kanban 视图和可视化项目管理。

(三)数据驱动的决策 Data-Driven Decision-Making

传统的三段论决策方法虽比直觉决策更有逻辑,但仍缺乏科学性,因为目标设定依赖于决策者的主观想象。数字化管理系统的出现改变了这一现状,企业通过海量数据实现精细化管理,采用 PDCA 理论优化决策过程。

Plan 计划:了解现状、分析原因、制定目标、预留资源。
Do 执行:制定方案、落地目标、开展方案、执行方案。
Check 检查:检查过程、沟通问题、控制质量、保障结果。
Act 处理:总结经验、优化目标、循环迭代。

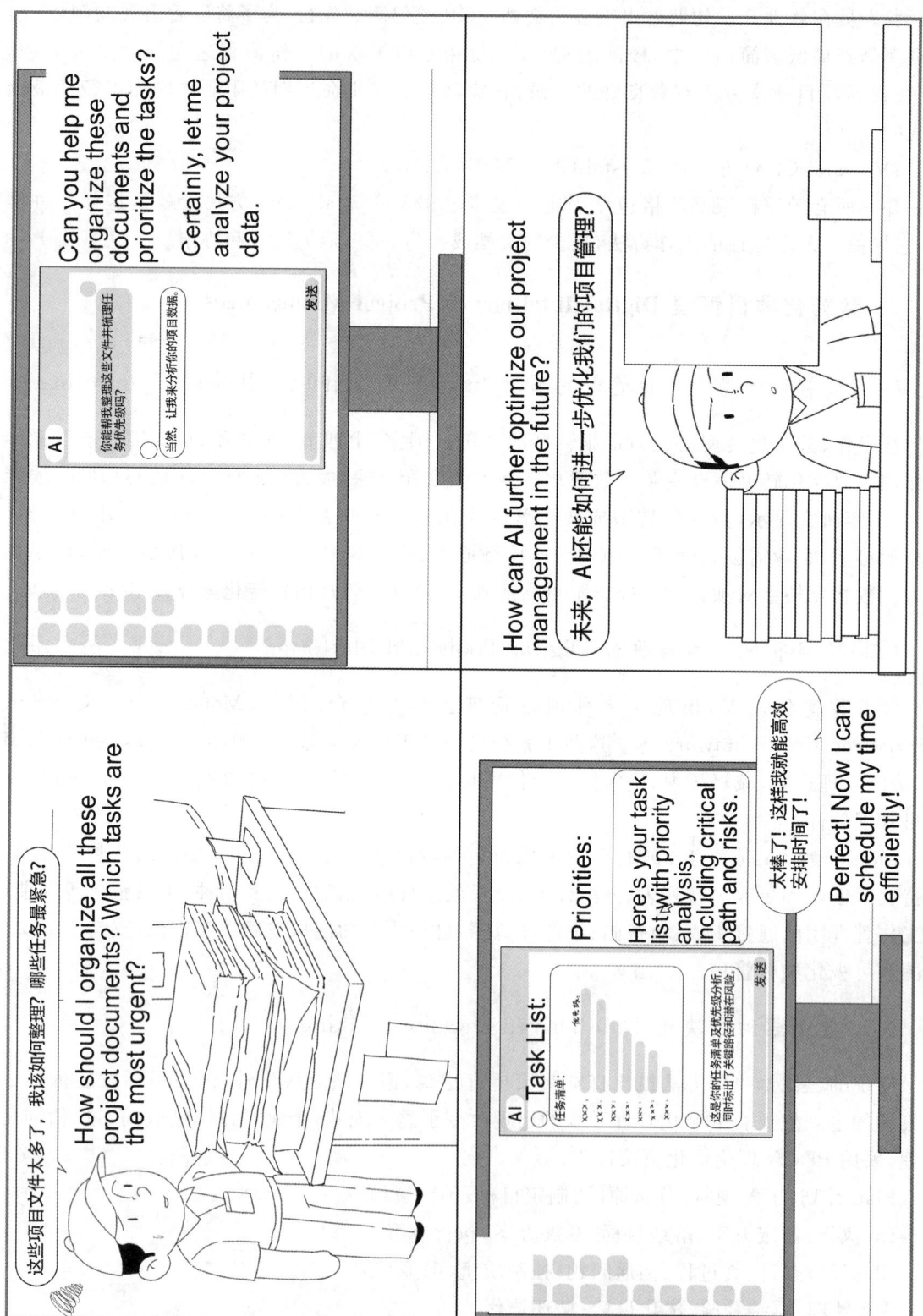

图 12-3 数智化发展优化项目管理 Project Management Optimization for Digital Development

第十二章 项目管理前沿 Chapter 12 Fronters in Project Management

数据驱动型决策（DDDM）强调使用事实、指标和数据指导战略业务决策。组织需营造数据驱动的文化，鼓励批判性思维，提供数据技能培训，建立支持数据驱动决策的社区，推动全员参与，实现数据价值最大化。

三、多项目管理 Multi-Project Management

（一）多项目管理的复杂性与特点 Complexity and Characteristics

多项目管理是一种在企业或政府部门中广泛运用的管理模式，涉及同时管理、协调多个项目的全生命周期，以实现综合执行效果最优。项目群管理通过集群类似项目，创造超出个体项目总和的价值，提供系统框架，解决资源浪费和管理成本问题。多项目管理从企业层面筛选、评估、计划、执行和控制所有项目，与单项目管理不同，其需协调资源，优化项目组合，采用"由果溯因"的分析方式。

（二）多项目协调与资源优化 Coordination and Resource Optimization

多项目研发中存在资源冲突和人员忙闲不均的问题。优化资源配置的措施包括以下4个方面。

1. 构建科学的项目承接决策体系 Scientific Project Selection Framework

项目启动前，结合产品规划和需求优先级，通过更完善的制度和程序，加强市场信息收集、论证和分析，将资源分配到效益最高的项目中。组建跨部门决策团队，从多维度判断项目可行性，剔除低价值项目。

2. 构建公共组件库和技术库 Shared Component and Technology Repositories

提高共享度，强化复用：建立科学的公共组件库、技术库管理机制，根据产品规划，提前开展各类产品通用公共组件库和技术开发；梳理总结各项目产品和技术成果，形成可用的公共组件库和技术模块；要求各类产品尽量基于原有架构进行继承性研发，并充分调用原有成熟公共组件或技术。在此基础上开展各项目研发设计工作，以便减小风险、控制成本、保证产品质量，减少重复劳动，整合领域资源。

3. 构建科学的计划管理方法 Advanced Planning Methods

建立项目研制全生命周期计划，评估并设定标准工时，根据项目难度系数确定各任务工作周期，并制订标准项目里程碑级计划节点，按照任务周期安排各项目详细工作计划，并开展计划拟制、审核、发布、监控和考核，相关数据作为考核项目团队和团队成员的参考依据之一。

4. 建立多项目资源冲突管理机制 Resource Conflict Resolution Mechanisms

在合理安排各项目计划和资源的前提下，使用项目管理工具统筹企业项目详细计划，分析项目资源冲突情况，作为资源申请和资源冲突协调的依据，当出现冲突时，及时统筹和调配资源，化解冲突，并避免忙闲不均的情况出现，提高整体资源利用效率。

（三）多项目管理工具与技术 Multi-Project Management Tools and Techniques

多项目同时进行已然是大部分企业的现状，而多项目管理之所以比单项目管理困难，主要在于项目资源分配不均；多项目进度监控难、沟通协作复杂。关于多项目管理的原则和方法论，现在已经有非常多经验丰富的人分享过，但如何有效应用依然是一个待解决的问题。

四、组织级项目管理 Organizational Project Management (OPM)

（一）组织级项目管理概述 Overview of OPM

PMI（美国项目管理协会）定义组织级项目管理（Organizational Project Management，OPM）为使项目、项目集和项目组合管理实践与组织战略和目标保持一致的框架（图 12-4）。组织通过战略驱动项目运作和日常运营，高效达成战略目标。OPM 的初衷是统筹管理项目，形成常态化机制，随内外部环境和战略的变化进行调整。组织战略决定结构和资源配置，需要项目管理和运营管理的协同融合。

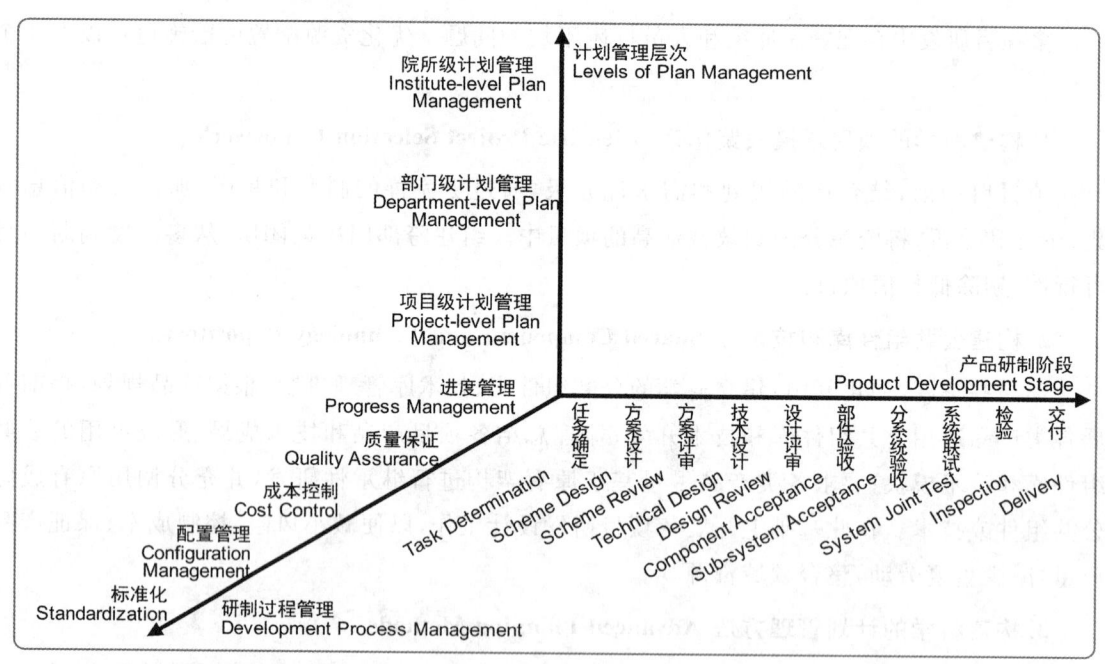

图 12-4 组织级项目管理概念框架 Conceptual Framework of Organizational Project Management

组织通过实施项目促进自身的改进，无论是管理上的改进还是技术上的改进等都要通过项目来实现。这些项目的实施必须能够高效地使用资源，高质量地达成项目目标，OPM 协助组织的项目交付价值，直至达成组织改进的目标。

PMI 认为，OPM 支持组织所有职能领域的知识、流程、人员和支持工具的平衡，提供项目组合、项目集和项目管理工作的指导。组织通过战略管理做出项目组合的价值决策，交付项目成果，依靠运营实现长期商业价值。在此过程中，组织环境的重要性凸显，需进行业务影响

第十二章 项目管理前沿 Chapter 12 Fronters in Project Management

分析、价值绩效分析和项目组合审查调整,以保持战略一致性。

项目管理办公室(Project Management Office,PMO)是组织的常设职能机构,通过对项目、项目集和项目组合的集中管控,追求项目成功,实现战略目标。PMO 的主要作用包括:①向上承接战略,比如根据组织的战略选择正确的项目;②向下指导实践操作,通过监控和指导,确保各类项目都能成功,从而实现组织的战略;③提高效率,降低成本,比如流程改进和文化建设,确保组织资源的最佳利用,并保证员工及团队的满意度。

(二)组织级项目管理的框架 OPM Framework

所谓框架,其实就是指架构,用来处理或解决复杂问题的一种结构,这种结构通常包含了框架的定义、方法以及知识、人员、治理规则等组合要素。具体而言,在现在及未来的组织中,项目化运作始终会是一种常态。基于此,组织应该使这些框架要素有机整合,发挥协同合力,为达到组织的战略目标发挥各自的作用。

1. 方法论 Methodology

为特定组织内的项目管理提供方法论,涵盖项目组合、项目集和项目管理的建议、方向、知识和说明。OPM 方法论是一组相互关联的流程和实践,旨在提高项目成功率和效率,通过整合实施获得更大收益。

2. 知识管理 Knowledge Management

知识管理在现代组织中至关重要,涉及生成、收集、组织、分析和传播知识。知识管理涵盖知识的创建、存储、分享、使用、检查和更新,强调文档、资源和个人学习。OPM 整合人员、知识和流程,以及支持项目管理工作。

3. 人才管理 Talent Management

组织依赖专业项目管理人才实现战略目标,需吸引、留住并充分利用人才。人才管理包括评估、能力发展计划、工作角色和说明,基于能力素质模型进行管理,确保人才满足项目需求。

4. OPM 治理 OPM Governance

OPM 治理确保项目管理实践与组织战略和运营目标一致,贯穿组织结构和项目流程。治理方法旨在使项目举措切实有效,组织需调整结构和任务以支持项目成功,始终与战略目标对齐。

第二节 项目管理前沿会议
Frontier Conference on Project Management

一、国际项目管理协会 International Project Management Association(IPMA)

国际项目管理协会(International Project Management Association,IPMA)于 1965 年成立,总部位于瑞士洛桑,成员为来自 34 个国家的项目管理协会。各国组织用本国语言服务,

IPMA 以英语提供国际服务,开发了众多产品与服务。中国项目管理研究委员会(PMRC)1996 年代表中国加入,IPMA 授权其进行 IPMP 认证。

二、项目管理协会 Project Management Institute (PMI)

项目管理协会(Project Management Institute,PMI)成立于 1969 年,是项目等管理领域的全球领先协会。在全球开展工作,通过标准、认证等多种方式,助力超过 300 万专业人士,推动专业发展,提升组织成功率。

三、国际项目管理研究联盟 International Research Network on Organizing by Project(IRNOP)

国际项目管理研究联盟(IRNOP-International Research Network on Organizing by Projects)1993 年创立,是全球项目管理研究工作者的协作组织,每两年举办研究型学术会议,会议是国际项目管理界高水平学术会议,以发表、交流研究报告和论文为主,参会者为从事项目管理和组织项目化管理研究工作的相关专家学者。

四、系统工程国际委员会 International Council on Systems Engineering (INCOSE)

系统工程国际委员会(International Council on Systems Engineering,INCOSE)1990 年成立,为非营利会员组织,成员超 6000 人且具有广泛代表性。致力于发展系统工程、提升工程师地位,成员共同推进技术知识、交流思想、开展合作。

第三节 《PMBOK®指南》新旧版对比
PMBOK® GUIDE 7th ed vs. Previous Editions

2021 年 7 月 1 日,PMI 官方正式发布了《PMBOK®指南》(第 7 版)英文电子版,标志着 PMP 认证领域的又一个升级大事件,同时也是项目管理领域发展的又一个重大里程碑。

与第 6 版相比,《PMBOK®指南》(第 7 版)有较大调整,首次提出了项目管理的 12 项原则和 8 个项目绩效域(图 12-5),构建了一个专注交付成果、更全面的项目管理知识体系框架。它将帮助从业者更好地应对当下灵活多变的环境,选择正确的项目管理方法(预测型、敏捷或混合型)来完成工作交付价值。

《PMBOK®指南》(第 7 版)在体系结构上的变化可以说是颠覆性的。这种变化主要体现在对项目管理知识体系的重构上,它打破了原有的五大过程组和十大知识领域的结构,代之以全新的 8 个绩效域和 12 项原则(图 12-6),这与英国 PRINCE2 标准下的项目管理有着异曲同工之处。

第十二章 项目管理前沿 Chapter 12 Fronters in Project Management

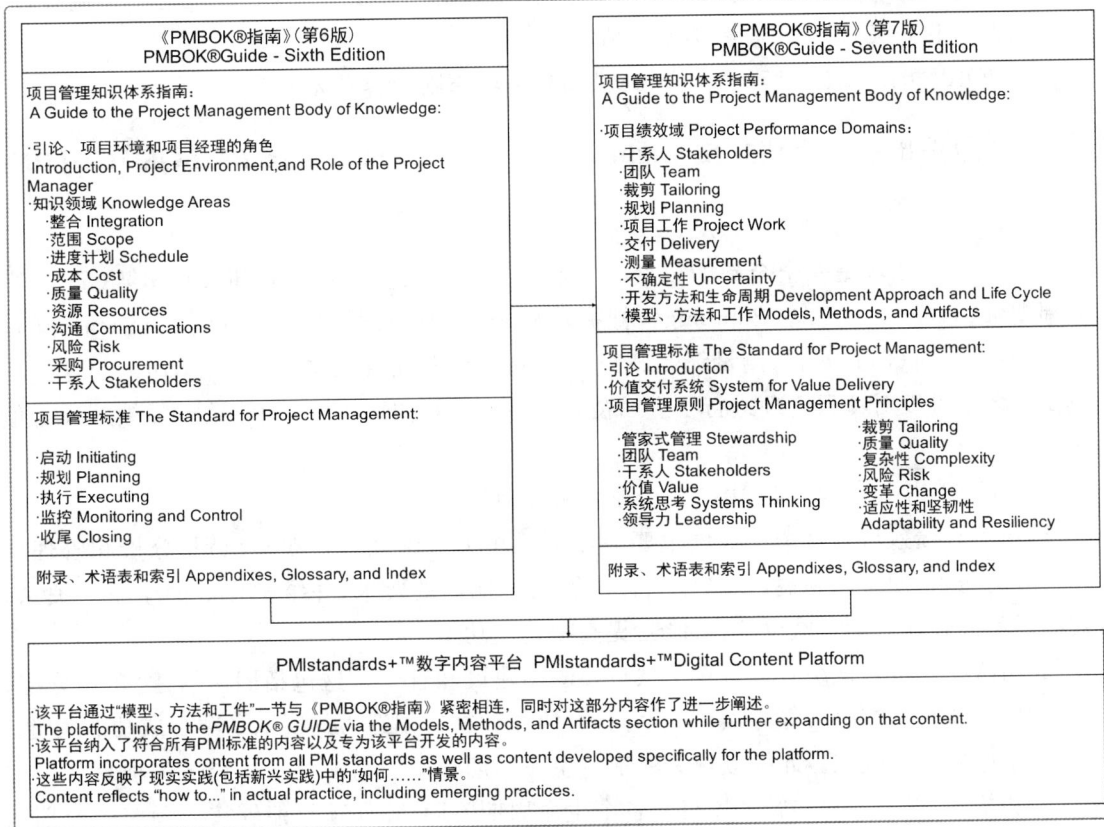

注：图的内容来源于《PMBOK® 指南》(第 7 版)。
Note：The content of the figure is sourced from *PMBOK® GUIDE*(Seventh Edition).

图 12-5 《PMBOK® 指南》第 6 版和第 7 版的对比 Comparison between the 6th and 7th Edition of *PMBOK® GUIDE*

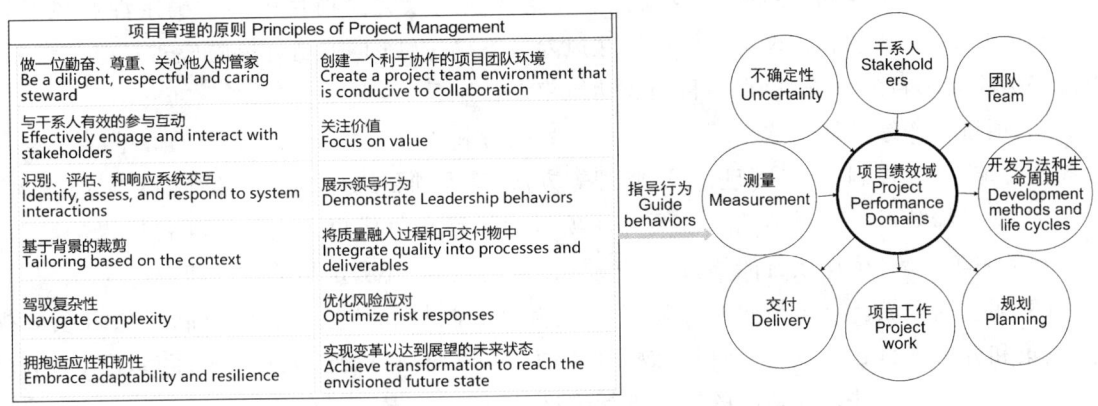

图 12-6 《PMBOK® 指南》(第 7 版)的 8 个绩效域和 12 项原则
The Eight Performance Domains and Twelve Principles of the Seventh Edition of *PMBOK® GUIDE*

  英国 PRINCE2 标准下的项目管理是一种在受控环境下进行项目管理的结构化方法。PRINCE2，全称为 Project IN Controlled Environment，强调以逻辑性和有组织的方式，按照明确的步骤对项目进行管理。这种项目管理方法并不是一种工具或技巧,而是一种流程,因此它易于调整和升级,适用于各种类型和情况的项目。

《PMBOK®指南》(第7版)的8个绩效域和12项原则内容具体如下。

一、新版提出的8个绩效域 Eight Performance Domains in *PMBOK® GUIDE* 7th ed

首先,8个绩效域是一个全新的改变。它们分别是相关方(Stakeholders)、团队(Team)、生命周期(Life Cycle)、规划(Planning)、把握不确定性和模糊性(Navigating Uncertainty & Ambiguity)、交付(Delivery)、测量绩效(Performance)以及项目工作(Project Work)。这8个绩效域从多个维度对项目管理进行了全面覆盖,使得项目管理实践更加注重实际绩效和价值的实现。

《PMBOK®指南》(第7版)中的8个绩效域分别如下:

(1)相关方绩效域。这个绩效域主要关注项目相关方管理。它涉及识别、分析和管理项目相关方的需求、期望和利益,以确保项目能够满足他们的要求,并维护良好的干系人关系。有效的干系人管理有助于减少项目冲突,提高项目成功率。

(2)团队绩效域。该绩效域着重于项目团队的建设和管理。这包括团队组建、角色分配、团队协作、沟通和冲突解决等方面。一个高效、协作和富有创造力的团队是项目成功的关键。

(3)生命周期绩效域。此绩效域关注项目生命周期管理。它涉及选择合适的项目管理方法、工具和技术,以及规划和管理项目的各个生命周期阶段,确保项目能够按照预定的计划和目标进行。

(4)规划绩效域。规划绩效域强调项目规划的重要性。它涵盖项目范围、时间、成本、质量、资源、风险、采购等方面的规划活动,确保项目有一个清晰、可行和全面的计划。

(5)把握不确定性和模糊性绩效域。不确定性绩效域关注项目中的不确定性和风险管理。它涉及识别、评估和管理项目中的潜在风险和不确定性因素,制订风险应对策略和计划,以减轻风险对项目的影响,提高项目的成功概率。

(6)项目工作绩效域。这个绩效域关注项目执行和监控过程中的工作管理。它涉及项目任务的分配、进度控制、质量管理、变更管理等方面,确保项目工作能够按照计划顺利进行。

(7)交付绩效域。交付绩效域主要关注项目的最终交付成果。它涉及项目成果的验收、交付和关闭等过程,确保项目能够按时、按质、按量地完成,并满足相关方的期望。

(8)测量绩效域。这个绩效域强调对项目绩效的测量和评估。它涉及制定项目绩效指标、收集和分析项目数据、进行项目绩效评估等方面,以便项目团队能够及时了解项目的进展情况和存在的问题,并采取相应的措施进行改进。

二、新版提出的12项原则 Twelve Principles in *PMBOK® GUIDE* 7th ed

12项原则是第7版体系结构中的重要变化。这些原则为项目管理提供了更为灵活和适应性强的指导,使得项目管理团队可以根据项目的实际情况和需求,灵活选择和应用适当的项目管理方法和工具。这种原则导向的价值理念，使得项目管理更加注重项目的整体价值和最终成功，而不仅仅是关注过程的完成。12项原则如下。

（1）价值驱动。项目管理应始终聚焦于为相关方创造和提供价值。项目的所有活动都应围绕实现这一价值目标展开。

（2）相关方参与。积极识别、分析和管理项目的相关方，确保他们的需求和期望得到充分考虑和满足。相关方的参与和合作是项目成功的关键。

（3）目标导向。项目应设定清晰、可衡量和可实现的目标，并确保所有活动都围绕这些目标展开。这有助于确保项目始终保持在正确的轨道上。

（4）风险敏感。项目管理团队应具备风险意识，能够识别、评估和管理项目中的潜在风险。通过制定风险应对策略，降低风险对项目的影响。

（5）适应变化。项目管理应具备灵活性，能够适应项目环境和相关方需求的变化。当变化发生时，项目管理团队应迅速作出调整，确保项目仍能顺利实现目标。

（6）增量交付。通过分阶段、增量式的方式交付成果，确保项目能够持续提供价值。这种方式有助于降低风险、提高项目的可预测性。

（7）优化制约因素。在范围、时间、成本和质量等制约因素之间寻求平衡，实现项目的整体最优化。项目管理团队应根据项目的实际情况，灵活调整这些制约因素。

（8）关注可预测性。通过制订详细的计划和采用适当的方法，提高项目的可预测性。这有助于降低项目的不确定性，提高项目的成功率。

（9）重视治理。项目管理应建立有效的治理机制，确保项目的决策、执行和监控等各个环节得到有效控制。这有助于确保项目的合规性和可持续性。

（10）领导力。项目管理团队应具备领导力，能够带领团队应对各种挑战和困难。通过有效的沟通和协调，促进团队成员之间的合作和信任。

（11）遵循标准。遵循行业标准和最佳实践，确保项目管理活动的规范性和有效性。这有助于提高项目的专业性和可信度。

（12）持续改进。项目管理团队应不断总结经验教训，寻求改进和创新的机会。通过持续改进，提高项目管理的水平和效率。

此外，《PMBOK®指南》(第7版)取消了原有的49个过程及其ITTO等概念，这是对项目管理知识体系的重要重构。此前，49个过程及其ITTO构成了项目管理的基础框架，详细描述了输入、工具与技术、输出等内容。第7版则用更精练实用的内容替代了这一结构，使知识体系更简洁，更聚焦于项目执行和价值实现。

这一变化并非使项目管理变简单，而是要求项目管理人员更具灵活性和适应性，根据实际情况选择合适的方法和工具。第7版并非推翻第6版，而是对其核心精髓的延伸和承接，进一步完善了项目管理标准架构。尽管第7版的适用性更广泛，但没有第6版的过程组和知识领域的指导，仅依靠原则和绩效域来实施项目管理并不容易。PMI强调第6版与第7版共存，原因之一就是确保项目管理知识和技能的有效落地。

本章知识点导图 / Mindmap of Key Concepts

本章知识点导图见图 12-7。

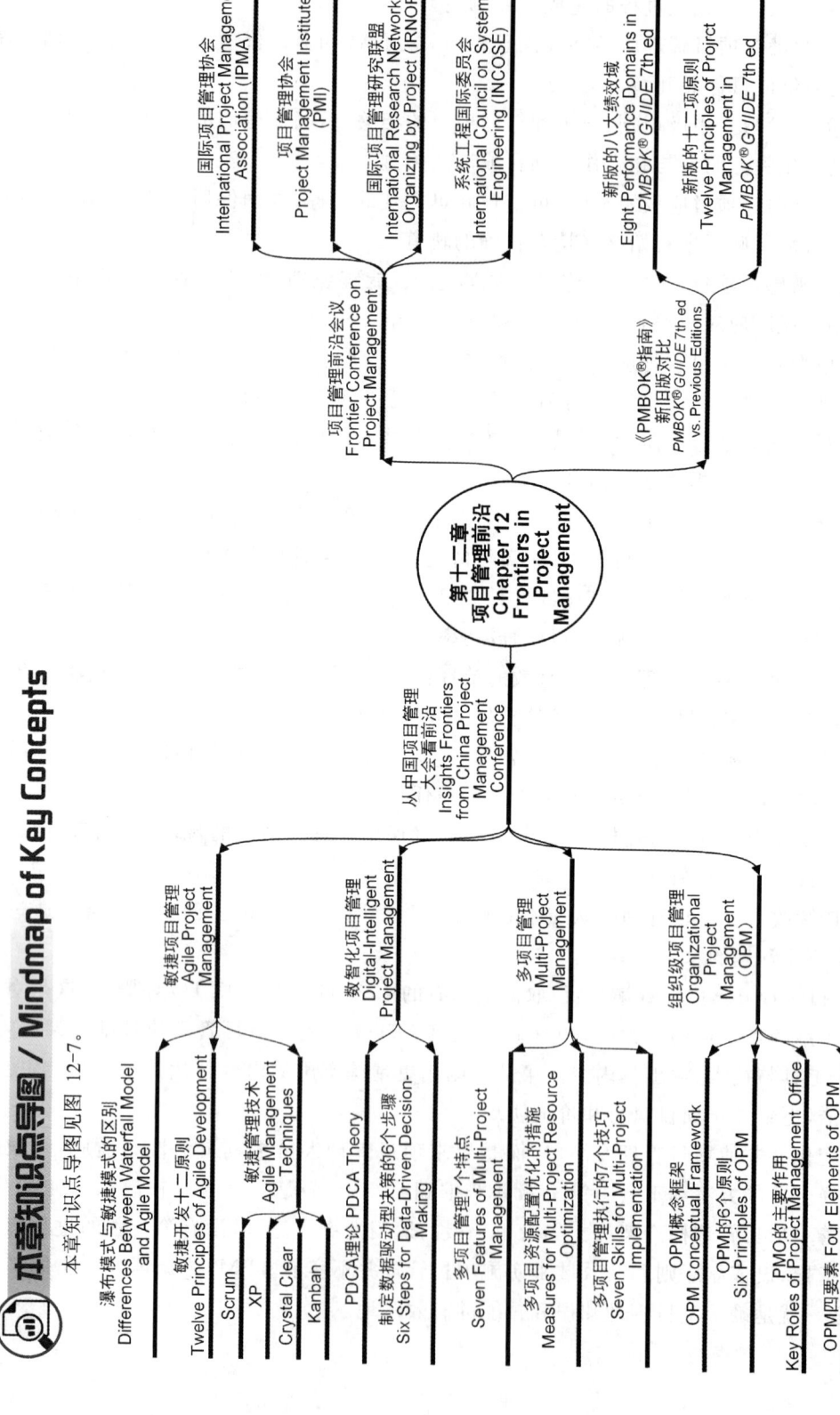

图 12-7 本章知识点导图 Mindmap of key concepts of chapter 12

名词列表与重要概念 Key Terms and Important Concept

英文名词 English noun	中文名词 Chinese noun	重要概念 Important concept
Project Management Office (PMO)	项目管理办公室	对与项目相关的治理过程进行标准化,并促进资源、方法论、工具和技术共享的一种管理架构 A management structure that standardizes the project-related governance processes and facilitates the sharing of resources, methodologies, tools, and techniques
International Project Management Association (IPMA)	国际项目管理协会	是成立于1965年,总部设在瑞士洛桑的国际项目管理组织 An international project management organization established in 1965 with its headquarters in Lausanne, Switzerland
Project Management Institute (PMI)	项目管理协会	成立于1969年,项目、项目集和项目组合管理领域中的全球领先协会 A globally leading association in the field of project, program, and portfolio management, established in 1969
International Research Network on Organizing by Projects (IRNOP)	国际项目管理研究联盟	是一个全球性项目管理研究工作者的协作组织,创立于1993年,每两年组织一次研究型学术会议 A collaborative organization for global project management researchers, founded in 1993, which organizes a research-oriented academic conference every two years
International Council on Systems Engineering (INCOSE)	系统工程国际委员会	成立于1990年,是一个非营利性的会员组织,致力于发展系统工程和提高系统工程师的专业地位 Founded in 1990, it is a nonprofit membership organization dedicated to the advancement of systems engineering and the enhancement of the professional status of systems engineers

课后习题 / After-class Exercises

一、选择题 Multiple Choice Questions

(1) 在敏捷项目管理中，以下哪个原则强调了团队成员之间的互动和协作高于流程和工具？（　　）

A. 价值驱动　　　　　　　　　　　　B. 相关方参与

C. 个体和互动高于流程和工具　　　　D. 风险敏感

(2) 在数智化项目管理中，以下哪种工具或平台主要用于构建敏捷工作流解决方案，且与看板有相似之处？（　　）

A. Jira　　　　B. Monday.com　　　　C. Clickup　　　　D. Smartsheet

(3) 多项目管理与单项目管理的主要区别在于（　　）

A. 项目资源的分配方式　　　　　　B. 项目目标的设定

C. 项目团队的组建　　　　　　　　D. 项目质量的控制

(4) 在组织级项目管理中，项目管理办公室（PMO）的主要作用不包括以下哪一项？（　　）

A. 向上承接战略　　　　　　　　　B. 直接参与项目执行

C. 向下指导实践操作　　　　　　　D. 提高效率，降低成本

(5)《PMBOK®指南》第7版与第6版相比，最大的结构变化是（　　）

A. 增加了新的知识领域

B. 取消了原有的过程及ITTO，提出了新的原则和绩效域

C. 改变了项目管理的流程顺序

D. 强调了不同行业的项目管理差异

二、判断题 True/False Questions

(1) 敏捷项目管理只适用于软件开发项目，其他类型项目无法应用。（　　）

(2) 数智化转型对项目管理的影响主要体现在增加了项目管理的成本，而对效率提升作用不大。（　　）

(3) 在多项目管理中，资源冲突是不可避免的，不需要采取特殊措施进行管理。（　　）

(6) 组织级项目管理的方法论是通用的，不需要根据不同组织的背景进行调整。（　　）

(5)《PMBOK®指南》第7版完全取代了第6版，在项目管理实践中不再需要参考第6版内容。（　　）

三、思考题 Critical Thinking Questions

(1) 在当今快速变化的商业环境中，项目管理领域面临着诸多挑战和机遇。请列举3个当前项目管理领域的挑战，并提出您认为解决这些挑战的创新方法。同时，分析这些挑战如何能够转化为项目管理专业人员的新机遇。

第十二章 项目管理前沿 Chapter 12 Fronters in Project Management

（2）随着技术的不断发展，项目管理方法和工具也在不断演进。探讨一下最新的技术趋势，例如，人工智能、区块链或虚拟现实，对项目管理的影响。从提高效率、降低风险、促进团队协作等方面，分析这些技术创新如何改变传统项目管理的实践，以及项目经理应该如何适应这些变化来保持竞争力。

（3）您认为项目管理办公室应该具备哪些基本职能？这些职能有何作用？

案例 / Case Study

大型水电工程由于建设周期长、参建单位多、人员流动频繁、牵涉面广，工程项目的计量、评定、归档、验收等工作需要资料多、程序多、工作量大，传统的项目管理模式下，验收与结算工作不同步，合同完工决算清量、清点工程量是否准确，资料归档工作十分复杂，项目管理中存在"主进度、重结算、轻内业"的管理顽疾，导致工程现场完工后多年无法完成合同验收，大量的人力物力无效消耗。

结合工程建设管理数字化、智能化转型要求，三峡集团提出单元工程的"现场完工、质量验评、工程计量、资料归档"4项工作同时完成（简称"四同时"）项目管理理念。通过设计、合同、质量、进度、物资等关键数据传递和共享，在工程计量阶段引入 BIM 技术，使得工程施工与单元验收、工程计量、资料线上线下归档一次性完成，实现单元工程"现场完工、质量验评、工程计量、资料归档"4项工作同时完成，达到"项目完工之日，即为合同验收之时"目标。

结合以往的工程建设经验，"四同时"管理理念的成功实施可以带来非常可观的经济效益，可有效降低工程竣工审计阶段的人员投入、结算资料补充和鉴定的工作量，初步估算节省资金费用 3000 万元（图 12-8）。基于 BIM 的合同"四同时"，将工程建设的过程从传统的按蓝图施工模式改变为按照 BIM 深化设计模型施工模式，对工程参建各方的管理能力和技术能力有较大的提升，在行业内有较大的引领和示范效应。

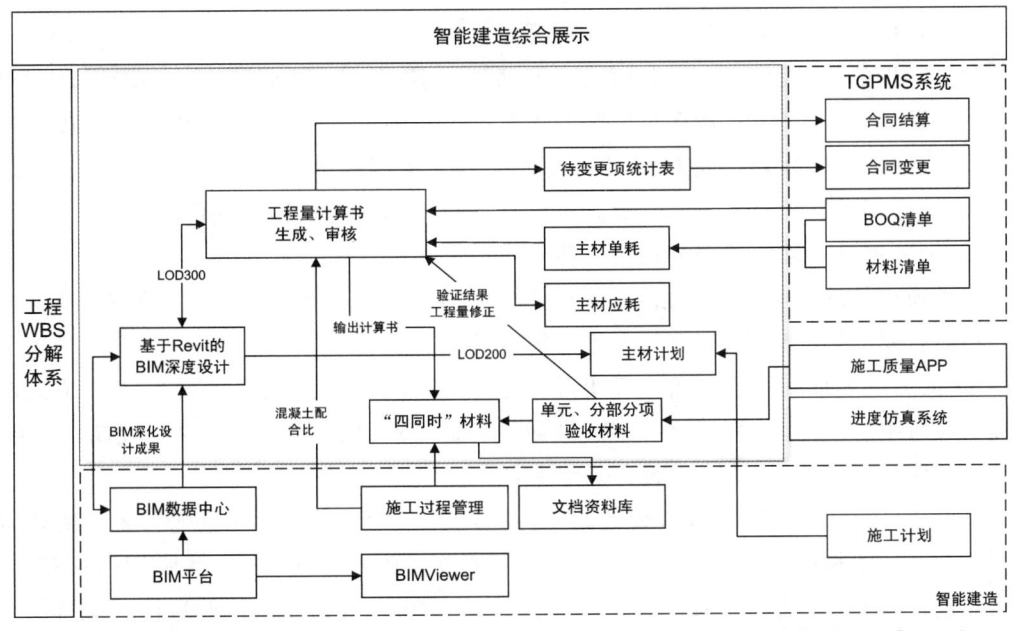

图 12-8 "四同时"项目整体业务 "Four Simultaneities" Project Integrated Business Operations

案例问题：

（1）结合本案例，分析该项目可采用哪些敏捷项目管理原则和工具来应对当前的困境？

（2）从数智化项目管理角度，如何利用相关技术和平台提升该项目的管理效率和决策科学性？

（3）针对多项目管理可能出现的资源冲突问题，在该公司的其他项目与此次产品升级项目之间，应如何进行资源协调和优化？

（4）若公司设立项目管理办公室（PMO），其应在这个项目中发挥哪些作用来保障项目成功？

 本章复习 / Chapter Review

（1）敏捷项目管理的原则和特点是什么？

敏捷项目管理原则基于敏捷软件开发宣言和十二原则，强调个体和互动高于流程和工具、工作的软件高于详尽的文档、客户合作高于合同谈判、响应变化高于遵循计划。其特点是以用户可感知的完整功能为驱动，提前做粗略计划并在迭代内详细规划，基于信任使变更简单，迭代产生可交付功能利于早发现风险，项目过程可视化程度高，适用于成本较低的项目如软件开发，与传统瀑布模式在核心驱动、计划、变更、风险、可视化、应用场景等方面存在明显区别。

（2）数智化转型对项目管理有何影响？

数智化转型促使项目管理向数智化融合转型，企业数字化投入增加且成效显著，对项目管理提出新要求。这使得项目管理需借助如 Monday.com 等工具和平台，实现任务分配、进度跟踪和团队协作等功能，同时推动决策从直觉和三段论向数据驱动型决策（DDDM）转变，通过 PDCA 理论实现精细化管理，提升组织竞争力。

（3）多项目管理的复杂性及应对措施有哪些？

多项目管理的复杂性在于资源分配不均、进度监控难、沟通协作复杂。应对措施包括构建科学的项目承接决策体系，从多维度判断项目的可行性；构建公共组件库和技术库，提高资源复用率；构建科学的计划管理方法，设定标准工时和里程碑计划节点；建立多项目资源冲突管理机制，统筹调配资源，化解冲突，提升资源利用效率和实现项目管控目标。

（4）组织级项目管理的框架要素有哪些？

组织级项目管理框架要素包括：方法论，提供与组织背景相关的项目管理流程和实践建议；知识管理，涵盖知识创建、存储等全生命周期，注重文档、资源和个人学习；人才管理，涉及人才评估、能力发展计划和工作角色说明，依据组织战略确定人才能力诉求；OPM 治理，使项目管理实践与组织战略和运营目标一致，贯穿组织架构和项目流程，确保项目成功与合规。

（5）PMBOK 第七版相比第六版有哪些主要变化？

PMBOK 第七版相比第六版有较大调整，提出了项目管理的 12 项原则和 8 个绩效域，打破了原五大过程组和十大知识领域的结构。8 个绩效域从相关方、团队、生命周期等多维度覆盖项目管理；12 项原则为项目管理提供灵活指导，注重价值和成功。同时取消了原有的 49 个过程及其ITTO,使知识体系更简洁实用,强调与第六版共存,共同指导项目管理实践。

拓展阅读和学习 / Further Reading and Learning

- 《如何提升组织级项目管理能力》,作者:张斌。该书针对项目管理在组织层面的应用和提升,提供了深入而实用的指导。它不仅是理论知识的补充,更是实践操作的宝典。
- 《Maven实战》,作者:许晓斌。Maven作为项目管理工具,其核心概念是"知识的积累"或"专家",能帮助开发者实现项目构建、依赖管理和项目信息管理。与传统的构建工具如make和Ant相比,Maven通过抽象一个完整的"构建生命周期"模型,避免了每个项目都要重新编写构建脚本的问题,并且能更有效地管理jar包依赖。
- 《知易行难:58个IT项目管理案例解析》,作者:刘羚。该书深入剖析了58个真实的IT项目管理案例,涵盖了从项目启动到收尾的各个环节,以及项目团队组建、干系人管理、风险管理等多个方面。

图像设计说明

感谢周宇扬、"Freepik"网站、宁小苡的原创图像设计。
漫画人物介绍

特别感谢中国地质大学（武汉）艺术与传媒学院2024届校友周宇扬对本教材原创插图的绘制，通过可视化设计，将复杂概念转化为直观图像，提高了本教材的可理解性和丰富性。

对小贴士图标的说明和备注：小贴士上方的"Quick Tips"图标设计来源于"Freepik"The "Quick Tips" is Designed by Freepik. 网址 Website：https://www.freepik.com/。

这个卡通小人物，来源于中国地质大学（武汉）经济管理学院2020级校友宁小苡于2022年10月21日的原创设计，感谢宁小苡为本教材"展阅读和学习"板块增添了活力。

后　记

在《项目管理（双语）》教材的编写画上句点之际，心中满溢的不仅是专业知识的沉淀，更是对无数共历思维碰撞的课堂瞬间的深切感怀。这部作品的诞生，绝非个人伏案疾书的独白，而是一场跨越语言、专业与文化的集体共创。感谢我所授课的所有班级，感谢各位同学与老师在课堂上的交流与互动和对课程教学及课堂经验作出的贡献，是授课过程中与同学们的交互和碰撞带给我灵感和启发，由此不断助力本作品的丰富与提升。谨以此文，向所有为课堂注入生命力、为教材赋予灵魂的历届工商管理（双语）班级（PM2018 秋～PM2024 秋班级，包含参与课程的留学生）、勘察技术与工程专业班级（CPM2022 春、CPM2024 春、CPM2025 春班级）、五环工程班级（CPM2023 夏、CPM2024 夏班级）、中冶南方班级（CPM2024 秋班级）、中建三局班级（CPM2024 冬班级）等各个班级的师生们致以最诚挚的谢意。

当《项目管理（双语）》的最后一个标点缓缓落在书稿上，暮色正透过窗棂为文字镀上金边。这部教材，与其说是我个人学术生涯的里程碑，不如说是无数个思维火花的集合体。在双语教学的特殊语境下，每一次课堂都成为跨文化对话的试验场，每页教材都凝结着不同文化视角的碰撞与融合。

记得在工商管理双语班的课堂上，当留学生与中国学生因为语言不同产生的小小误会引得大家课堂上开心一笑的时候，也引发了我对项目沟通管理中跨文化沟通的思考。而在勘察技术与工程专业的课堂上，学生们带着工程地质思维和技术反哺项目管理方法体系的时候，他们提出的围绕地质、水文和环境调查技术与方法，让项目决策策划的环境调查与分析方法陡然增添了技术深度和三维立体感。

最动人的教学相长往往发生在语言切换的间隙。当留学生用不太熟练的中文解释挣值分析法，而本土学生用英文演绎关键路径法时，两种语言思维的并置产生了奇妙的化学反应。看到五环班同学们的双语对照学习笔记，中英文注释交织如经纬，让我惊觉这才是双语教育最本真的形态——不是简单的语言转换，而是思维模式的共生共长。

中建三局实训班的工程师们则用钢筋混凝土般的务实精神，将理论框架夯入现实地基。当你们带着 BIM 模型走进课堂，当施工进度计划与资源直方图在电子屏上跳动，我们共同验证了项目管理不是书斋里的数学模型，而是带着泥土芬芳的生命体。

这部教材的诞生，恰似项目管理本身：作者只是发起人，真正让项目落地的，是各位共创者的智慧投入。那些深夜的邮件往来、课堂里的激烈辩论、咖啡间的灵光乍现，构成了项目管理最生动的实践图谱。当你们在未来用双语思维架起跨国项目的桥梁时，请记得在知识脉络的深处，永远镌刻着这段共同成长的时光。

此刻,窗外的玉兰正悄然绽放。教材付梓不是终点,而是更多思维碰撞的开始。期待在某个国际项目的会议室里,看见你们用双重视角解析风险,用跨文化智慧调配资源,让项目管理的星辰照亮人类协作的苍穹。这或许就是教育最美的样子——当知识跨越语言与国界,在年轻一代的实践中获得永恒的生命力。

图 5-6 创建 WBS 的 4 个主要原则 4 key principles for creating a WBS ……… (140)

图 5-7 WBS 分解的方法 WBS decomposition method …………………… (141)

图 5-8 用生命周期划分、用主要可交付成果划分和用子项目划分示意 Illustration of division by life cycle, by major deliverables and by sub-projects …… (142)

图 5-9 本章知识点导图 Mindmap of key concepts of chapter 5 …………… (144)

第六章 项目进度管理 Chapter 6 Project Schedule Management ……… (153)

图 6-1 本章结构导图 Structure guide of this chapter …………………… (154)

图 6-2 使用顺序图法绘制的项目网络图示意 Project network diagram drawn by sequence diagram method ……………………………………… (157)

图 6-3 用箭线图法绘制的项目网络图 Project network diagram drawn by arrow diagram method …………………………………………………… (158)

图 6-4 增加虚活动以后的箭线图示意 Illustration of arrow line diagram after adding virtual activity ……………………………………………… (158)

图 6-5 软件转包项目重大里程碑计划 Major milestone plan of software subcontracting project ……………………………………………… (163)

图 6-6 简单甘特图 Simple Gantt chart …………………………………… (163)

图 6-7 甘特图应用场景 Gantt chart application scenario ……………… (164)

图 6-8 网络计划技术应用场景 Application scenarios of network planning technology ………………………………………………………… (166)

图 6-9 进度压缩技术的比较 Schedule Compression Comparison ……… (174)

图 6-10 本章知识点导图 Mindmap of key concepts of chapter 6 ……… (176)

图 6-11 施工全过程进度仿真优化 Construction Process Simulation and Schedule Optimization ……………………………………………… (186)

第七章 项目成本管理 Chapter 7 Project Cost Management ……………… (188)

图 7-1 本章结构导图 Chapter 7 Structure ………………………………… (189)

图 7-2 项目生命周期中典型的成本与人力投入成本 Typical costs and labor input costs in the project life cycle ………………………………………… (191)

图 7-3 成本管理计划的规定内容 The content of the cost management plan … (193)

图 7-4 项目预算的组成 Project Budget Components …………………… (199)

图 7-5 从 2 个视角理解项目成本 Understanding project cost from two perspectives …………………………………………………………… (202)

图 7-6 对"挣值"的理解 The understanding of "earned value" ……… (207)

图 7-7 本章知识点导图 Mindmap of key concepts of chapter 7 ……… (211)

第八章 项目质量管理 Chapter 8 Project Quality Management ……………… (220)

图 8-1 本章结构导图 Chapter 8 Structure ………………………………… (221)

图 8-2 项目质量管理的主要工作示意图 Schematic Diagram of Key Activities in Project Quality Management ……………………………………… (222)

图 8-3　项目质量计划的动态特性 Dynamic Characteristics of Project Quality Plans ……………………………………………………………………………………（224）

图 8-4　结果输出与质量管理的基本原则 Output Results and Fundamental Principles of Quality Management ……………………………………………（224）

图 8-5　设定质量目标与明确资源 Setting Quality Objectives and Defining Resources …………………………………………………………………………（225）

图 8-6　项目经济质量计划方法的示意图 Schematic Diagram of Economic-Quality Planning Methodology for Projects ……………………………………………（228）

图 8-7　项目质量控制工作内容或环节间的相互关联关系示意图 Interrelationship Diagram of Project Quality Control Activities ……………………………………（230）

图 8-8　7 个质量控制工具 Seven Quality Control Tools ……………………………（232）

图 8-9　材料接收和检查的核对表 Material Receiving and Inspection Checklist ……………………………………………………………………………………（232）

图 8-10　因果分析原因深挖的 3 种方法 Three Methods to dig deeper into the cause of effect analysis …………………………………………………………（232）

图 8-11　制定矫正措施 Developing Corrective Actions ……………………………（234）

图 8-12　基本帕累托分析 Basic Pareto Analysis ……………………………………（235）

图 8-13　焊接质量散点图和认证分数 Scatter Plot of Weld Quality and Certification Score ……………………………………………………………………………（235）

图 8-14　项目控制图法的示意 Schematic of Project Control Chart ………………（236）

图 8-15　本章知识点导图 Mindmap of key concepts of chapter 8 ………………（237）

图 8-16　工程质量验收评定 Engineering Quality Inspection and Assessment ……………………………………………………………………………………（244）

第九章　项目沟通管理 Chapter 9 Project Communications Management ………（246）

图 9-1　本章结构导图 Chapter 9 Structure ……………………………………………（247）

图 9-2　沟通模型图 Communication Model Diagram ………………………………（249）

图 9-3　项目沟通计划管理 Communication plan management ……………………（251）

图 9-4　五种沟通渠道 Five Communication Channels ………………………………（255）

图 9-5　"秘书专政"模式 Secretary-Dictatorship Model ……………………………（255）

图 9-6　本章知识点导图 Mindmap of key concepts of chapter 9 …………………（259）

第十章　项目风险管理 Chapter 10 Project Risk Management ……………………（265）

图 10-1　本章结构导图 Chapter 10 Structure …………………………………………（266）

图 10-2　项目风险管理计划 Project risk management plan …………………………（271）

图 10-3　提示清单 Prompt Lists ………………………………………………………（274）

图 10-4　项目风险监控与应对工作流程图 Risk Monitoring and Response Workflow Diagram ……………………………………………………………（279）

图 10-5　本章知识点导图 Mindmap of key concepts of chapter 10 ………………（283）

第十一章 项目资源与采购管理 Chapter 11 Project Resource and Procurement Management ……(291)

图 11-1　本章结构导图 Chapter 11 Structure ……(292)

图 11-2　项目管理过程中可能涉及的资源 Resources Involved in Project Management ……(292)

图 11-3　资源平衡和资源优化的对比 Comparison：Resource Leveling vs. Optimization ……(299)

图 11-4　资源冲突的处理 Resource Conflict Resolution ……(301)

图 11-5　内部制造和外部采购的对比 Comparison of Internal Manufacturing and External Procurement ……(304)

图 11-6　项目采购管理六大要素 Six Key Elements of Project Procurement Management ……(305)

图 11-7　本章知识点导图 Mindmap of key concepts of chapter 11 ……(306)

第十二章 项目管理前沿 Chapter 12 Fronters in Project Management ……(314)

图 12-1　本章结构导图 Chapter 12 Structure ……(315)

图 12-2　五大过程组 Five Major Process Groups ……(321)

图 12-3　数智化发展优化项目管理 Project Management Optimization for Digital Development ……(324)

图 12-4　组织级项目管理概念框架 Conceptual Framework of Organizational Project Management ……(326)

图 12-5　PMBOK 第六版和第七版的对比 Comparison between the 6th and 7th Edition of PMBOK ……(329)

图 12-6　PMBOK 第七版的 8 个绩效域和 12 项原则 The Eight Performance Domains and Twelve Principles of the Seventh Edition of PMBOK ……(329)

图 12-7　本章知识点导图 Mindmap of key concepts of chapter 12 ……(332)

图 12-8　"四同时"项目整体业务 "Four Simultaneities" Project Integrated Business Operations ……(335)

表目录

第一章 绪论 Chapter 1 Introduction ……………………………………… (1)
 表 1-1 项目管理的重要性对比 Comparison of importance of project management ……………………………………………………… (10)
 表 1-2 项目管理和日常运营管理的区别 Differences between project management and daily operation management ……………………… (13)
 表 1-3 项目管理过程组和知识领域 Project management process groups and knowledge areas ……………………………………………… (15)
 表 1-4 不同项目管理机构和知识体系 Different project management bodies and knowledge systems ……………………………………………… (18)
 表 1-5 项目管理不同阶段的对比 Comparison of different phases of project management ……………………………………………………… (20)

第二章 项目组织与项目经理 Chapter 2 Project Organization & Project Manager …… (31)
 表 2-1 虚拟团队的 7 种类型 Seven types of virtual teams ……………… (44)
 表 2-2 项目实施组织的结构与项目特征一览表 Lists of the structure of the project implementation organization and project characteristics ………… (46)

第三章 项目管理过程 Chapter 3 Project Management Processes ……………… (63)

第四章 项目整合管理 Chapter 4 Project Integration Management ……………… (99)
 表 4-1 良结构系统和不良结构系统的比较 Comparison of Well-Structured Systems and Ill-Structured Systems ……………………………………… (109)
 表 4-2 两种方法论的对比 Comparison of Two Methodologies ……………… (110)

第五章 项目范围管理 Chapter 5 Project Scope Management ……………… (128)

第六章 项目进度管理 Chapter 6 Project Schedule Management ……………… (153)
 表 6-1 单代号网络图和双代号网络图的区别 The difference between single-code network diagram and double-code network diagram ……………… (168)

第七章 项目成本管理 Chapter 7 Project Cost Management ……………… (188)
 表 7-1 应急储备与管理储备的核心差异 The core difference between emergency reserve and management reserve ……………………………… (200)
 表 7-2 完工估算常用计算公式 Common calculation formulas for completion estimation ……………………………………………………… (205)

表 7-3　挣值计算汇总表 Earned Value Calculations Summary Table ……………（208）

第八章　项目质量管理 Chapter 8 Project Quality Management ……………（220）

第九章　项目沟通管理 Chapter 9 Project Communications Management ……………（246）

第十章　项目风险管理 Chapter 10 Project Risk Management ……………（265）

第十一章　项目资源与采购管理 Chapter 11 Project Resource and Procurement Management ……………（291）

表 11-1　RACI 矩阵示例 RACI Matrix Example ……………（298）

第十二章　项目管理前沿 Chapter 12 Fronters in Project Management ……………（314）

表 12-1　中国项目管理大会历届会议主题 Theme of previous sessions of China Project Management Conference ……………（315）

表 12-2　PMI(中国)项目管理大会的历届会议主题 Theme of previous sessions of PMI (China) Project Management Conference ……………（319）

表 12-3　瀑布模式与敏捷模式的区别 The Differences between the Waterfall Model and the Agile Model ……………（320）